청소년 핵심공과 지도자 가이드북

6권

틴틴파워 In Jesus 인 지저스

- 구약 인물 주제 12과
- 신약 인물 주제 12과
- 신앙 핵심 주제 12과
- 생활 핵심 주제 12과
- 풍습과 전통 주제 4과

요단

DEAR.TEACHER

교사들에게

하나님의 말씀인 성경은 정보를 다루는 책이 아니라 하나님이 만드신 사람의 영혼을 위해 기록된 책입니다. 사람은 하나님의 말씀(성경)을 통해 하나님과의 통로가 생기고, 만남이 열리게 됩니다. 무엇보다 어릴 적부터 하나님 말씀인 성경을 읽고 가까이 하는 것은 한 세대를 살아가는 사람이 삶의 참다운 의미와 목표를 발견하기 위해 해야만 하는 중대한 노력입니다.
하지만 요즘 성경교육은 교회에서는 물론 믿음의 가정에서 조차 쉽지 않습니다. 그 이유는 여러 가지가 있을 수 있으나 급변하는 시대 흐름과 혼돈 속의, 가치관 그리고 구체적인 미래를 알 수 없는 현실이 큰 벽이 되고 있습니다. 또한, 세상 문명의 새로운 가치들이 물밀듯 쏟아지면서 절대 진리가 흔들리고 있기 때문입니다. 물론 우리나라 교육의 문제점인 사교육으로 인한 바쁜 현실도 한 가지 이유가 될 수 있습니다.

본서에서는 이러한 현실을 감안하여 우리 크리스천 청소년에게 필요한 새로운 교과과정을 생각해 보았습니다. 바로 청소년이 꼭 알아야 하고 실천해야 할 핵심과제가 무엇인가 하는 것입니다. 이러한 관점에서 청소년이 교회 안에서 믿음을 가지고 성장하기 위해서는 청소년기에 꼭 필요한 핵심 내용을 가르쳐야 함을 발견했습니다.
실제로 청소년기에 교회를 6년간 출석하지만 명확한 성경의 지식을 습득하기는 어렵습니다. 그리고 그것을 가르치기 위해 구조화 된 교재도 찾아보기 어렵습니다. 더구나 매년 사역자들이 교체 되는 교회 안의 현실은 성경교육의 목표가 자주 바뀌는 결과를 낳습니다. 이런 현실을 감안할 때 청소년의 신앙생활을 돕기 위해서 짧은 기간이지만 구체적이고 꼭 필요한 성경지식과 신앙 지침, 나아가 세상에서 살아갈 때 필요한 삶의 가치를 정확히 전달할 수 있는 교재가 있어야 했습니다.

본 교재는 바로 이러한 이유로 우리 청소년에게 필요한 핵심내용들을 뽑아 6년 동안 가르칠 수 있도록 기획 했습니다. 이 교재를 통한 학습의 특징은 신약성경과 구약성경의 중요 핵심내용을 배우게 되는 것입니다. 동시에 급속히 변화된 청소년의 생활과 문화를 함께 배우게 됩니다. 이를 통해 그들이 처한 공간과 가치관 속에 하나님의 말씀인 성경의 진리에서 그들의 신앙관이 올바르게 발견되고 형성될 수 있도록 만들 것입니다. 청소년을 위한 학습 소재의 선택과 구성에도 세심한 배려를 하였습니다. 또한 모든 학습이 학생 중심의 능동 · 효율적 학습이 될 수 있도록 구성과 전개에 힘을 기울였습니다.

이번 틴틴 파워 인 지저스 핵심공과를 통해 성경교육의 새로운 진면목을 발견하고 청소년이 하나님의 말씀을 깊이 새길 수 있는 기회가 되기를 간절히 소망합니다.

틴틴 파워 인 지저스 기획 및 집필위원회

CONTENTS

구약편

1단원 심판의 때

2단원 포로기의 인도

3단원 하나님의 사랑

4단원 약속의 기다림

신약편

1단원 복음의 중심에서

2단원 복음을 외치다

3단원 그들 속에도

4단원 성장의 기쁨

신앙편

생활편

풍습과 전통편

INTRO

공과소개

1. 기획의도

틴틴 파워 인 지저스 핵심공과는 청소년기에 알아야 할 성경의 주제와 청소년기에 삶의 현장에서 부딪히는 실질적인 문제를 뽑아 공부할 수 있도록 만든 성경공부 교재입니다. 이를 통해 청소년의 생활 변화를 기대하며 기획되었습니다.

2. 교과 과정의 특징

이번에 새로 만들어진 틴틴 파워 인 지저스 핵심공과의 청소년 교과 과정은 청소년기에 배워야 할 가장 중요한 핵심을 다루고 있다는 데 특징이 있습니다. 성경의 주제를 사건, 인물, 성격, 내용을 중심으로 청소년기에 필요한 핵심내용을 가지고 공과를 진행하도록 했습니다.

앞서 나온 1, 2, 3권의 교과과정 이후 이번 4, 5, 6권의 시리즈 내용으로는 구약주제 36과, 신약주제 36과, 신앙주제 36과, 청소년생활주제 36과, 이스라엘의 풍습과 전통주제 12과를 다룹니다. 이것을 3권으로 나누어 각 156과로 구성하여, 한 권에 52개 주제를 가지고 1년 동안 가르칠 수 있는 분량으로 구성하였습니다.

그리고 이번 6권의 내용은 구약의 인물, 신약의 인물, 청소년의 신앙, 청소년의 생활로 4가지 대주제입니다. 그리고 이스라엘의 풍습과 전통에 관한 주제로 다루게 됩니다.

3. 저자

틴틴 파워 인 지저스는 각 분야에서 활동 중인 전문가에 의해서 집필되었습니다. 신구약 성경의 핵심과정은 청소년이 꼭 알아야 할 성경내용을 청소년 시각에서 이해할 수 있도록 신약과 구약 전공자가 집필했으며, 생활과 문화 부분은 일선 중 · 고등학교와 그 분야에서 활동 중인 전문가가 집필했습니다.

4. 3년 교과 과정

틴틴 파워 인 지저스 핵심공과 두 번째 시리즈인 4, 5, 6권의 3년 교과과정 내용입니다.

4권의 주제

구 분	주 제	단 원	내 용
구 약 편	모세 5경의 인물	1단원	인류의 출발
		2단원	하나님의 세우심
		3단원	하나님의 이끄심
		4단원	지도자와 섬기는 자
신 약 편	예수님의 12제자	1단원	부르심
		2단원	사랑하심
		3단원	이끄심
		4단원	지키심
신 앙 편	믿음의 출발선에서	1단원	기도
		2단원	큐티(Q.T)
		3단원	성경
생 활 편	나의 공간(I)	1단원	내면의 공간(나)
		2단원	가정의 공간(가정)
		3단원	생활의 공간(학교)
		4단원	미래의 공간(직업)
풍습과 전통편	예수시대의 생활풍습		할례, 자녀교육, 식생활, 결혼식

5권의 주제

구 분	주 제	단 원	내 용
구 약 편	역사서의 인물	1단원	약속의 땅
		2단원	성취의 과정
		3단원	준비된 나라
		4단원	왕의 이야기
신 약 편	예수님과 만난 사람들	1단원	약속의 사람들
		2단원	그들만의 세상
		3단원	이적의 중심에서
		4단원	반대편에서
신 앙 편	그리스도를 본받아	1단원	그리스도인이 됨
		2단원	그리스도인의 성장
		3단원	그리스도를 본받아
		4단원	그리스도인의 삶
생 활 편	나의 공간(II)	1단원	내면의 공간(나)
		2단원	가정의 공간(가정)
		3단원	생활의 공간(학교)
		4단원	미래의 공간(직업)
풍습과 전통편	예수시대의 전통풍습		출생, 장례, 의복, 주거

6권의 주제

구 분	주 제	단 원	내 용
구 약 편	선지서의 인물	1단원	심판의 때
		2단원	포로기의 인도
		3단원	하나님의 사랑
		4단원	약속의 기다림
신 약 편	복음의 증거자들	1단원	복음의 중심에서
		2단원	복음을 외치다
		3단원	그들 속에도
		4단원	성장의 기쁨
신 앙 편	다른 종교를 알고 싶어요	1단원	다른 종교와 기독교의 차이
		2단원	다른 방식으로 하나님을 믿는 종교들이 있어요
		3단원	다른 유형의 구원을 찾는 종교들이 있어요
		4단원	다른 영을 따르는 종교들이 있어요
생 활 편	나의 공간(Ⅲ)	1단원	내면의 공간(나)
		2단원	가정의 공간(가정)
		3단원	생활의 공간(학교)
		4단원	미래의 공간
풍습과 전통편	예수시대의 숫자들		도량형, 시간계산, 화폐, 달력과 절기

5. 각 과의 진행구성

*구약 · 신약편 교과진행 구조

① **제목** | 각 과의 제목을 청소년의 수준에서 그들의 언어에 적합하도록 만들었습니다. 각 단원과 연계하여 각 과의 주제를 먼저 파악하도록 합니다.

② **Question About It** | 처음 각 과에는 각 과 주제에 준비된 질문이 나옵니다. 이 질문은 과가 시작되기 전에 무엇을 배우게 될지에 대한 생각을 유도합니다. 질문을 통해 과의 목표를 발견하도록 도와줍니다.

③ **View of Bible** | 성경공부의 전체적인 내용을 한 번에 알 수 있도록 도와줍니다. 다음에 이어질 내용에 대한 서론에 해당합니다.

④ **Learn of Bible** | 각 과의 내용을 공부하는 과정입니다. 성경을 공부하는 것이니 만큼 말씀을 직접 찾고 적을 수 있도록 했습니다. 성경의 흐름을 이해하고 꼭 알아야 할 핵심내용을 배우게 됩니다.

⑤ **Application of Bible** | 각 과에서 배운 내용을 점검하고 적용하도록 돕습니다.

⑥ **Tip of Bible** | 성경공부에서 알 수 없는 내용 중 청소년이 알아야 할 재미있는 부분을 추가했습니다.

*신앙 · 생활편 교과진행 구조

① **제목** | 청소년의 현장성을 높이기 위해 그들의 생활과 문화 가까이에서 접할 수 있는 내용을 중심으로 제목을 정하였습니다.

② **Story of Life** | 각 과의 주제를 쉽게 보여주는 실제적인 생활 이야기로 청소년의 관심을 불러일으킬 수 있는 이야기를 구성했습니다. 그리고 그들의 이야기를 통해 자신과 연관지어 생각할 수 있게 합니다.

③ **Talk Talk About Life** | 각 과의 주제와 관련된 몇 가지 질문으로 구성되며, 청소년 자신의 생활과 문화에 관해 서로 나누며 함께 참여하는 시간이 되도록 합니다.

④ **Standard of Life** | 과의 주제에 관련된 성경의 본문을 살핌으로써 청소년 자신이 가지는 생활과 문화의 바른 기준을 세우게 합니다.

⑤ **Change of Life** | 청소년의 생활과 문화를 바라보는 시각 그리고 삶의 모습을 새롭게 변화할 수 있도록 성경의 기준을 붙들게 합니다.

⑥ **Decision of Life** | 청소년에게 변화된 생활로의 결단을 촉구합니다.

청소년 핵심공과

구약편

1단원 심판의 때

제 1과 아모스

제 2과 미가

제 3과 스바냐

2단원 포로기의 인도

제 4과 다니엘

제 5과 에스라

제 6과 느헤미야

3단원 하나님의 사랑

제 7과 호세아

제 8과 요나

제 9과 예레미야

4단원 약속의 기다림

제 10과 이사야

제 11과 요엘

제 12과 말라기

단원 주제

공의로우신 하나님의 심판

단원 해설

하나님의 부르심을 받은 선지자들은 이스라엘 백성들의 죄를 책망하며 공의의 하나님께서 심판하실 것을 예언합니다.

중심 구절

“오직 정의를 물 같이, 공의를 마르지 않는 강 같이 흐르게 할지어다”(암 5:24).

단원학습목표

하나님의 심판하심 앞에 겸손한 삶을 이해한다.

단원핵심정리

공의로 심판하시는 하나님

구약편 | 1단원

심판의 때

단원 소개

유대 백성은 하나님의 말씀을 떠나 우상숭배와 자신의 권력을 이용해 가난하고 연약한 사람들을 핍박했습니다. 하나님을 섬기는 것처럼 보였지만 실상 자신들의 욕망을 섬기고 있었던 것입니다. 하나님께서는 선지자들을 보내어 하나님의 공의를 바로 세우시기 위해 심판에 대한 경고를 하십니다.

1과에서는 아모스 선지자를 통해 자신에게 주어진 특권을 남용한 유다 백성을 향한 하나님의 심판에 대한 예언을 살펴보고, 2과에서는 하나님이 원하시는 정의로운 삶이 무엇인지 미가 선지자를 통해 배울 것입니다. 3과에서는 스바냐 선지자를 통해서 심판을 통해 주어지는 축복에 대해 살펴봅니다.

제 1과

아모스

학습 목표 | 하나님께서 아모스 선지자를 통해서 심판을 예언하신 이유를 이해한다.

중심 진리 | 하나님은 자신에게 주어진 특권을 남용할 때 심판하신다.

본문 말씀 | 아모스 5:24

Memory Verse | 암 5:24

"오직 정의를 물 같이, 공의를 마르지 않는 강 같이 흐르게 할지어다"

Question About It

선지자 '아모스'는 누구입니까?

① 아모스는 남 왕국의 웃시야 왕, 북 왕국의 여로보암 2세가 다스리던 시대의 선지자입니다(암 1:1).

② 아모스는 예루살렘 근처 드고아 지방의 목자 출신의 선지자입니다(암 1:1).

View of Bible

북 왕국의 여로보암 2세는 당시 국제 정세를 정치적으로 잘 활용하여 풍요롭고 부강한 나라를 이루었습니다. 하지만 큰 부와 풍요로움은 오히려 사회의 정의를 깨뜨리는 결과를 가져옵니다. 하나님을 경외하며 믿음으로 잘 섬겨야 할 이스라엘 백성은 오히려 하나님을 예배하는 성전에서 거짓된 우상을 숭배하는 등 타락의 끝으로 내달립니다. 이러한 신앙의 태도는 하나님의 말씀을 우습게 여기게 되었고, 그 결과 무서운 죄악을 범하게 되었습니다. 결국 하나님은 아모스를 통해 심판할 것을 예언하십니다.

아모스 1장 1절

유다 왕 웃시야의 시대 곧 이스라엘 왕 요아스의 아들 여로보암의 시대 지진 전 이년에 드고아 목자 중 아모스가 이스라엘에 대하여 이상으로 받은 말씀이라

Learn of Bible

성경에 나타난 선지자 아모스 때의 시대적 상황과 북 이스라엘의 범죄를 고발하며 하나님의 심판의 때를 선포하는 아모스의 활약을 살펴보고, 심판 이후 회복을 통해 오늘날 풍요의 시대를 살아가는 청소년으로써의 바른 신앙의 태도를 배우게 될 것입니다.

1. 심판의 배경

하나님이 유다와 이스라엘을 심판하게된 배경은 무엇입니까?

① 암 2:4-5

"여호와께서 이와 같이 말씀하시되 **유다** 의 서너 가지 죄로 말미암아 내가 그 벌을 돌이키지 아니하리니 이는 그들이 여호와의 율법을 멸시하며 그 율례를 지키지 아니하고 그의 조상들이 따라가던 거짓 것에 미혹되었음이라 내가 유다에 불을 보내리니 예루살렘의 궁궐들을 사르리라"

② 암 2:6-8

"여호와께서 이와 같이 말씀하시되 **이스라엘** 의 서너 가지 죄로 말미암아 내가 그 벌을 돌이키지 아니하리니 이는 그들이 은을 받고 의인을 팔며 신 한 켤레를 받고 가난한 자를 팔며 힘 없는 자의 머리를 티끌 먼지 속에 발로 밟고 연약한 자의 길을 굽게 하며 아버지와 아들이 한 젊은 여인에게 다녀서 내 거룩한 이름을 더럽히며 모든 제단 옆에서 전당 잡은 옷 위에 누우며 그들의 신전에서 벌금으로 얻은 포도주를 마심이니라"

남 유다와 북 왕국 이스라엘은 총체적으로 하나님 앞에서 크게 타락하였음을 볼 수 있습니다. 유다왕국은 하나님의 율법을 멸시하고 지키지 않았을 뿐 아니라 이스라엘 조상들이 믿었던 거짓된 우상들을 믿는 큰 죄를 범했습니다. 북 왕국 이스라엘은 하나님을 섬기는 성전을 쾌락을 느끼는 장소로 만들어 타락의 극치를 보여 주고 있습니다. 물질의 풍성함으로 인해 여호와 경외함을 잃어버린 그들은 결국 자기 자신만을 위한 욕망의 사람들이 되어 버렸습니다.

그 결과 세상은 빈부의 격차와 계층간의 갈등이 깊어지게 되었습니다. 가진 자들은 가난한 자들을 억압하였으며(암 4:1), 초호화판 생활을 하였습니다(암 3:15). 뿐만 아니라 부정부패가 만연해졌고 공정한 재판은 이루어지지 않았습니다(암 5:10-13). 이스라엘은 하나님께서 세우신 나라입니다. 하나님의 한없는 사랑과 진리로 다스려지는 나라입니다. 하지만 그 믿음의 신앙을 버렸을 때 하나님의 심판은 임하게 되는 것입니다.

2. 심판에 대한 5가지 환상(7-9장)

첫 번째는 **메뚜기** 에 관한 환상입니다.

이는 경제적인 심판을 의미합니다. 메뚜기 떼가 풀을 다 먹게 하셔서 이스라엘 백성들이 먹을 것이 없어져 결국 굶어 죽게 되는 것입니다. 그러나 아모스의 중보 기도로 하나님께서는 메뚜기 환상에 대한 심판은 보류하십니다.

두 번째는 **불** 에 관한 환상입니다.

하나님은 이스라엘 땅을 황폐화하기로 계획하셨습니다. 그러나 두 번째도 아모스의 중보 기도로 그 뜻을 돌이키셨습니다.

세 번째는 **다림줄** 환상입니다.

하나님은 공의의 줄로 이스라엘을 재어 보아 만약 굽고 삐뚤어졌다면, 이스라엘을 징벌하실 것입니다.

네 번째 환상은 **여름 과일 한 광주리** 입니다.

무르익은 여름 실과가 당장 보기에는 아름답지만 조만간 썩을 수밖에 없듯이, 그와 같은 처지인 이스라엘 역시 부패로 인해 하나님의 심판을 받게 될 것입니다.

다섯 번째 환상은 **부서지는 기둥** 입니다.

부서지는 성전의 기둥처럼 이스라엘도 그 죄악으로 인하여 부서지는 심판을 당할 것입니다.

이 심판에 관한 환상들은 이스라엘의 죄가 얼마나 극심한지를 보여주고 있습니다. 또한 이는 하나님이 얼마나 죄를 미워하시는지 그리고 얼마나 철저하게 심판하시는지를 잘 보여주고 있습니다.

3. 하나님의 회복

암 9:11-15

"그 날에 내가 **다윗의 무너진 장막을 일으키고** 그것들의 틈을 막으며 그 허물어진 것을 일으켜서 옛적과 같이 세우고 그들이 에돔의 남은 자와 내 이름으로 일컫는 만국을 기업으로 얻게 하리라 이 일을 행하시는 여호와의 말씀이니라 여호와의 말씀이니라 보라 날이 이를지라 그 때에 파종하는 자가 곡식 추수하는 자의 뒤를 이으며 포도를 밟는 자가 씨 뿌리는 자의 뒤를 이으며 산들은 단 포도주를 흘리며 작은 산들은 녹으리라 내가 내 백성 이스라엘이 사로잡힌 것을 돌이키리니 그들이 황폐한 성읍을 건축하여 거주하며 포도원들을 가꾸고 그 포도주를 마시며 과원들을 만들고 그 열매를 먹으리라 내가 그들을 그들의 땅에 심으리니 **그들이 내가 준 땅에서 다시 뽑히지 아니하리라** 네 하나님 여호와의 말씀이니라"

하나님께서는 심판 뒤에 회복시켜 주실 것을 말씀해 주십니다. 그렇습니다. 하나님은 공의의 하나님이시지만 은혜의 하나님이시기도 하기 때문입니다.

Application of Bible

풍요로운 시대를 살아가는 우리의 신앙 태도를 살펴봅시다.

"너희는 자유의 율법대로 심판 받을 자처럼 말도 하고 행하기도 하라"(약 2:12).

과거 우리 믿음의 선배들은 어려운 환경 속에서도 자신의 신앙을 지켜왔을 뿐 아니라 이 세상 속에서 하나님의 나라를 구현하고자 선교적 삶을 살았습니다. 목숨을 걸고 태평양을 건너온 선교사들에게 복음을 듣고, 자신의 삶을 회개하고 새로운 삶을 살기로 헌신한 평양 대부흥운동, 그리고 사회 곳곳에서 진리를 적용하며 이타적 삶을 살았던 수많은 믿음의 선조들이 있었기에 지금 우리는 그 믿음의 터 위에서 풍요로움을 누릴 수 있게 된 것입니다. 하지만 오늘날 우리들의 신앙태도는 어떻습니까? 매 주일 하나님께 드리는 예배에 우리는 얼마나 진정으로 하나님을 경외함으로 나아갑니까? 예수님을 믿는 주의 백성으로서 우리는 삶의 자리에서 얼마만큼 소금과 빛의 사명을 감당하고 있습니까? 오히려 세상 사람들에게 조롱받는 신앙을 가지고 있지는 않습니까? 아모스의 경고를 우리는 잊지 말아야 할 것입니다. 구원의 은혜와 감격은 예수님께서 우리가 받아야 할 십자가의 심판을 대신 받으셨음을 결코 잊지 않는 것에서 시작됩니다.

Tip of Bible

사회 복음을 실천한 마틴 루터 킹 2세

마틴 루터 킹 2세는 미국의 침례교 목사이자 흑인 인권 및 권리 신장 운동가입니다. 1900년대 중반 미국의 흑인들은 백인들의 인종차별로 인해 가난과 비인격적 처우로 인해 고통스러운 삶을 살았습니다. 이런 부조리한 사회적 모순에 마틴 루터 킹 목사는 비폭력 저항운동을 통해 하나님의 공의를 이루고자 노력하였고 그 공로를 인정받아 1964년도에는 노벨평화상을 수상합니다. 그는 다음과 같이 말합니다. "인간의 영혼을 갉아먹는 빈민가, 인간의 영혼을 억압하는 경제적인 조건, 인간의 영혼을 짓누르는 사회적인 조건에는 무관심한 채 인간의 영적 구원에만 관심을 갖는 종교는 사멸하게 된다."고 말입니다. 아모스 선지자의 외침과 일맥을 같이 한다고 볼 수 있을 것입니다. 그러므로 예수님을 믿는 우리 청소년들도 나의 재능과 비전을 통해 사회 약자들을 돌아보고 억울한 사람이 생겨나지 않는 그런 세상을 만들기 위해 노력해야 할 것입니다.

제 2과

미가

학습 목표 | 하나님께서 미가 선지자를 통해서 심판을 예언하신 이유와 하나님이 원하시는 정의로운 삶이 무엇인지 이해한다.

중심 진리 | 회개에 합당한 삶을 선택하라

본문 말씀 | 미가 6:8

Memory Verse | 미 6:8

"사람아 주께서 선한 것이 무엇임을 네게 보이셨나니 여호와께서 네게 구하시는 것은 오직 정의를 행하며 인자를 사랑하며 겸손하게 네 하나님과 함께 행하는 것이 아니냐"

Question About It

선지자 '미가'는 누구입니까?

① 미가는 이사야 와 동시대에 활동한 선지자입니다.

② 이사야는 왕실을 상대로 주로 사역했고 미가는 평민 들을 상대로 활동하였습니다.

③ 미가는 사마리아 와 예루살렘에서 활약한 선지자입니다.

View of Bible

유다 왕 아하스는 성전에 이교도들의 우상을 세우고, 나중에는 성전을 폐쇄합니다. 나라의 토지는 부자들의 손에 의해 불의하게 빼앗기고 가난한 사람들의 고통은 가중됩니다. 미가는 이스라엘의 상황을 한탄하며 여호와의 심판을 예언합니다. 하지만 심판이 끝났을 때 이스라엘의 적은 정복되며 다시 회복할 것을 말합니다.

Learn of Bible

1. 심판에 대해 선언하는 선지자 미가(1–3장)

(1) 선지자 미가는 왜 심판에 관한 예언서를 쓰게 되었습니까?(미 3:8)

야곱의 허물과 이스라엘의 죄를 그들에게 보이게 하시기 위함이다.

(2) 미가 선지자가 말하는 정의롭지 못한 삶은 무엇입니까?(미 2:1–2)

힘을 가진 자들이 남의 재산과 땅을 탐내며 불법으로 빼앗는 것이다.

하나님은 미가 선지자를 통하여 부패한 정치, 종교 지도자들에게 하나님의 공의로움을 일깨워주기를 원했습니다. 예수님도 당시의 부패한 종교 지도자들을 향해 소경이 소경을 인도한다고 말씀하시며 그들을 책망하셨습니다(마 15:14).

2. 약속된 하나님의 축복(4–5장)

(1) 심판의 끝 날에 우리가 가져야 할 신앙의 태도는 무엇입니까?(미 4:5)

오직 우리는 우리 하나님 여호와의 이름을 의지하여 영원히 행하리로다

(2) 하나님의 가장 큰 축복은 무엇입니까?(미 5:2–3)

작은 성 베들레헴에서 하나님의 나라를 다스릴 구세주 예수님의 탄생

약속된 하나님의 축복은 심판 후에 주어집니다. 그 심판의 때에 우리가 가져야 할 바른 신앙의 태도는 하나님을 향한 우리의 믿음을 놓지 않는 것입니다. 미가는 훗날 온 인류를 죄의 문제에서 해방하실 예수님의 탄생을 예언하고 있습니다. 오늘날 우리가 예수님을 믿고 살아간다는 것은 과거 수없이 많은 사람들이 그토록 염원하던 축복임을 잊지 말고 그 축복에 합당한 믿음의 삶을 살아가야 할 것입니다.

3. 회개에 합당한 삶(6-7장)

(1) 하나님이 원하시는 믿는 자의 삶은 무엇입니까?(미 6:8)

"사람아 주께서 선한 것이 무엇임을 네게 보이셨나니 여호와께서 네게 구하시는 것은 오직 **정의를 행하며** 인자를 **사랑하며** 겸손하게 네 **하나님과 함께** 행하는 것이 아니냐"

(2) 회개에 합당한 삶을 살지 않을 때 어떤 일이 일어납니까?

① 미 6:13 **병들게 하며 황폐하게 함**
② 미 6:14 **먹어도 배부르지 못하며, 감추어도 보존되지 못함**
③ 미 6:15 **씨를 뿌려도 추수하지 못할 것이며 감람 열매를 밟아도 기름을 네 몸에 바르지 못할 것이며 포도를 밟아도 술을 마시지 못함**

하나님이 원하시는 회개에 합당한 삶은 외형적인 신앙의 모습이 성결한 마음과 겸손과 순종의 모습으로 변화되는 삶입니다. 그러한 삶을 우리가 계속해서 저버린다면 하나님께서는 사랑하는 자녀에게 심판의 매를 사용하실 것입니다.

Application of Bible

우리는 회개에 합당한 삶을 믿음으로 선택하고 있습니까?

미가 선지자는 자신들이 가진 부와 권력을 가지고 어렵고 힘든 사람들을 돕는 것이 아니라 오히려 더 많은 부를 얻기 위해 불법을 행하는 불의한 지도자들을 향해 하나님의 심판을 선포합니다. 그리고 하나님의 심판은 그대로 이루어집니다.

오늘 우리도 하나님께서 주신 재능과 물질 등의 힘을 가지고 나보다 힘들고 어려운 친구들을 도와야 할 것입니다. 그리고 불의한 일이 일어났을 때 못 본 척 외면하기보다는 할 수 있을 만큼 주어진 힘을 다해 도와야 할 것입니다. 무엇보다 죄의 문제를 해결하지 못한 채 구원받지 못한 이웃들에게 참된 축복이신 예수님의 복음을 적극적으로 전해야 할 것입니다.

Tip of Bible

누가복음 18장에 보면 불의한 재판관에 대한 예수님의 비유가 나옵니다. 한 과부가 있는데 원수에 대한 원한을 풀기 위해 재판장을 찾아갑니다. 하지만 이 불의한 재판관은 자신에게 주어진 권한과 힘을 사용하여 과부의 원한을 풀어주지 않고 외면합니다. 하지만 과부는 포기하지 않고 밤낮 찾아가 호소합니다. 불의한 재판관은 말합니다. "내가 하나님을 두려워하지 않고 사람을 무시하나 이 과부가 나를 번거롭게 하니 내가 그 원한을 풀어 주리라"고 말입니다. 불의한 재판관도 간절히 구하는 과부의 청을 들어주는데 하물며 공의로우신 하나님께서 그 백성의 간절히 구함을 속히 들어주시지 않겠습니까!(눅 18:1-8)
우리가 이 불의한 시대를 살아갈 때 하나님을 향한 성결한 마음을 가지고 그분을 의지하며 그 말씀에 순종할 때 하나님께서는 우리의 삶을 통해 속히 그 불의함을 풀어주실 것입니다. 억울하다고 슬퍼하거나 좌절하지 말고 공의의 하나님을 믿고 의지할 때 주님의 공의는 온 천하에 드러나게 될 것입니다.

제 3과

스바냐

학습 목표 | 하나님께서 스바냐 선지자를 통해서 심판을 예언하신 이유와 심판을 통한 축복을 이해한다.

중심 진리 | 심판을 통해서 오는 축복

본문 말씀 | 스바냐 3:17

Memory Verse | 습 3:17

"너의 하나님 여호와가 너의 가운데에 계시니 그는 구원을 베푸실 전능자이시라 그가 너로 말미암아 기쁨을 이기지 못하시며 너를 잠잠히 사랑하시며 너로 말미암아 즐거이 부르며 기뻐하시리라 하리라"

Question About It

선지자 '스바냐'는 누구입니까?(습 1:1)

① 스바냐는 아몬의 아들 유다 왕 **요시야** 시대에 활동한 선지자입니다.

② 스바냐는 구시의 **아들** 입니다.

View of Bible

스바냐는 유다 왕 요시야 시대에 활약한 선지자입니다. 이 시대는 우상숭배로 인한 혼합주의가 팽배했습니다. 스바냐는 유다의 우상숭배와 폭력 그리고 사기와 무관심에 관한 하나님의 심판을 예언합니다. 그러나 이 혼합 우상숭배 주의에 물들지 않고 구별된 삶을 사는 믿음의 사람들이 남게 될 것이며 하나님께서는 그들에게 아낌없이 은혜를 베풀 것입니다.

Learn of Bible

1. 다가올 유대의 심판

(1) 선지자 스바냐는 어떤 자들에게 심판의 경고를 하고 있습니까?

① **습 1:4-5** 우상숭배 | **바알** , **말감** , **바알** , **별에게 경배하는 자**

② **습 1:6** 기회주의자 | 여호와를 **배반** 하고 따르지 아니한 자

③ **습 1:6** 불신자 | 여호와를 **찾지도** 아니하며 **구하지도** 아니한 자

(2) 심판의 날 그날은 어떤 날이라 성경은 말합니까?(습 1:15)

"그날은 **분노** 의 날이요 **환난과 고통** 의 날이요 **황폐와 폐망** 의 날이요 **캄캄하고 어두운 날** 이요 구름과 흑암의 날이요"

유다 왕국은 여호와 하나님을 배반하고 바알과 말감 등의 우상을 숭배하는 죄에 빠졌습니다. 스바냐 선지자는 하나님의 뜻을 저버리고 온갖 악행을 행하는 유다 왕국을 향한 하나님의 심판이 가깝고도 빠르게 임할 것을 예언합니다.

2. 다가올 열방의 심판

(1) 하나님은 온 열방이 무엇으로 소멸될 것이라 말씀하십니까?

습 3:8 **질투의 불**

(2) 스바냐 3장 1절에 '패역하고 더러운 곳, 포악한 그 성읍'은 어디를 말하는 것일까요?

습 3:2-8 **예루살렘 -선지자와 제사장이 있는 성읍을 말함**

하나님의 심판은 결코 이스라엘에만 국한된 것이 아닙니다. 하나님이 아닌 다른 우상을 섬기는 모든 방백들은 하나님의 질투의 불을 피할 수 없는 것입니다. 하물며 하나님을 잘 믿고 섬긴다는 이스라엘 백성이 하나님이 아닌 다른 우상을 섬길 때 하나님은 그 성읍을 쓸어버릴 것입니다.

3. 심판 후에 올 회복

(1) 하나님께서는 심판 이후에 이스라엘의 **남은 자** 의 구원을 말하며 소망의 길을 말씀하십니다(습 3:13).

(2) 하나님이 베푸실 회복의 모습은 어떠합니까?

스바냐 3:19 "그 때에 내가 너를 괴롭게 하는 자를 다 벌하고 저는 자를 구원하며 쫓겨난 자를 모으며 온 세상에서 수욕 받는 자에게 **칭찬** 과 **명성** 을 얻게 하리라"

하나님께서는 심판 후에 구별된 삶을 살아가는 남은 자들을 통해 회복과 소망의 날들에 관한 비전을 보여주십니다. 그리고 이는 궁극적으로 예루살렘이 멸망하게 될 훗날 주의 날(Day of the Lord)을 예언하고 있는 것입니다. 그 날은 바로 예수 그리스도가 오셔서 통치하는 날을 의미합니다.

Application of Bible

주님 앞에서 구별된 삶을 살고 있습니까?

선지자 스바냐는 왕족 출신의 신분을 가졌습니다. 생각해보면 얼마든지 편하게 여생을 보낼 수도 있었을 것입니다. 하지만 스바냐는 하나님께 범죄하는 남 유다를 수수방관하지 않았습니다. 그는 편안한 삶 대신 불편한 삶을 선택합니다. 하지만 그의 불편은 범국민적인 각성과 회개를 촉구하기에 이릅니다.

오늘 이 세상도 물질만능주의가 하나님의 자리를 대신하고 자극적인 대중문화가 쾌락의 우상을 숭배하게 하고 있습니다. 그러므로 우리는 그 어느 시대보다 더 믿음의 구별된 삶을 통해 주님의 복음을 전하는 삶을 살아야 할 것입니다.

Tip of Bible

회개의 기회를 놓쳐서는 안 될 것입니다. 스바냐 선지자가 활동할 때 회개할 기회를 놓친 이스라엘은 하나님의 심판을 피할 수 없게 됩니다. 하지만 스바냐 선지자는 아직 시간이 주어졌을 때 주님의 말씀을 행하라고 말합니다. 바로 그때 그 심판 안에서 구원의 역사를 얻게 되는 것입니다. 예루살렘은 파괴되겠지만 남은 자들이 있을 것입니다. 적군에게 포로로 끌려가겠지만 그 안에서 보호받게 됩니다. 그러므로 회개의 때를 놓쳐서는 안 될 것입니다. 아무리 늦었다고 생각되어도 은혜의 주님 앞에 용서를 구하고 삶을 돌이킨다면 하나님께서는 다시금 기회를 주실 것입니다. 그런 의미에서 심판은 축복인 것입니다. 예수님의 십자가는 징계와 은혜가 모두 녹아져 있습니다. 하나님의 죄에 대한 심판은 십자가에서 당하신 무서운 고통과 죽음입니다. 그러나 그 심판 이후에 부활과 영생의 축복을 누리게 되는 것입니다. 그러므로 우리는 그 십자가 은혜의 복음을 심판의 때를 살아가는 모든 사람들에게 전해야 하는 것입니다.

단원 주제

하나님의 심판과 회복하심

단원 해설

이스라엘 백성은 하나님이 보내신 선지자들의 경고를 무시합니다. 그 결과 앗수르와 바벨론에 의해 나라가 망하게 되고 결국 포로로 끌려가는 심판을 받게 됩니다. 하지만 하나님의 사랑과 인도하심은 포로 기간 중에도 계속됩니다.

중심 구절

"참으로 크도다 그의 이적이여, 참으로 능하도다 그의 놀라운 일이여, 그의 나라는 영원한 나라요 그의 통치는 대대에 이르리로다"(단 4:3).

단원학습목표

죄로 인한 고난 중에도 긍휼함으로 인도하시는 하나님의 사랑을 이해한다.

단원핵심정리

하나님의 인도하심

구약편 | 2단원

포로기의 인도

단원 소개

북 이스라엘과 남 왕국 유다는 하나님이 아닌 우상숭배와 죄를 범하고 자신들의 옳은 대로 말씀에서 떠난 삶을 선택합니다. 그 결과 유대 사회는 온갖 죄가 넘쳐나는 불의의 나라가 되어버립니다. 결국 수많은 선지자들의 경고가 있었음에도 회개하지 않아 주변 강대국들에 의해 심판을 받게 됩니다. 하지만 선지자들의 예언대로 심판 뒤에 하나님의 긍휼하심으로 포로 기간 중 하나님을 경외하는 선지자들을 통해 그 백성을 다시 예루살렘으로 인도하십니다. 고난 중에도 함께하시는 하나님의 놀라운 사랑과 인도하심을 통해 그 백성을 회복하십니다.

4과에서는 비록 포로로서 타국 이방 문화 속에 있지만 구별된 삶을 결단한 다니엘 선지자를 통해서 하나님 나라의 소망을 발견하게 될 것입니다. 5과에서는 선지자 에스라를 통해서 훼파된 예루살렘의 성전 건축의 소망을 이루어주시는 하나님의 은혜를 이해합니다. 그리고 6과에서는 무너진 이스라엘 성벽 재건을 통한 이스라엘의 영적 부흥운동을 살펴봅니다.

제 4과

다니엘

학습 목표 | 선지자 다니엘을 통해 포로기에 이 땅에서의 구별된 삶과 하나님의 나라에 대한 소망을 이해한다.

중심 진리 | 믿음을 지킨 다니엘

본문 말씀 | 다니엘 4:3

Memory Verse | 단 4:3

"참으로 크도다 그의 이적이여, 참으로 능하도다 그의 놀라운 일이여, 그의 나라는 영원한 나라요 그의 통치는 대대에 이르리로다"

Question About It

선지자 '다니엘'은 누구입니까?

① 선지자 다니엘은 유다 왕 여호야김 3년에 1차 포로로 바벨론으로 끌려갑니다(단 1:1).

② 선지자 다니엘은 유다 지파에 속한 왕족 출신입니다(단 1:3).

③ 선지자 다니엘의 '그의 생명을 보호하소서'라는 바벨론식 이름은 벨드사살 입니다(단 4:19).

View of Bible

선지자 다니엘이 활동하던 시기에는 남 유다 여호야김이 통치하던 시기입니다. 이 때 남 유다는 이미 국력이 많이 쇠약해져 있었습니다. 신흥 강국 바벨론이 앗수르를 멸망시키고 고대 근동의 패권을 차지한 후 남 유다를 공격하여 1차로 많은 포로들을 바벨론으로 끌고 갑니다. 이때 포로로 잡혀가 좌절에 빠진 이스라엘 백성에게 다니엘은 하나님 앞에서 믿음으로 구별된 삶을 살아내며, 하나님이 역사의 주관자이시며, 미래에 임할 하나님의 나라에 대해서 예언합니다.

Learn of Bible

1. 포로로 잡혀온 다니엘의 결단

(1) 다니엘은 바벨론의 신앙과 섞이지 않기 위해 어떤 결단을 하게 되나요?

① 단 1:8 "다니엘은 뜻을 정하여 왕의 **음식** 과 그가 마시는 **포도주** 로 자기를 더럽히지 아니하리라"

② 단 6:10 "다니엘이 이 조서에 왕의 도장이 찍힌 것을 알고도 자기 집에 돌아가서는 윗방에 올라가 예루살렘으로 향한 창문을 열고 전에 하던 대로 하루 **세 번씩** 무릎을 꿇고 **기도** 하며 그의 하나님께 **감사** 하였더라"

(2) 다니엘과 세 친구는 함께 포로로 잡혀왔지만 같은 믿음의 결단을 한 동역자입니다. 그들은 3년간 바벨론의 학문과 방언을 배웠습니다. 하지만 신앙의 뿌리는 결코 흔들리지 않았습니다. 다니엘과 세 친구의 바뀌진 이름은 무엇일까요?(단 1:6-7)

① 다니엘 : 벨드사살
② 하나냐 : **사드락**
③ 미사엘 : **메삭**
④ 아사랴 : **아벳느고**

포로로 잡혀간 청년 다니엘의 삶의 위기는 왕의 진미를 거절하면서 시작됩니다. 그 시대에 왕의 진미를 먹는다는 것은 왕에게 자신을 맡긴다는 의미를 가집니다. 그러므로 다니엘은 그 진미를 거절하고 소박한 채소를 먹음으로써, 자신을 보호하는 참된 주인이 누구인지를 결단하고 보여주고 있는 것입니다. 다니엘은 훗날 바벨론의 다리오 왕에 의해 총리로 임명됩니다. 왕의 총애를 받는 그를 시기한 고관들이 삼일 동안 왕 외에 어떤 신에게든지, 사람에게든지 무엇을 구하면 사자 굴에 던져 넣기로 하는 악법을 만들게 됩니다. 다니엘은 그럼에도 불구하고 전에 늘 하던 대로 하나님께 하루 세 번씩 무릎을 꿇고 기도합니다. 이와 같이 다니엘과 그의 세 친구는 비록 포로로 잡혀 이름까지도 바벨론 식으로 바뀌었지만 신앙의 뿌리를 저버리지 않고 하나님을 경외하는 구별된 삶을 살았습니다.

2. 포로로 잡혀온 다니엘과 세 친구의 증거

(1) 다니엘은 느부갓네살 왕의 꿈을 해석합니다. 그리고 참된 신이신 하나님을 증거합니다. 느부갓네살 왕은 하나님을 향하여 어떤 고백을 합니까?

단 2:47 "왕이 대답하여 다니엘에게 이르되 너희 하나님은 참으로 모든 **신들의 신** 이시요 모든 **왕의 주재** 시로다 네가 능히 이 은밀한 것을 나타내었으니 네 하나님은 또 **은밀한 것을 나타내시는 이** 시로다"

(2) 사드락, 메삭, 아벳느고는 우상에게 절하지 않았다는 이유로 쇠도 녹이는 풀무불 속에 던져집니다. 하지만 살아계신 하나님께서 이들을 뜨거운 불속에서 보호하여 주십니다. 이 장관을 본 느부갓네살 왕은 조서를 써서 하나님을 찬양합니다. 그 조서의 내용은 무엇입니까?

단 4:2-3 " **지극히 높으신 하나님** 이 내게 행하신 이적과 놀라운 일을 내가 알게 하기를 즐겨 하노라 **참으로 크도다 그의 이적** 이여, **참으로 능하도다 그의 놀라운 일** 이여, **그의 나라는 영원한 나라** 요 **그의 통치는 대대에 이르리로다** "

다니엘과 세 친구는 비록 포로의 신분으로 끌려온 것이지만 하나님을 향한 신앙을 지켰습니다. 하나님 또한 권능으로 이들을 보호하셨습니다. 결과적으로 세상을 정복한 바벨론의 왕들에게 하나님의 살아계심을 증거하게 되었고 우상을 숭배하던 왕들은 지극히 높으신 하나님을 경배하게 됩니다.

3. 소망 : 영원한 하나님의 나라

(1) 다니엘서 7장에서 하나님은 다니엘에게 환상 중에 세상 나라들을 어떤 형상으로 보여주십니까?

① 단 7:4 **사자**
② 단 7:5 **곰**

③ 단 7:6 **표범**

④ 단 7:7 **무섭고 놀라운 짐승**

⑵ 세상 나라는 짐승 같은 나라입니다. 하지만 하나님의 나라는 어떤 이가 다스리는 어떤 나라일까요?

단 7:13-14 "내가 또 밤 환상 중에 보니 **인자** 같은 이가 하늘 구름을 타고 와서 옛적부터 항상 계신 이에게 나아가 그 앞으로 인도되매 그에게 권세와 영광과 나라를 주고 모든 백성과 나라들과 다른 언어를 말하는 모든 자들이 그를 섬기게 하였으니 그의 권세는 소멸되지 아니하는 **영원한 권세**요 **그의 나라는 멸망하지 아니할 것**이니라"

다니엘과 세 친구의 삶은 포로로 잡혀 갔던 이스라엘 사람들에게 여전히 돌보시는 하나님의 역사를 보게 하였습니다. 그리고 포악하고 절망적인 세상 나라와 다르게 하나님의 나라는 인자가 다스리는 소멸되지 않을 영원한 나라가 될 것임을 다니엘은 예언합니다. 이는 포로기에 절망한 이스라엘 백성에게 큰 위로와 소망이 되었습니다.

Application of Bible

어려움이 닥쳐왔을 때 우리는 무엇을 의지하고 소망하는지 이야기해 보세요.

포로로 잡혀온 이스라엘 백성은 큰 시련을 경험했습니다. 하지만 하나님께서는 어려움 속에서도 하나님을 향한 신앙을 저버리지 않는 당신의 백성을 통해 그 크신 사랑과 인도하심을 드러내십니다. 우리는 어려움이 닥쳐왔을 때 무엇을 의지합니까? 물질, 재능, 학력, 사람입니까? 궁극적으로 다시 오실 예수 그리스도를 소망하며 어려움을 이겨내고 있습니까? 서로 이야기해 보세요.

Tip of Bible

다니엘과 세 친구들은 포로의 처지였지만 환경과 타협하지 않고 자신의 믿음을 지켜냅니다. 뿐만 아니라 자신에게 주어진 시간에 최선의 삶을 살아내며 왕을 비롯한 많은 사람들에게 흠을 발견할 수 없을 만큼 인정받습니다.

오늘 우리의 모습은 어떠합니까? 조금의 어려움만 닥쳐도 자신의 무능과 나태함을 숨기고 환경을 탓하며 무기력하게 살고 있지는 않습니까? 어떠한 상황에서도 우리를 포기하지 않으시는 주님의 사랑을 믿고 나에게 주어진 최선의 삶을 살아가야 할 것입니다.

태어날 때부터 팔, 다리가 없었던 닉 부이치치는 희망 전도사로 전 세계를 다니며 낙심과 좌절에 빠져있는 많은 사람들에게 소망을 이야기합니다. 그는 말합니다. “가끔 우리는 넘어졌을 때 다시 일어날 수 있는 힘이 없다고 느껴질 때가 있습니다. 그러나 계속 실패해도 다시 시도한다면 그리고 또 다시 시도한다면 그것은 실패가 아닙니다. 저는 백 번이라도 다시 일어나기 위해 노력할 것입니다.”

예수님을 믿는 우리들은 반드시 기억해야 할 것입니다. “우리가 선을 행하되 낙심하지 말지니 포기하지 아니하면 때가 이르매 거두리라”(갈 6:9). 우리가 믿음으로 포기하지 않는다면 절망의 순간에 하나님의 보호하심을 경험하게 될 것이며 외로움 속에 하나님의 위로와 임재를 경험하게 될 것입니다.

제 5과

에스라

학습 목표 | 선지자 에스라를 통해 포로기에 구원의 역사를 이루어 가시며 성전 건축의 소망을 이루어주시는 하나님의 은혜를 이해한다.

중심 진리 | 어려운 환경 속에서도 하나님의 언약은 이루어진다.

본문 말씀 | 에스라 6:16

Memory Verse | 스 6:16

"이스라엘 자손과 제사장들과 레위 사람들과 기타 사로잡혔던 자의 자손이 즐거이 하나님의 성전 봉헌식을 행하니"

Question About It

선지자 '에스라'는 누구입니까?

① 선지자 에스라는 성경 연구가인 학자 또는 학사 였습니다(스 7:11).

② 선지자 에스라는 율법을 회복 하려고 간절히 기도 하는 사람이었습니다(스 8:21-23).

③ 선지자 에스라는 제사장 이며, 학자였습니다(스 7:12).

View of Bible

서기관 겸 제사장 에스라는 바사 왕 아닥사스다 1세 때 두 번째로 포로들을 이끌고 예루살렘으로 귀환합니다. 하지만 유대인들이 이방 여인들과 결혼함으로 종교적, 도덕적 순수성에 위기를 가져옵니다. 그러므로 귀환민들은 과거의 죄악을 회개하고 하나님과 새로운 관계를 맺어야만 했습니다. 이 일을 위해 무엇보다 성전 건축을 통한 예배의 회복이 시급했던 것입니다.

Learn of Bible

1. 하나님의 도우심을 받은 에스라

(1) 학사 에스라는 바사 왕 아닥사스다에게 그 학식과 지혜를 인정받습니다. 이는 누구의 도움을 받았기 때문일까요?

스 7:12 하나님 여호와의 도우심

(2) 아닥사스다 왕 1세가 내렸던 조서에 학사 에스라는 어떻게 설명하고 있습니까?

스 7:12 "모든 왕의 왕 아닥사스다는 하늘의 하나님의 율법에 완전한 학자 겸 제사장 에스라에게"

(3) 학사 에스라는 하나님에게 그리고 바사 왕 아닥사스다 1세에게 인정받게 됩니다. 학사 에스라는 어떤 마음의 결심과 태도를 가지고 살았을까요?

스 7:10 "에스라가 여호와의 율법을 연구 하여 준행 하며 율례 와 규례 를 이스라엘에게 가르치기로 결심하였었더라"

하나님께서는 하나님의 뜻을 이루시기 위해 늘 하나님의 사람을 찾으십니다. 학사 에스라는 하나님의 말씀을 연구하며 그 말씀을 삶으로 실천합니다. 그리고 하나님의 율법과 그 뜻을 이스라엘 백성에게 가르치기로 결심합니다. 이와 같은 그의 태도는 하나님의 도우심을 통해서 이스라엘로의 귀환과 성전 건축의 큰 역사를 이루어갑니다.

2. 소명을 위해 헌신하는 에스라

(1) 바사 왕 아닥사스다 1세는 학사 에스라에게 어떤 권한을 부여했습니까?

스 7:25-26 "에스라여 너는 네 손에 있는 네 하나님의 지혜를 따라 네 하나님의 율법을 아는 자를 법관과 재판관을 삼아 건너편 모든 백성을 재판하게 하고 그 중 알지 못하는 자는 너희가 가르치라 무릇 네 하나님의 명령과 왕의 명령을 준행하지 아니하는 자는 속히 그 죄를 정하여 혹 죽이거나 귀양 보내거나 가산을 몰수하거나 옥에 가둘지니라 하였더라"

(2) 고향으로 돌아가는 에스라의 기쁨은 매우 컸을 것입니다. 그 기쁨의 고백은 어떤 내용입니까?

스 7:27-28 "우리 조상들의 하나님 여호와를 송축 할지로다 그가 왕의 마음에 예루살렘 여호와의 성전을 아름답게 할 뜻을 두시고 또 나로 왕과 그의 보좌관들 앞과 왕의 권세 있는 모든 방백의 앞에서 은혜 를 얻게 하셨도다 내 하나님 여호와의 손 이 내 위 에 있으므로 내가 힘을 얻어 이스라엘 중에 우두머리들을 모아 나와 함께 올라오게 하였노라"

(3) 하나님만을 의지했던 에스라는 고향으로 돌아오는 도중에 금식을 선포하고 스스로 겸비하여 평탄한 길을 간구했습니다. 그가 기도했던 장소는 어디입니까?

스 8:21 "그 때에 내가 아하와 강 가에서 금식을 선포하고 우리 하나님 앞에서 스스로 겸비하여 우리와 우리 어린 아이와 모든 소유를 위하여 평탄한 길을 그에게 간구하였으니"

하나님의 말씀을 연구하며 그 뜻대로 살기로 결단한 에스라는 하나님의 부르심 앞에 겸손과 최선의 삶으로 소명을 감당합니다. 세상적으로 볼 때 그는 왕이 부여한 권한 즉, 사법권과 인사권 그리고 군사권을 다 가졌지만 교만하지 않고 겸손히 금식을 선포하며 하나님만을 의지하는 모습을 볼 수 있습니다.

3. 실망하지 않고 최선을 다하는 에스라

(1) 귀환한 이스라엘 백성이 하나님의 율법을 어기고 다른 이방 여인들과 결혼을 하게 됩니다. 특히 레위인, 제사장, 방백들이 더 많았습니다. 하나님의 율법을 떠나 믿음을 저버린 그들의 모습을 본 에스라는 어떤 마음이었을까요?(스 9:2-15)

① 스 9:3 기가 막혔다
② 스 9:6 부끄럽고 낯이 뜨거웠다
③ 스 9:7 얼굴을 부끄럽게
④ 스 9:14 가증하게 여김

(2) 에스라는 자신에게 주어진 권한을 통해 율법을 저버리고 통혼한 그들을 징계하지 않고 하나님 앞에 엎드려 통회하며 죄를 자복하는 기도를 합니다. 이 때 백성들의 반응은 어떠했습니까?(스 10:1-4)

① 스 10:1 백성이 크게 통곡하였다
② 스 10:2 죄를 자복하였다
③ 스 10:3 언약을 세우고 율법대로 행할 것을 결단하였다

귀환하여 성전을 세우고 모든 것에서 안정을 찾을 때 큰 시련이 찾아옵니다. 하나님의 은혜로 귀환한 이스라엘 백성이 하나님의 율법을 어기고 이방 여인들과 통혼한 것입니다. 문제의 심각성은 모범이 되어야 할 레위인과 제사장 그리고 방백들이 더 많이 죄를 지었다는 것입니다. 에스라에게는 바사 왕으로부터 부여받은 절대 권한이 있었습니다. 그 권한대로라면 하나님의 율법을 어긴 자들을 죽일 수도 그리고 모든 재산을 빼앗을 수도 있었습니다. 하지만 학사 에스라는 하나님 앞에 눈물로 통회하며 주님의 도우심을 구합니다.

이러한 에스라의 믿음의 본은 이스라엘 백성이 스스로 죄를 회개하고 다시금 하나님의 뜻대로 살 것을 결단하게 합니다.

Application of Bible

어려움 속에서도 학사 에스라는 하나님의 말씀을 공부하고 그 말씀에 순종하며 그것을 사람들에게 가르칠 것을 결심합니다. 우리는 어떤 결심을 해야 할까요?

하나님께서는 구원의 역사를 이루시기 위해 에스라를 선택하며 축복의 통로로 사용하십니다. 에스라가 하나님께 크게 쓰임 받은 것은 그가 보인 하나님께 대한 태도일 것입니다. 그는 신실하게 하나님을 믿었고 하나님의 말씀을 열심히 공부하였습니다. 그리고 그 말씀대로 행하며 백성들과 하나님에 대하여 나누었습니다. 오늘 우리들도 학교에서 열심히 공부하며 꿈을 이루기 위해 준비합니다. 하지만 하나님의 말씀 또한 열심히 읽고 묵상하며 적용하는 삶을 살아갈 때 이 세상 사람들에게 인정받을 뿐 아니라 하나님께 인정받는 위대한 신앙인이 될 것입니다.

Tip of Bible

미국의 흑인 노예를 해방한 16대 대통령 링컨은 10가지의 신앙 규칙을 가지고 살았다고 합니다. 그 내용은 다음과 같습니다.

1. 나는 주일을 거룩하게 지키며 예배 생활에 힘쓸 것이다.
2. 나는 날마다 하나님의 말씀인 성경을 묵상하고 그 말씀을 실천할 것이다.
3. 나는 도움을 베풀어 주시는 하나님께 날마다 겸손히 기도할 것이다.
4. 나는 나의 뜻이 아니라 하나님의 뜻에 순종할 것이다.
5. 나는 하나님께서 베풀어 주신 은혜를 기억하며 감사할 것이다.
6. 나는 연약하지만 하나님의 도우심을 의지할 것이다.
7. 나는 하나님만을 높여드리고 그분께만 영광을 올려드릴 것이다.
8. 나는 하나님 안에서 우리 모두는 자유로우며 평등하다고 믿는다.
9. 나는 형제를 사랑하고, 이웃을 사랑하라는 주님의 명령을 실천할 것이다.
10. 나는 이 땅 위에 하나님의 진리와 공의가 실현되도록 기도할 것이다.

링컨의 신앙 십계명은 하나같이 성경을 기초로 하고 있습니다. 이와 같이 우리의 삶을 하나님의 말씀 앞에서 경건하게 살고자 결단할 때 하나님의 축복의 통로로 귀하게 쓰임 받을 수 있는 것입니다.

제 6과

느헤미야

학습 목표 | 선지자 느헤미야를 통해 포로기에 이스라엘 성벽을 재건하도록 하시는 하나님의 구원의 역사를 이해한다.

중심 진리 | 이스라엘의 성벽 재건과 부흥운동

본문 말씀 | 느헤미야 6:15

Memory Verse | 느 6:15

"성벽 역사가 오십이 일 만인 엘룰월 이십오일에 끝나매"

Question About It

선지자 '느헤미야'는 누구입니까?

① 선지자 느헤미야는 유다 지파 하가랴 의 아들입니다(느 1:1).

② 선지자 느헤미야는 바사 왕 아닥사스다 1세의 술 관원 이었습니다(느 1:11-2:1).

③ 선지자 느헤미야는 유대 총독으로 임명되어 예루살렘으로 귀환하였으며 12 년간 예루살렘에 거합니다(느 5:14).

View of Bible

선지자 느헤미야는 에스라와 스룹바벨이 예루살렘으로 돌아간 지 오랜 후에 예루살렘의 황폐한 상태에 대한 소식을 듣고 기도합니다. 그리고 왕에게 나아가 예루살렘에 돌아갈 수 있도록 허락을 받습니다. 총독이 되어 예루살렘에 돌아온 느헤미야는 성벽 재건을 시작합니다. 하지만 주위에서 큰 비난과 위협을 당합니다. 느헤미야는 하나님께 엎드려 간구하며 여러 종교적, 사회적 개혁을 실행하며 성벽 재건을 완성하게 됩니다.

Learn of Bible

1. 하나님께 간구하는 선지자 느헤미야

(1) 선지자 느헤미야는 바사 왕의 술 관원입니다. 하지만 그는 자신의 성공보다 민족의 불행 앞에 가슴 아파합니다. 그리고 하나님께 간절히 이스라엘 백성의 안녕을 위해 도움을 구합니다. 느헤미야는 하나님을 어떤 분으로 이해하고 있습니까?

느 1:5 "이르되 **하늘의 하나님 여호와** **크고 두려우신 하나님** 이여 주를 사랑하고 주의 계명을 지키는 자에게 언약을 지키시며 **긍휼을 베푸시는 주** 여 간구하나이다"

(2) 선지자 느헤미야는 이스라엘 백성을 위해 금식하며 기도합니다. 그 내용은 구체적으로 무엇일까요?

① **느 1:6–7 회개** | "이제 종이 주의 종들인 이스라엘 자손을 위하여 주야로 기도하오며 우리 이스라엘 자손이 주께 범죄한 **죄들을 자복** 하오니 주는 귀를 기울이시며 눈을 여시사 종의 기도를 들으시옵소서 **나와 내 아버지의 집이 범죄** 하여 주를 향하여 크게 악을 행하여 주께서 주의 종 모세에게 명령하신 **계명** 과 **율례** 와 **규례** 를 지키지 아니하였나이다"

② **느 1:8–10 약속의 말씀** | "옛적에 주께서 주의 종 모세에게 명령하여 이르시되 만일 너희가 범죄하면 내가 너희를 여러 나라 가운데에 흩을 것이요 만일 내게로 **돌아와 내 계명을 지켜 행하면** 너희 쫓긴 자가 하늘 끝에 있을지라도 내가 거기서부터 그들을 모아 내 이름을 두려고 **택한 곳에 돌아오게 하리라** 하신 말씀을 이제 청하건대 기억하옵소서 이들은 주께서 일찍이 큰 권능과 강한 손으로 구속하신 주의 종들이요 **주의 백성** 이니이다"

③ **느 1:11 구체적인 방법을 구함 그리고 응답** | "주여 구하오니 귀를 기울이사 종의 기도와 주의 이름을 경외하기를 기뻐하는 종들의 기도를 들으시고 오늘 **종이 형통** 하여 이 사람들 앞에서 **은혜를 입게 하옵소서** 하였나니 그 때에 내가 **왕의 술 관원** 이 되었느니라"

(3) 기도가 응답된 선지자 느헤미야는 바사 왕 아닥사스다 1세에게 예루살렘으로 돌아갈 수 있도록 허락을 받습니다. 그는 허락을 받기 위해 무엇을 했나요?

느 2:4 하늘의 하나님께 묵도

선지자 느헤미야는 전능하신 하나님께 구체적으로 그리고 간절히 기도하는 기도의 사람이었습니다. 하나님께서는 그의 기도를 응답하셔서 높은 관직에 오르도록 하셨습니다. 그리고 왕의 마음을 돌이켜 예루살렘으로 돌아가 성전과 성벽을 재건할 기회를 얻게 됩니다.

2. 위기를 만나는 선지자 느헤미야

(1) 느헤미야는 유다 백성을 돕기 위해서 목숨을 걸고 바사 왕의 허락을 받았으며 무려 3개월간의 긴 여정을 마치고 예루살렘에 도착합니다. 하지만 유다 백성을 조롱하고 성벽 재건을 방해하는 자들이 나타났습니다. 그들은 누구입니까?

느 6:1 " 산발랏 과 도비야 와 아라비아 사람 게셈 과 그 나머지 우리의 원수들이 내가 성벽을 건축하여 허물어진 틈을 남기지 아니하였다 함을 들었는데"

(2) 선지자 느헤미야는 성벽 재건을 이루는데 온갖 방해를 받습니다. 특별히 적들의 공격 소식으로 인한 두려움은 결국 성벽 재건을 중단하기에 이릅니다. 느헤미야는 이 위기를 어떻게 이겨내나요?

느 4:9 "우리가 우리 하나님께 기도 하며 그들로 말미암아 파수꾼 을 두어 주야로 방비 하는데"

(3) 온갖 음모와 위협에도 불구하고 느헤미야는 포기하지 않고 최선을 다합니다. 드디어 예루살렘의 성벽은 재건됩니다. 성벽 재건은 며칠 만에 이루어졌을까요?

느 6:15 "성벽 역사가 오십이 일 만인 엘룰월 이십오일에 끝나매"

3. 재건된 성벽과 성문

(1) 파괴되었던 성벽이 재건되고 선지자 느헤미야는 성문을 달았습니다. 그리고 각 성문에는 이름이 있습니다. 그 이름은 무엇입니까?

① 느 3:1 양문
② 느 3:3 어문
③ 느 3:6 옛 문
④ 느 3:13 골짜기 문
⑤ 느 3:14 분문
⑥ 느 3:15 샘문
⑦ 느 3:26 수문
⑧ 느 3:28 마문
⑨ 느 3:29 동문
⑩ 느 3:31 함밉갓 문

(2) 성벽이 완성된 몇 년 후 유다 백성에게 영적인 문제가 발생합니다. 어떤 문제가 발생하며 느헤미야는 이를 어떻게 처리하나요?

느 13:4-9 더렵혀진 성전 을 정결하게 함
느 13:10-14 레위인을 위해 십일조 를 가져다가 곳간에 들임
느 13:15-22 안식일 을 지키도록 함

하나님의 은혜로 드디어 성벽이 재건되었습니다. 그리고 유다 백성은 영적 부흥운동이 일어납니다. 그러나 몇 년이 지난 후 하나님의 성전이 더렵혀지는 문제가 발생합니다. 이번에는 그들의 영적인 성벽을 재건해야 할 필요가 생겼습니다. 느헤미야는 다시 영적 부흥운동을 실시합니다.

Application of Bible

선지자 느헤미야는 일을 계획하고 준비합니다. 하지만 무엇보다 하나님의 도우심을 간절히 바랍니다. 지금 우리는 무엇을 계획하고 또 어떻게 하나님의 도우심을 구하고 있는지 서로 나누어 보세요.

선지자 느헤미야는 자신의 안위를 위해서 얼마든지 편안한 삶을 살 수 있었습니다. 하지만 민족의 고통을 보고 하나님께 간절히 구합니다. 그리고 구체적으로 어떻게 이스라엘로 돌아가서 유다 백성을 도울지 계획하고 준비합니다. 그리고 치밀한 준비 속에 구체적인 기도를 하나님께 합니다.
우리도 하나님이 주신 내 삶의 아름다운 꿈을 이루기 위해서 치밀한 계획과 준비를 해야 할 것입니다. 무엇보다 인내하며 하나님의 도우심을 겸손히 구해야 할 것입니다.

Tip of Bible

스코틀랜드의 어느 작은 시골마을에서 있었던 일이라고 합니다. 주일 헌금바구니가 지나갈 때 어느 한 꼬마가 헌금 바구니를 바닥에 내려놓더니 그 안으로 들어갑니다. 왜 그러느냐고 물었더니 하나님께 드릴 것이 없어 자신이라도 드리려고 한다고 말했습니다. 결국 그 소년은 예배를 방해한다는 꾸지람을 받았고 이 작은 사건은 사람들의 기억에서 잊혀졌습니다. 그러나 꼬마는 자신의 생명을 하나님께 드렸다는 사실을 절대로 잊지 않았다고 합니다.
그는 나중에 남부 아프리카에 있는 많은 사람의 삶과 부족과 나라의 운명이 바뀌는 과정에서 하나님께 쓰임 받는 위대한 개척 선교사와 정치가가 됩니다. 그 꼬마의 이름은 바로 바비 모펫입니다.

하나님을 믿는 우리 모두는 하나님께 우리의 삶을 드려야 합니다. 우리의 꿈도 주님께 드려야 합니다. 그 결과 하나님의 꿈이 우리의 꿈이 되고 참되고 행복한 삶을 보장받게 되는 것입니다. 느헤미야는 자신의 안위를 떠나 하나님께 자신의 삶을 맡깁니다. 그리고 파괴된 민족과 성벽을 재건합니다. 이는 단지 건물을 재건하는 것이 아니라 영적인 대부흥운동이 되어 하나님의 나라를 재건하는 일이 되었습니다. 바비 모펫 역시 하나님께 아무것도 드릴 것이 없어 자신을 드립니다. 하지만 하나님께서는 세상에 가장 값진 한 영혼을 받으신 것입니다. 하나님께 드려진 그 한 영혼이 다른 민족과 영혼을 재건하는 놀라운 삶을 살게 된 것입니다.

단원 주제

이스라엘과 열방을 사랑하시는 하나님의 사랑

단원 해설

이스라엘 백성은 자신들만이 하나님의 선택된 백성이라 착각하고 있었습니다. 하지만 하나님은 여러 선지자들을 통해서 모든 민족과 열방을 사랑하시는 분이심을 드러내십니다.

중심 구절

"하물며 이 큰 성읍 니느웨에는 좌우를 분변하지 못하는 자가 십이만여 명이요 가축도 많이 있나니 내가 어찌 아끼지 아니하겠느냐 하시니라"(욘 4:11).

단원학습목표

이스라엘뿐 아니라 모든 민족과 열방을 사랑하시는 하나님을 이해한다.

단원핵심정리

열방을 사랑하시는 하나님

구약편 | 3단원

하나님의 사랑

단원 소개

하나님은 이스라엘을 제사장 나라로 선택하셔서 모든 민족과 열방을 구원하시기를 원하셨습니다. 하지만 이스라엘은 하나님의 사랑을 외면할 뿐 아니라 열방에 하나님의 말씀을 전할 의무도 이행하지 않습니다.

7과에서는 부정한 여인을 끝까지 사랑하는 호세아 선지자의 삶의 모습을 통해 하나님을 배반한 이스라엘 백성, 그럼에도 불구하고 끝까지 사랑하시는 하나님에 대해 배우게 됩니다. 8과에서는 이스라엘과 적대적 관계인 앗수르의 수도 니느웨를 구원하시는 하나님을 통해 모든 민족과 열방을 사랑하시는 하나님을 이해하게 됩니다. 그리고 9과에서는 제사장 나라에 대한 하나님의 눈물을 발견하게 될 것입니다.

제 7과

호세아

학습 목표 | 선지자 호세아를 통해 하나님을 떠나 우상숭배한 백성을 다시 사랑으로 회복시키시는 하나님의 사랑을 이해한다.

중심 진리 | 그럼에도 불구한 하나님의 사랑

본문 말씀 | 호세아 1:10

Memory Verse | 호 1:10

"그러나 이스라엘 자손의 수가 바닷가의 모래 같이 되어서 헤아릴 수도 없고 셀 수도 없을 것이며 전에 그들에게 이르기를 너희는 내 백성이 아니라 한 그 곳에서 그들에게 이르기를 너희는 살아 계신 하나님의 아들들이라 할 것이라"

Question About It

선지자 '호세아'는 누구입니까?

① 선지자 호세아는 웃시야 왕 때부터 히스기야 왕 때까지 활동한 선지자입니다(호 1:1).

② 선지자 호세아의 부도덕한 아내의 이름은 고멜 입니다(호 1:3).

② 선지자 호세아와 아내 고멜 사이에는 세 자녀가 있습니다. 그들의 이름은 이스르엘 , 로루하마 , 로암미 입니다(호 1:4-9).

View of Bible

호세아 선지자는 BC 755년부터 북 왕국 이스라엘에서 활약한 선지자입니다. 그는 북 왕국이 망하는 것을 목격한 선지자이기도 합니다. 하나님께서는 선지자 신분인 호세아에게 음란한 여인 고멜과 결혼할 것을 명하십니다. 그리고 음란한 자식들을 낳으라 하십니다.

하나님께서는 당시 이스라엘의 사회적 타락, 우상숭배, 속임수, 살인 등의 온갖 죄로 인해 그들을 버리실 것입니다. 그리고 그들은 과거 애굽의 종살이를 했듯이 앗수르의 종이 될 것입니다. 그러나 호세아가 자신의 음란한 아내 고멜을 끝없이 찾고 되돌리고 구해내려고 최선을 다했듯이 하나님께서도 이스라엘을 사랑으로 구원하실 것을 호세아의 삶과 말씀을 통해 예언하셨습니다.

Learn of Bible

1. 음란한 여인을 사랑한 호세아

(1) 하나님께서는 선지자 호세아에게 왜 부정한 여인 고멜과 결혼하라 명령하셨습니까?

호 1:2 "여호와께서 처음 호세아에게 말씀하실 때 여호와께서 호세아에게 이르시되 너는 가서 음란한 여자를 맞이하여 음란한 자식들을 낳으라 이 나라가 **여호와를 떠나 크게 음란함** 이니라 하시니"

(2) 선지자 호세아와 고멜 사이에서 낳은 자녀들의 이름과 그 의미는 무엇일까요?

① **호 1:4** "여호와께서 호세아에게 이르시되 그의 이름을 **이스르엘** 이라 하라 조금 후에 내가 이스르엘의 피를 예후의 집에 갚으며 **이스라엘 족속의 나라를 폐할 것임** 이니라"

② **호 1:6** "고멜이 또 임신하여 딸을 낳으매 여호와께서 호세아에게 이르시되 그의 이름을 **로루하마** 라 하라 내가 다시는 이스라엘 족속을 **긍휼히 여겨서 용서하지 않을 것임** 이니라"

③ **호 1:9** "여호와께서 이르시되 그의 이름을 **로암미** 라 하라 너희는 **내 백성이 아니요** 나는 **너희 하나님이 되지 아니할 것임** 이니라"

(3) 선지자 호세아는 타인의 사랑을 받아 음녀가 된 아내 고멜을 구원합니다.

① 아내를 구하기 위해 지불한 대가는 무엇일까요?
호 3:2 "내가 **은 열다섯 개** 와 **보리 한 호멜 반** 으로 나를 위하여 그를 사고"

② 구원한 아내 고멜에게 권면한 것은 무엇입니까?
호 3:3 "그에게 이르기를 너는 많은 날 동안 **나와 함께 지내고** **음행하지 말며** **다른 남자를 따르지 말라** 나도 네게 그리하리라 하였노라"

하나님께서는 선지자 호세아에게 음란한 여인 고멜과의 결혼을 명령하셨습니다. 그리고 그 자녀들을 통해서 하나님을 떠나 우상숭배와 온갖 죄에 빠진 그의 백성들에게 심판할 것을 예언하십니다. 하지만 그럼에도 불구하고 하나님께서는 호세아가 끝까지 고멜을 사랑한 것처럼 이스라엘을 사랑하며 구원할 것입니다.

2. 백성들의 죄를 고발하는 선지자 호세아

(1) 선지자 호세아는 백성들에게 무엇이 없어서 그리고 무엇을 잊었기에 망한다고 말하고 있습니까?

호 4:6 "내 백성이 **지식이 없으므로** 망하는도다 네가 지식을 버렸으니 나도 너를 버려 내 제사장이 되지 못하게 할 것이요 네가 네 **하나님의 율법을 잊었으니** 나도 네 자녀들을 잊어버리리라"

(2) 선지자 호세아는 패역을 행한 백성들에게 회개하라고 외칩니다. 그렇다면 하나님께서 패역한 그의 백성들에게 원하시는 것은 무엇일까요?

① **호 6:3** "그러므로 우리가 **여호와를 알자 힘써 여호와를 알자** 그의 나타나심은 새벽 빛 같이 어김없나니 비와 같이, 땅을 적시는 늦은 비와 같이 우리에게 임하시리라 하니라"

② **호 6:6** "나는 **인애** 를 원하고 제사를 원하지 아니하며 번제보다 **하나님을 아는 것** 을 원하노라"

(3) 선지자 호세아가 7장에서 설교한 내용 중 소개된 비유는 무엇입니까?

① **호 7:8** **뒤집지 않은 전병**
② **호 7:9** **백발의 무성함**
③ **호 7:11** **어리석은 비둘기**
④ **호 7:16** **속이는 활**

하나님께서 원하시는 것은 화려한 예배와 재물이 아니었습니다. 그것은 인애를 사랑하는 것과 하나님을 아는 것입니다. 하지만 이스라엘 백성은 인애도 하나님을 아는 지식도 없었습니다. 그 결과 살인과 절도, 간음 그리고 강포함으로 가득 차버린 그들의 상태를 고발하고 있습니다.

3. 하나님의 사랑을 선포한 호세아

(1) 하나님께서는 사랑하는 백성들을 구원하시기 위해서 어떠한 '줄'로 백성들을 이끌겠다고 말씀하십니까?

호 11:4 "내가 **사람** 의 줄 곧 **사랑** 의 줄로 그들을 이끌었고 그들에게 대하여 그 목에서 멍에를 벗기는 자 같이 되었으며 그들 앞에 먹을 것을 두었노라"

(2) 하나님을 떠나 우상숭배하던 이스라엘 백성은 결국 누구에게로 돌아가야 참된 행복의 삶을 살 수 있게 될까요?

호 14:1-2 "이스라엘아 네 **하나님 여호와께로 돌아오라** 네가 불의함으로 말미암아 엎드러졌느니라 너는 말씀을 가지고 **여호와께로 돌아와서** 아뢰기를 모든 불의를 제거하시고 선한 바를 받으소서 우리가 수송아지를 대신하여 입술의 열매를 주께 드리리이다"

(3) 여호와 하나님께로 돌아온 자의 축복과 사랑은 무엇일까요?

① **호 14:4** "내가 그들의 반역을 고치고 기쁘게 그들을 사랑하리니 나의 **진노가 그에게서 떠났음** 이니라"

② **호 14:5** "내가 이스라엘에게 이슬과 같으리니 그가 **백합화 같이 피겠고** 레바논 **백향목 같이 뿌리가 박힐 것** 이라"

③ **호 14:6** "그의 **가지는 퍼지며** 그의 아름다움은 **감람나무와 같고** 그의 향기는 레바논 **백향목** 같으리니"

하나님은 자기 백성들의 죄에 대하여 분명히 심판하십니다. 하지만 그것은 사랑하기 때문입니다. 백성들이 참된 행복의 삶이 아닌 거짓된 쾌락을 쫓아 자신의 삶을 파괴당하는 것을 멈추시기 위함입니다. 하나님을 배신하고 떠났지만 그럼에도 하나님은 사랑의 줄로 그 백성을 포기하지 않으시고 계속해서 이끌어 주십니다.

Application of Bible

하나님의 사랑은 심판과 회복입니다. 그리고 그 회복은 하나님께 돌아가 그분을 깊이 알아가는 것입니다. 지금 하나님을 알기 위해 무엇을 할 수 있을지 의견을 나누어 보세요.

하나님을 떠나 우상숭배로 음란한 여인처럼 되어 버린 이스라엘 백성, 하지만 하나님은 그들을 사랑하시기에 포기하지 않으시고 징계하십니다. 그렇지만 이 징계는 하나님께로 돌아오게 하시기 위함입니다. 그리고 백성들이 회개하고 돌아올 때 하나님은 은혜와 축복을 아끼지 않으십니다. 이스라엘 백성이 우상숭배와 죄에 빠진 이유는 하나님을 깊이 알지 못했기 때문입니다. 그러므로 하나님이 주시는 축복의 삶을 누리기 위해서 매일매일 주님의 말씀을 읽고 묵상하며 그 말씀에 순종하는 삶을 계속해서 살아가야 할 것입니다.

Tip of Bible

프랜시스 톰슨은 하나님을 '천국의 사냥개'로 표현합니다. 하나님을 사냥개로 비유하니 매우 불경스럽게 느껴질 것입니다. 하지만 이는 죄로 인해 죽을 수밖에 없는 불행한 사람들을 향한 하나님의 의지가 강하게 담겨 있는 것입니다.

이스라엘 백성은 하나님 알기를 저버리고 당장의 쾌락을 누릴 수 있는 우상숭배와 죄의 길을 가게 됩니다. 하나님 입장에서는 큰 배신을 당한 것입니다. 그럼에도 불구하고 하나님은 그 사랑의 줄로 그들을 구원의 길로 이끄십니다. 포기하지 않는 하나님의 사랑 앞에 우리는 감사와 감격의 삶을 누려야 할 것입니다.

제 8과

요나

학습 목표 | 선지자 요나를 통해 하나님께서는 이스라엘뿐 아니라 모든 민족과 열방을 살피시고 사랑하신다는 사실을 이해한다.

중심 진리 | 열방을 사랑하시는 하나님

본문 말씀 | 요나 4:11

Memory Verse | 욘 4:11

"하물며 이 큰 성읍 니느웨에는 좌우를 분변하지 못하는 자가 십이만여 명이요 가축도 많이 있나니 내가 어찌 아끼지 아니하겠느냐 하시니라"

Question About It

선지자 '요나'는 누구입니까?

① 선지자 요나는 여로보암 2세 때 하나님께서 명하사 앗수르의 도성 **니느웨** 로 가서 회개하지 않으면 멸망할 것을 예언토록 하셨습니다(욘 1:2).

② 선지자 요나는 하나님의 명령을 어기고 **다시스** 로 도망합니다. 하지만 풍랑을 만나 바다에 던져졌습니다. 하나님께서는 **큰 물고기** 를 예비하셔서 다시 니느웨로 돌려보내십니다(욘 1:3-2:10).

③ 선지자 요나가 니느웨로 가서 그들의 죄를 책망하며 하나님의 심판을 **하루 동안** 선포하자 그 왕과 성읍 주민들이 회개하였습니다(욘 3:4).

View of Bible

이스라엘은 하나님이 온 세상을 구원하시고자 축복의 통로로 부르신 제사장 나라였습니다. 그러기에 하나님께서는 선지자 요나를 통해 적국인 앗수르의 수도 니느웨에 심판의 회개를 촉구하신 것입니다. 하지만 요나는 니느웨가 회개하고 구원받을 기회를 얻는 것을 못마땅하게 생각하고 전혀 다른 곳으로 도망갑니다. 하지만 하나님께서는 초자연적인 방법으로 요나를 다시금 니느웨로 부르십니다. 요나는 싫었지만 니느웨로 가서 하나님의 심판을 예언합니다. 그 소식을 들은 니느웨의 왕과 도성 사람들은 모두가 금식하며 회개합니다. 하나님께서는 심판을 보류하십니다. 요나는 적국이 심판받지 않고 죄에서 돌이키는 것에 불만을 드러냅니다. 그러자 하나님께서는 한 식물이 시드는 것을 통해 니느웨의 영혼들과 나아가 세상 모든 영혼들을 얼마나 사랑하시는지를 보여주십니다.

Learn of Bible

1. 하나님의 사랑을 깨닫지 못한 요나

⑴ 선지자 요나는 니느웨에 가서 예언하라는 선교 소명을 의도적으로 어기고 다시스로 도망갑니다. 요나가 다시스로 가기 위해 거쳤던 지역은 어디입니까?

욘 1:3 "그러나 요나가 여호와의 얼굴을 피하려고 일어나 다시스로 도망하려 하여 **욥바** 로 내려갔더니 마침 다시스로 가는 배를 만난지라 여호와의 얼굴을 피하여 그들과 함께 다시스로 가려고 배삯을 주고 배에 올랐더라"

⑵ 하나님께서는 하나님의 명령을 어기고 다시스로 가는 배안에서 태평하게 자던 요나를 니느웨로 돌이키시기 위해 어떤 방법을 사용하십니까?

① **욘 1:4** "여호와께서 **큰 바람** 을 바다 위에 내리시매 바다 가운데에 **큰 폭풍** 이 일어나 배가 거의 깨지게 된지라"

② **욘 1:17** "여호와께서 이미 **큰 물고기** 를 예비하사 요나를 삼키게 하셨으므로 요나가 밤낮 **삼 일** 을 물고기 뱃속에 있으니라"

⑶ 요나로 인해 큰 폭풍이 온 것을 알고 요나의 뜻대로 그를 바다에 내던지자 곧 바다가 잠잠해졌습니다. 이 광경을 목격한 이방인들의 태도는 어떠합니까?

욘 1:15-16 "요나를 들어 바다에 던지매 바다가 뛰노는 것이 곧 그친지라 그 사람들이 **여호와를 크게 두려워하여** 여호와께 **제물** 을 드리고 **서원** 을 하였더라"

선지자 요나는 니느웨로 가라고 명하신 하나님의 뜻을 어기고 다시스로 갑니다. 하지만 하나님께서는 모든 열방을 사랑하실 뿐 아니라 하나님의 뜻을 저버린 요나까지도 사랑하셔서, 풍랑과 큰 물고기 뱃속에서 요나를 보호하시며 그를 돌이켜 당신의 뜻을 따르게 하십니다. 결국 요나는 니느웨로 가서 하나님의 명령을 준행하게 됩니다.

2. 하나님께 회개하는 요나

⑴ 다시스로 향하던 배에서 던져져 큰 물고기에게 삼켜진 요나는 밤낮 삼 일 동안 무엇을 하나요?

욘 2:1 "요나가 물고기 뱃속에서 그의 하나님 여호와께 기도 하여"

(2) 하나님의 사랑을 이해하지 못했던 요나가 기도 중에 하나님께서 니느웨에 가서 심판을 예언하라고 하신 그 뜻을 깨닫고 고백합니다. 그 내용은 무엇일까요?

욘 2:8 "거짓되고 헛된 것을 숭상하는 모든 자는 자기에게 베푸신 은혜 를 버렸사오나"

(3) 하나님의 뜻을 깨달은 요나는 구원이 누구에게 속하였다고 고백합니까?

욘 2:9 "나는 감사하는 목소리로 주께 제사를 드리며 나의 서원을 주께 갚겠나이다 구원은 여호와께 속하였나이다 하니라"

선지자 요나는 큰 물고기 뱃속에서 밤낮 삼 일을 보내며 하나님의 뜻을 저버린 자신이 죽을 수밖에 없는 죄인임을 깨닫고 회개의 기도를 드립니다. 그리고 모든 민족과 열방을 사랑하시며 구원하기를 원하시는 하나님의 사랑을 깨닫습니다. 또한 자신을 구원하신 하나님께 경배합니다.

3. 하나님의 사랑 앞에 회개하는 니느웨

(1) 니느웨를 향한 하나님의 사랑은 요나를 통해 어떤 내용으로 선포되나요?

욘 3:4 "요나가 그 성읍에 들어가서 하루 동안 다니며 외쳐 이르되 사십 일 이 지나면 니느웨가 무너지리라 하였더니"

(2) 선지자 요나의 외침에 니느웨 백성들과 왕은 어떻게 반응했습니까?

① 욘 3:5 "니느웨 사람들이 하나님을 믿고 금식을 선포 하고 높고 낮은 자를 막론하고 굵은 베 옷 을 입은지라"

② 욘 3:6 "그 일이 니느웨 왕에게 들리매 왕이 보좌에서 일어나 왕복을 벗고 굵은 베 옷을 입고 재 위에 앉으니라"

③ 욘 3:7 "왕과 그의 대신들이 조서를 내려 니느웨에 선포하여 이르되 사람이나 짐승이나 소 떼나 양 떼나 아무것도 입에 대지 말지니 곧 먹지 도 말 것이요 물도 마시지 말 것이며"

(3) 니느웨 백성들과 왕은 금식을 선포하며 회개합니다. 하나님의 은혜를 구하며 어떤 고백을 합니까?

욘 3:9 "하나님이 **뜻을 돌이키시고** 그 **진노를 그치사** 우리가 **멸망하지 않게 하시리라** 그렇지 않을 줄을 누가 알겠느냐 한지라"

하나님께서는 선지자 요나를 통해서 그들의 죄를 지적하시며 회개할 기회를 주십니다. 니느웨 왕과 백성들은 속히 금식하며 하나님 앞에 엎드려 용서를 구합니다. 왕의 고백처럼 그들의 회개는 하나님 앞에 상달되었고 결국 뜻을 돌이켜 심판을 보류케 하십니다. 하나님께서는 진심으로 회개하는 자에게 자비를 베푸시는 분이심을 드러내십니다.

4. 니느웨의 구원을 싫어하는 요나

(1) 니느웨 백성들이 회개하여 구원을 받자 요나는 그것을 몹시 싫어합니다. 그리고 노하며 죽기를 청합니다. 요나는 몇 번이나 하나님께 그런 청을 할까요?

욘 4:3, 8을 읽고 답하세요. **2번**

(2) 하나님께서는 죽기를 청하는 요나에게 무어라 말씀하십니까?

욘 4:4 "여호와께서 이르시되 네가 **성내는 것이 옳으냐** 하시니라"

(3) 하나님께서는 무엇을 사용하셔서 니느웨의 구원을 못마땅하게 여기는 요나를 책망하십니까? 욘 4:6-10을 읽고 답하세요. **박넝쿨**

(4) 불평을 늘어놓는 요나에게 하나님께서는 니느웨를 구원하신 이유를 설명하십니다. 그 내용은 무엇입니까?

욘 4:11 "하물며 이 큰 성읍 니느웨에는 좌우를 분변하지 못하는 자가 십이만여 명이요 가축도 많이 있나니 내가 어찌 **아끼지** 아니하겠느냐 하시니라"

요나는 이방 민족이며 이스라엘과 적대 관계인 니느웨가 회개하고 구원받는 것을 싫어했습니다. 그러나 하나님은 세상의 모든 나라와 민족들을 사랑하십니다.

Application of Bible

하나님께서 우리를 먼저 부르셔서 예수님을 믿게 하신 이유는 무엇인지 의견을 나누어 보세요.

하나님의 사랑은 이스라엘 백성에게만 국한된 것이 아닙니다. 하나님께서는 오히려 이스라엘을 제사장 나라로 삼아 모든 민족과 나라를 구원하기를 원하셨던 것입니다. 이와 마찬가지로 우리가 예수님을 먼저 믿고 있다면 그것은 잃어버린 영혼들을 찾기 위해 구원의 이름 예수 그리스도를 전하는 선교적 삶을 살라는 것입니다.

Tip of Bible

짐 엘리엇은 1952년 봄 에콰도르의 아우카 부족들에게 복음을 전하기 위하여 갑니다. 1956년 1월 8일 아우카 부족민들과 직접 만나게 되지만 외부인들에게 적대적인 그들에게 독침 공격을 받고 사망하고 맙니다. 이 사건은 미국 사회에 큰 충격을 주었고 해외 선교에 대한 회의론이 일어나게 됩니다. 그리고 많은 사람들은 젊은이들이 인생을 "불필요한 낭비(unnecessary waste)"를 한다고 비난합니다. 그 후, 그 청년들 중 한 명인 짐 엘리엇의 아내 엘리자베스는 다시 복음을 들고 그 부족으로 들어갑니다. 기적적으로 그녀는 부족 안에서 간호사로서 3년간 헌신적으로 그 부족을 섬기게 됩니다. 그리고 하나님의 사랑을 전하게 됩니다. 결국, 그 부족은 예수 그리스도를 구세주로 영접하게 되었고, 자신의 남편을 죽였던 청년은 그 부족의 목사가 되었습니다. 그렇습니다. 복음에는 "불필요한 낭비"가 없습니다. 짐 엘리엇은 다음과 같은 말을 남겼습니다. "지킬 수 없는 것을 버리는 자는 결코 어리석은 자가 아니다."

하나님의 사랑은 이처럼 오늘날에도 모든 민족과 열방에 요나와 짐 엘리엇과 같은 선교사들을 통해 전파되고 있습니다. 우리도 주님의 사랑을 전하는 선교적 삶을 살아야 할 것입니다.

제 9과

예레미야

학습 목표 | 선지자 예레미야를 통해 죄에 빠진 백성들에게 회개할 기회를 주며, 또한 새 언약을 통해 보여주시는 하나님의 사랑을 이해한다.

중심 진리 | 새 언약을 맺으시는 하나님

본문 말씀 | 예레미야 31:31

Memory Verse | 렘 31:31

"여호와의 말씀이니라 보라 날이 이르리니 내가 이스라엘 집과 유다 집에 새 언약을 맺으리라"

Question About It

선지자 '예레미야'는 누구입니까?

① 선지자 예레미야는 유다 왕 요시야 때부터 시드기야 왕 11년까지 활동한 선지자입니다(렘 1:1-3).

② 선지자 예레미야는 선택된 이스라엘이 여호와 하나님을 배반하고 나라를 죄의 타락으로 치닫게 하는 백성을 볼 때에 통분하여 책망하지만 오히려 그들은 예레미야 선지자를 원망하고 가두고 죽이려고 하였습니다(렘 37:15-21).

View of Bible

선지자 예레미야가 활동하던 시기는 앗수르의 세력이 약해지고 바벨론의 세력이 커지면서 바벨론이 유다를 위협하는 새로운 세력으로 등장합니다. 예레미야는 유다의 마지막 다섯 명의 왕들의 통치 기간인 30년간 예루살렘에 임할 재앙에 대해 경고합니다. 그 이유는 유다는 여호와를 버리고 다른 나라를 섬기는 영적 간음의 죄를 저질렀기 때문입니다.

하나님께서는 예레미야를 통해 영적 간음을 일으킨 남 왕국 유다가 폐허와 황무지가 될 것이며, 그들은 70년간 바벨론 왕을 섬길 것이라 예언합니다. 하지만 예루살렘이 멸망하기 직전에 이스라엘이 반드시 회복될 것 또한 예언합니다.

Learn of Bible

1. 선지자로 부름 받은 예레미야

⑴ 예레미야는 선택받은 선지자입니다. 하나님의 부르심과 예레미야의 응답은 어떠했습니까?

① **부르심 | 렘 1:5** "내가 너를 모태에 짓기 전에 너를 **알았고** 네가 배에서 나오기 전에 너를 **성별** 하였고 너를 여러 나라의 **선지자** 로 세웠노라 하시기로"

② **응답 | 렘 1:6** "내가 이르되 슬프도소이다 주 여호와여 보소서 나는 **아이** 라 **말할 줄** 을 알지 못하나이다 하니"

⑵ 선지자 예레미야의 사명은 무엇입니까?

렘 1:10 "보라 내가 오늘 너를 여러 **나라** 와 여러 **왕국** 위에 세워 네가 그것들을 뽑고 **파괴** 하며 파멸하고 넘어뜨리며 **건설** 하고 심게 하였느니라 하시니라"

⑶ 하나님께서 선지자 예레미야를 통해서 심판하실 것을 예언하게 하셨습니다. 그 심판의 이유는 무엇입니까?

렘 2:19 "네 **악** 이 너를 징계하겠고 네 **반역** 이 너를 책망할 것이라 그런즉 네 하나님 여호와를 **버림** 과 네 속에 나를 **경외함이 없는 것** 이 악이요 고통인 줄 알라 주 만군의 여호와의 말씀이니라"

선지자 예레미야는 모태에서부터 구별되어 부르심을 받은 선지자입니다. 그러나 예레미야는 자신의 연소함과 연약함을 하소연합니다. 하지만 하나님께서는 그의 입에 말씀을 주시며 지켜주시겠다고 약속하십니다. 그만큼 예레미야 선지자가 활동하던 시기에 진리를 전파하는 것은 매우 위험한 일이었던 것입니다. 그럼에도 불구하고 하나님께 소명 받은 예레미야는 진리의 말씀을 담대히 선포합니다.

2. 죄를 책망하는 선지자 예레미야

(1) 예레미야 2장 7절에 "내가 너희를 기름진 땅에 인도하여 그것의 열매와 그것의 아름다운 것을 먹게 하였거늘 너희가 이리로 들어와서는 내 땅을 더럽히고 내 기업을 역겨운 것으로 만들었으며"라고 책망합니다. 이 책망을 받은 사람들은 누구이며 책망의 구체적인 이유는 무엇입니까?

렘 2장 8절을 읽고 빈칸을 채우세요.

① 제사장 – 여호와께서 어디 계시는지 말하지 않음

② 율법을 다루는 자 – 하나님을 알지 못함

③ 관리들 – 하나님께 반역함

④ 선지자들 – 바알의 이름으로 예언하고 무익한 것을 따름

(2) 예레미야가 하나님의 말씀을 선포하다가 받은 고난들은 무엇입니까?

① 렘 11:8 백성들에게 따돌림을 받았다.

"그들이 순종하지 아니하며 귀를 기울이지도 아니하고 각각 그 악한 마음의 완악한 대로 행하였으므로 내가 그들에게 행하라 명령하였어도 그들이 행하지 아니한 이 언약 의 모든 규정대로 그들에게 이루게 하였느니라 하라"

② 렘 20:2 미움을 받고 매를 맞았다.

"이에 바스훌이 선지자 예레미야를 때리고 여호와의 성전에 있는 베냐민 문 위층에 목에 씌우는 나무 고랑으로 채워 두었더니"

③ 렘 37:15 매를 맞고 옥에 갇혔다.

"고관들이 노여워하여 예레미야를 때려서 서기관 요나단의 집에 가두었으니 이는 그들이 이 집을 옥 으로 삼았음이더라"

(3) 온갖 고난을 받은 예레미야였지만 그는 성실히 자신의 소명을 다합니다. 그럼에도 불구하고 돌이키지 아니하고 결국 예언대로 남 왕국 유다 백성들은 포로가 되고 맙니다. 그 예언의 내용은 어느 나라에 몇 년간 포로가 되는 것이었습니까?

렘 25:11 "이 모든 땅이 폐허가 되어 놀랄 일이 될 것이며 이 민족들은 **칠십 년** 동안 **바벨론** 의 왕을 섬기리라"

남 왕국 유다는 종교, 정치 지도자들이 누구보다 타락해 있었습니다. 하나님께서는 선지자 예레미야를 부르시고 심판을 선포하도록 하십니다. 하지만 유다 백성은 죄를 회개하지 않고 오히려 선지자 예레미야를 위협합니다. 회개할 기회를 놓친 남 왕국 유다는 결국 예레미야의 예언대로 바벨론에게 망하고 백성들은 포로로 끌려가게 됩니다.

3. 눈물의 선지자 예레미야

(1) 예레미야 선지자는 눈물의 선지자로 알려져 있습니다. 그렇다면 누구를 위하여 그는 밤낮 울어야만 했을까요?

렘 9:1 "어찌하면 내 머리는 물이 되고 내 눈은 눈물 근원이 될꼬 죽임을 당한 딸 **내 백성** 을 위하여 주야로 울리로다"

(2) 눈물의 선지자 예레미야는 무엇 때문에 그토록 통곡하며 울었습니까?

렘 13:17 "너희가 이를 듣지 아니하면 나의 심령이 너희 **교만** 으로 말미암아 은밀한 곳에서 울 것이며 여호와의 양 떼가 **사로잡힘** 으로 말미암아 눈물을 흘려 통곡하리라"

(3) 선지자 예레미야의 눈물은 결국 누구의 눈물일까요?

하나님 의 눈물 I 선지자 예레미야는 눈물의 선지자였습니다. 하나님의 말씀을 선포하는 자신을 때리고 가두고 외면해서가 아니라 교만하여 하나님의 말씀을 듣고 회개하지 않아 결국 바벨론에 의해 멸망당할 조국과 포로로 잡혀갈 백성들의 처지 때문에 그의 눈은 마를 새가 없었습니다. 결국 이 눈물은 자기 백성을 향한 하나님의 사랑의 눈물인 것입니다.

Application of Bible

나라와 민족을 위해서 그리고 죄로 인해 타락해져 가는 이 세대를 향해 우리는 무엇을 할 수 있을지 나누어 보세요.

선지자 예레미야는 자신의 나라와 민족을 향한 불타는 사랑이 있었습니다. 그리고 죄로 인해 멸망해가는 그들을 위해 자신의 안위를 생각지 않고 진리를 전합니다. 오늘 우리도 나라와 민족의 복음화를 위해 그리고 예수님을 알지 못하고 죽어가는 수많은 영혼들을 위해 눈물 흘리며 기도해야 할 것입니다. 그리고 때를 얻든지 못 얻든지 복음을 전해야 할 것입니다.

"너는 말씀을 전파하라 때를 얻든지 못 얻든지 항상 힘쓰라 범사에 오래 참음과 가르침으로 경책하며 경계하며 권하라"(딤후 4:2).

Tip of Bible

목회자이면서 독립 운동가였던 함석헌 선생님은 다음과 같은 시를 지으셨습니다.

그대 그런 사람을 가졌는가

만리 길 나서는 길
처자를 내맡기며
맘 놓고 갈 만한 사람
그 사람을 그대는 가졌는가

온 세상이 다 나를 버려
마음이 외로울 때에도
'저 맘이야' 하고 믿어지는
그 사람을 그대는 가졌는가

탔던 배 꺼지는 시간
구명대 서로 사양하며
'너만은 제발 살아다오' 할
그 사람을 그대는 가졌는가

불의의 사형장에서
다 죽어도 너희 세상 빛을 위해
저만은 살려 두거라 일러 줄
그 사람을 그대는 가졌는가

잊지 못할 이 세상을 놓고 떠나려 할 때
'저 하나 있으니' 하며
빙긋이 웃고 눈을 감을
그 사람을 그대는 가졌는가

온 세상의 찬성보다도
'아니' 하고 가만히 머리 흔들 그 한 얼굴
생각에 알뜰한 유혹을 물리치게
되는 그 사람을 그대는 가졌는가

오늘 나라와 민족을 그리고 죽어가는 영혼들을 위해 함께 울어줄 예레미야 선지자 같은 그 한 사람이 우리는 되어야 할 것입니다.

단원 주제

하나님께서는 새 언약을 통해 모든 민족과 열방을 구원하고자 하십니다.

단원 해설

하나님께서는 여러 선지자들을 통해서 모든 민족과 열방을 구원하실 메시아에 관한 소망을 예언하십니다.

중심 구절

"그가 찔림은 우리의 허물 때문이요 그가 상함은 우리의 죄악 때문이라 그가 징계를 받으므로 우리는 평화를 누리고 그가 채찍에 맞으므로 우리는 나음을 받았도다"(사 53:5).

단원학습목표

오실 메시아 예수 그리스도에 대한 선지자들의 예언을 이해한다.

단원핵심정리

예수 그리스도에 대한 소망

구약편 | 4단원

약속의 기다림

단원 소개

구약의 선지서는 하나님을 끊임없이 배신하는 이스라엘 백성의 죄에 대한 심판과 회복 그리고 또 다시 죄를 짓는 어리석음이 계속 반복됩니다. 하지만 하나님은 선지자들을 통해 온전한 구원과 완성을 예언케 하셨습니다. 이는 어둠속에 있는 모든 자들에게 소망의 말씀이 되었습니다.

10과에서는 이사야 선지자를 통해서 임박한 심판과 모든 사람의 죄를 대속하실 메시아와 영광스러운 하나님의 구원사역을 소개하고 있습니다. 11과에서는 선지자 요엘의 예언을 살펴볼 것입니다. 요엘은 누구든지 주의 이름을 부르는 자는 구원을 얻을 '주의 날' 이 임할 것이라고 선포합니다. 12과 말라기에서는 경건한 생활과 십일조를 통한 헌신을 발견하게 됩니다. 이처럼 하나님의 구원 사역은 선지자들을 통하여 구체적으로 예언되었고 궁극적으로 신약 시대에 와서 실현되어졌음을 알 수 있습니다.

제 10과

이사야

학습 목표 | 선지자 이사야를 통해 죄에 빠진 백성들에게 임할 심판과 다가올 영광스러운 하나님의 구원을 이해한다.

중심 진리 | 메시아가 올 것임을 예언함

본문 말씀 | 이사야 53:5

Memory Verse | 사 53:5

"그가 찔림은 우리의 허물 때문이요 그가 상함은 우리의 죄악 때문이라 그가 징계를 받으므로 우리는 평화를 누리고 그가 채찍에 맞으므로 우리는 나음을 받았도다"

Question About It

선지자 '이사야'는 누구입니까?

① 선지자 이사야는 귀족 출신 아모스의 아들이며 **그리스도의 모형** 을 예언한 선지자입니다.

② 선지자 이사야는 BC 722년에 북 왕국이 앗수르에 의해 망한 뒤에 주로 **남 왕국 유다** 에서 활동하였습니다.

③ 선지자 이사야는 **웃시야** , **요담** , 아하스, **히스기야** 4대 동안 예언 활동을 하였습니다(사 1:1).

View of Bible

이사야는 남쪽 유다 왕국에서 60년 동안 사역했습니다. 그는 네 명의 왕이 다스리는 동안 유다 백성에게 회개를 촉구했습니다. 그러나 예루살렘과 유다 백성은 회개하기보다 죄의 길을 더 좋아했습니다. 유대 전승에 의하면 이사야는 므낫세 왕에 의해 참수를 당했다고 합니다. 이사야는 멸망을 예언했지만 궁극적으로 메시아가 오셔서 이 땅이 하나님의 나라로 회복되고 하나님께서 의도하셨던 구원이 이루어질 것이라고 예언했습니다.

Learn of Bible

1. 소명 받은 선지자 이사야

(1) 선지자 이사야가 하나님의 부르심을 받을 때 자신은 입술이 부정한 사람이라고 고백합니다. 그 때 하나님의 사자인 스랍 하나가 날아와 부젓가락으로 제단에서 집은 핀 숯으로 이사야의 입에 대어줍니다. 이 때 어떤 말을 하였나요?

사 6:7 "그것을 내 입술에 대며 이르되 보라 이것이 네 입에 닿았으니 네 악 이 제하여졌고 네 죄가 사하여 졌느니라 하더라"

(2) 하나님께로부터 죄 사함을 받은 이사야는 하나님의 부르심에 어떻게 응답하나요?

사 6:8 "내가 또 주의 목소리를 들으니 주께서 이르시되 내가 누구를 보내며 누가 우리를 위하여 갈꼬 하시니 그 때에 내가 이르되 내가 여기 있나이다 나를 보내소서 하였더니"

(3) 하나님의 심판은 비유로 밤나무와 상수리나무가 베임을 당할 것이라고 말합니다. 하지만 거룩한 씨가 남아 있을 것이라는 소망의 말씀을 하십니다. 이 거룩한 씨는 무엇으로 비유가 되었나요?

사 6:13 그루터기 | 선지자 이사야를 하나님께서 부르실 때 무엇보다 우선 그의 죄를 사하여 주십니다. 그리고 이사야는 누가 하나님을 위해서 사명을 감당할 것인지의 물음에 "나를 보내소서"라고 말하며 서원합니다. 비록 당대에 그는 유다 백성에게는 환영받지 못했지만 소망의 그루터기를 발견하고 오실 메시아를 예언하는 대선지자가 되었습니다.

2. 선지자 이사야의 예언

(1) 이사야 1장 7-9절에 예루살렘과 유다의 땅이 어떻게 될 것이라고 예언하고 있습니까?

사 1:7-9 "너희의 땅은 **황폐** 하였고 너희의 성읍들은 **불에 탔고** 너희의 토지는 너희 목전에서 이방인에게 삼켜졌으며 이방인에게 파괴됨 같이 **황폐** 하였고 딸 시온은 포도원의 망대 같이, 참외밭의 원두막 같이, 에워 싸인 성읍 같이 겨우 남았도다 만군의 여호와께서 우리를 위하여 생존자를 조금 남겨 두지 아니하셨더면 우리가 **소돔** 같고 **고모라** 같았으리로다"

(2) 철저하게 멸망당한 유대 백성은 그 후에 어떻게 될 것임을 예언하고 있습니까?

사 39:6-7 "보라 날이 이르리니 네 집에 있는 모든 소유와 네 조상들이 오늘까지 쌓아 둔 것이 모두 바벨론으로 **옮긴 바 되고** 남을 것이 없으리라 여호와의 말이니라 또 네게서 태어날 자손 중에서 몇이 **사로잡혀** 바벨론 왕궁의 환관이 되리라 하셨나이다 하니"

(3) 선지자 이사야는 하나님의 심판이 임한 이후 궁극적으로 어떤 일이 일어날 것이라고 예언하고 있습니까?

사 2:4 평화의 날 | "그가 열방 사이에 판단하시며 많은 백성을 판결하시리니 무리가 그들의 **칼을 쳐서 보습을 만들고** 그들의 **창을 쳐서 낫을 만들 것** 이며 이 나라와 저 나라가 다시는 칼을 들고 서로 치지 아니하며 다시는 **전쟁을 연습** 하지 아니하리라"

선지자 이사야의 예언은 예루살렘과 유다의 철저한 심판에 관한 것입니다. 그 심판이 얼마나 고통스러운지 소돔과 고모라 같을 것이라고 한탄합니다. 뿐만 아니라 유다는 망하고 백성들은 바벨론의 포로가 될 것이라고 예언합니다. 그러나 이 모든 심판이 끝난 후 하나님이 통치하시는 의로운 평화의 날이 도래할 것이라는 소망에 관하여 예언합니다.

3. 그리스도를 예언한 선지자 이사야

(1) 이사야 선지자는 예수 그리스도의 동정녀 탄생을 예언하였습니다. 처녀가 잉태하여 아들을 낳을 것이고 그 이름을 무엇이라고 말합니까?

사 7:14 "그러므로 주께서 친히 징조를 너희에게 주실 것이라 보라 처녀가 잉태하여 아들을 낳을 것이요 그의 이름을 **임마누엘** 이라 하리라"

⑵ 예수 그리스도의 탄생을 예언한 이사야는 임마누엘의 하나님을 어떻게 표현하고 있습니까?

사 9:6 "이는 한 아기가 우리에게 났고 한 아들을 우리에게 주신 바 되었는데 그의 어깨에는 **정사를 메었고** 그의 이름은 **기묘자** 라, **모사** 라, **전능하신 하나님** 이라, **영존하시는 아버지** 라, **평강의 왕** 이라 할 것임이라"

⑶ 선지자 이사야는 오실 메시아가 그의 백성을 위해 무엇을 하신다고 예언합니까?

사 53:3-6 "그는 멸시를 받아 사람들에게 버림 받았으며 간고를 많이 겪었으며 질고를 아는 자라 마치 사람들이 그에게서 얼굴을 가리는 것 같이 멸시를 당하였고 우리도 그를 귀히 여기지 아니하였도다 그는 실로 우리의 **질고를 지고** 우리의 **슬픔** 을 당하였거늘 우리는 생각하기를 그는 징벌을 받아 하나님께 맞으며 고난을 당한다 하였노라 그가 찔림은 우리의 **허물** 때문이요 그가 상함은 우리의 **죄악** 때문이라 그가 **징계** 를 받으므로 우리는 평화를 누리고 그가 **채찍에 맞으므로** 우리는 나음을 받았도다 우리는 다 양 같아서 그릇 행하여 각기 제 길로 갔거늘 여호와께서는 우리 모두의 **죄악을 그에게 담당** 시키셨도다"

선지자 이사야는 오실 메시아에 대한 많은 예언을 남겼습니다. 이는 하나님을 떠나 죄의 길을 가던 이스라엘과 유다 뿐 아니라 오늘을 살아가는 모든 민족과 나라에 큰 소망인 것입니다. 임마누엘 예수님을 통해 참된 평화와 하나님의 공의가 이루어질 것입니다.

Application of Bible

이사야는 하나님의 부르심에 "내가 여기 있나이다"라고 말합니다. 그리고 오실 예수 그리스도에 대한 소망의 메시지를 남깁니다. 예수님께서 오늘 우리를 부르신다면 어떻게 할 것인지 나누어 보세요.

예수님께서도 제자들을 부르시고 땅 끝까지 이르러 복음을 전파하라고 명령하셨습니다. 그러므로 예수님을 믿는 모든 사람들은 이사야 선지자처럼 복음을 전해야 할 선지자요, 선교사인 것입니다. 그러므로 우리 또한 주님의 부르심에 "내가 여기 있나이다"라고 고백해야 할 것입니다.

"그러므로 너희는 가서 모든 민족을 제자로 삼아 아버지와 아들과 성령의 이름으로 침례(세례)를 베풀고 내가 너희에게 분부한 모든 것을 가르쳐 지키게 하라 볼지어다 내가 세상 끝날까지 너희와 항상 함께 있으리라 하시니라"(마 28:19-20).

Tip of Bible

제2차 세계대전 때 일어난 일화입니다. 독일의 어떤 숲 속 외딴 오두막에 어머니와 어린 소년이 도망쳐 숨어 살았습니다. 어두운 밤 갑자기 문 두드리는 소리에 나가보니 전투 중에 낙오된 독일군 세 사람이 도움을 청하고 있었습니다. 어머니가 그들을 들어오게 하고 음식을 준비하는 동안, 또다시 누군가가 밖에서 문을 두드립니다. 문을 열고 나가보니 부상당한 미군 세 사람이 하룻밤 쉬어가기를 청하는 것입니다. 생명이 위협받는 긴장된 순간이었습니다. 하지만 성탄절을 하루 앞둔 성탄 전야에 서로 싸우지 말자고 설득합니다. 그리고 성탄절 동안 그들은 오두막에서 치료받고 식사를 하며 함께 보냅니다. 다음날 서로 작별의 악수를 나누고는 반대 방향으로 헤어졌습니다. 이사야 선지자는 하나님의 나라가 임하면 전쟁은 끝나고 모두가 평화롭게 살 수 있다고 예언하였습니다. 그리고 마침내 예수 그리스도께서 오셔서 참된 평화의 왕이 되셨습니다. 그러므로 모든 사람이 예수님을 믿고 그분의 말씀에 순종할 때 참된 하나님의 나라가 세워지는 것입니다. 그 놀라운 하나님의 사랑을 알라고 전해야 할 까닭이 여기에 있는 것입니다.

제 11과
요엘

학습 목표 | 선지자 요엘이 예언한 이스라엘 백성에게 임할 심판과 다가올 영광스러운 여호와 '주의 날'을 이해한다.

중심 진리 | 여호와 '주의 날'을 예언함

본문 말씀 | 요엘 2:32

Memory Verse | 욜 2:32

"누구든지 여호와의 이름을 부르는 자는 구원을 얻으리니 이는 나 여호와의 말대로 시온 산과 예루살렘에서 피할 자가 있을 것임이요 남은 자 중에 나 여호와의 부름을 받을 자가 있을 것임이니라"

Question About It

선지자 '요엘'은 누구입니까?

① 선지자 요엘은 브두엘 의 아들입니다(욜 1:1).

② 선지자 요엘은 유다에 대한 하나님의 심판 과 회복 을 알려줍니다.

③ 선지자 요엘은 여호와의 날, 성령의 약속 을 알려줍니다(욜 2:28-29).

View of Bible

요엘이 활동한 시대는 정확하게 알려지지 않았습니다. 아마도 말라기와 동시대에 활동하며 여호와의 날에 대하여 예언하였을 것입니다. 환상 중에 메뚜기 떼의 재앙은 성읍과 나라를 황폐케 합니다. 요엘은 전국적인 기도의 날을 선포합니다. 백성들이 회개한다면, 하나님께서 완전히 회복시켜 주실 것이라고 말합니다. 그리고 회복된 이스라엘은 하나님의 축복을 온 열방과 나눌 것입니다.

Learn of Bible

1. 눈물의 기도를 가르치는 선지자 요엘

(1) 요엘은 유다 백성의 죄로 인해 이민족이 침입할 것을 알고 눈물의 기도, 회개의 기도를 요청합니다. 이때 유다를 침입하는 나라는 어떤 동물로 표현되었습니까?

욜 1:6 "다른 한 민족이 내 땅에 올라왔음이로다 그들은 강하고 수가 많으며 그 이빨은 **사자** 의 이빨 같고 그 어금니는 **암사자** 의 어금니 같도다"

(2) 선지자 요엘은 자신들의 죄를 돌아보며 울며 기도하라고 하였습니다. 어떤 사람들에게 울라고 하였습니까?

① **욜 1:9** "소제와 전제가 여호와의 성전에서 끊어졌고 여호와께 수종드는 **제사장** 은 슬퍼하도다"

② **욜 1:11** " **농부들** 아 너희는 부끄러워할지어다 포도원을 가꾸는 자들아 곡할지어다 이는 밀과 보리 때문이라 밭의 소산이 다 없어졌음이로다"

③ **욜 1:13** "제사장들아 너희는 굵은 베로 동이고 슬피 울지어다 제단에 **수종드는 자** 들아 너희는 울지어다 내 하나님께 **수종드는 자** 들아 너희는 와서 굵은 베 옷을 입고 밤이 새도록 누울지어다 이는 소제와 전제를 너희 하나님의 성전에 드리지 못함이로다"

선지자 요엘은 하나님의 심판이 임할 때 유다를 치는 나라가 사자처럼 강할 것이라고 예언합니다. 그리고 모든 백성은 눈물로 하나님께 회개하며 기도해야 한다고 가르칩니다.

2. 금식일을 정하고 성회를 소집하는 선지자 요엘

(1) 선지자 요엘이 금식과 성회를 소집하는 이유가 무엇입니까?

욜 1:15 "슬프다 그 날이여 **여호와의 날** 이 가까웠나니 곧 **멸망** 같이 전능자에게로부터 이르리로다"

(2) 요엘 선지자가 백성들에게 금식할 것을 요청한 구절을 읽고 빈칸을 채우세요.

① **욜 1:14** "너희는 **금식일** 을 정하고 성회를 소집하여 장로들과 이 땅의 모든 주민들을 너희 하나님 여호와의 성전으로 모으고 **여호와께 부르짖을지어다**"

② **욜 2:12** "여호와의 말씀에 너희는 이제라도 **금식** 하고 울며 애통하고 마음을 다하여 **내게로 돌아오라** 하셨나니"

(3) 선지자 요엘은 이스라엘 백성이 애통하며 금식하고 기도할 때 하나님은 이를 어떻게 여기실 것이라고 말합니까?

욜 2:18 "그 때에 여호와께서 자기의 땅을 극진히 **사랑** 하시어 그의 백성을 **불쌍히** 여기실 것이라"

선지자 요엘은 임박한 하나님의 심판 앞에 금식과 성회를 선포합니다. 영적 각성 운동을 통해 다시금 하나님 앞에 겸비한 삶을 살고자 했던 것입니다.

3. 여호와의 날을 선포한 선지자 요엘

(1) 여호와의 날에는 어떤 일이 일어납니까?

욜 2:30 "내가 이적을 하늘과 땅에 베풀리니 곧 피 와 불 과 연기 기둥 이라"

(2) 여호와의 날의 특징은 무엇입니까?

① 욜 2:2 "곧 어둡고 캄캄한 날이요 짙은 구름이 덮인 날이라 새벽 빛이 산 꼭대기에 덮인 것과 같으니 이는 많고 강한 백성이 이르렀음이라 이와 같은 것이 옛날에도 없었고 이후에도 대대에 없으리로다"

② 욜 2:3 " 불 이 그들의 앞을 사르며 불꽃 이 그들의 뒤를 태우니 그들의 예전의 땅은 에덴 동산 같았으나 그들의 나중의 땅은 황폐한 들 같으니 그것을 피한 자가 없도다"

요엘 선지자는 여호와의 날을 선포합니다. 그 날은 어두움과 불의 심판이 임할 것입니다. 하지만 또한 구원의 날이기도 합니다. 주의 성령이 만민에게 부어져 내리는 축복의 날이기도 합니다.

Application of Bible

선지자 요엘은 하나님의 심판 앞에 금식과 성회를 선포합니다. 그리고 여호와의 날과 성령 강림을 예언합니다. 오늘 이 시대의 죄 된 문화와 각 개개인의 죄의 문제를 생각할 때 우리는 어떤 자세를 가져야 할까요? 나누어 보세요.

하나님께서는 회개하지 않는 이스라엘 백성을 심판하십니다. 오늘날도 마찬가지입니다. 예수님을 믿는다고 생각하면서 계속해서 죄악 된 삶을 살아가며 회개하지 않는다면 하나님께서는 우리를 징계하실 것입니다. 그러므로 오늘날도 죄의 문제 앞에서 금식과 성회로 애통해하며 하나님 앞으로 다시 돌아가야 하는 것입니다. 성령님의 탄식 앞에 늘 겸비하며 하나님 앞에서 최선의 삶을 살아가야 할 것입니다.

Tip of Bible

에이즈로 죽어가는 한 여인을 목사님이 심방했습니다. 목사님이 그녀를 위해 하나님의 말씀으로 위로합니다. 하지만 여인은 냉담하게 반응합니다. "나는 버림받은 영혼입니다. 나의 인생뿐 아니라 주변 사람들의 행복까지 망쳐놓은 죄인입니다." 목사님은 환자의 병실을 둘러보다 벽에 걸려있던 예쁜 여자아이의 사진 한 장을 발견합니다. "저 아이는 누구죠?" 절망에 휩싸여 있던 여인의 화색이 밝아지며 말합니다. "제 딸입니다. 귀엽죠? 제 삶에 가장 소중한 보물입니다." 목사님은 말합니다. "만약 저 아이가 어려움에 빠진다면 당신은 도와줄 건가요? 실수를 한다면 용서해주고 계속해서 사랑해줄 수 있나요?" 여인이 대답합니다. "물론입니다. 나는 저 아이를 위해서라면 무엇이든 할 수 있습니다." 목사님은 부드럽게 여인에게 말합니다. "왜냐하면, 하나님의 방에도 당신의 사진이 붙어있기 때문입니다."

사도 바울은 성령님께서 말할 수 없는 탄식으로 우리를 위하여 친히 간구하신다고 말합니다. 그러므로 우리는 늘 하나님께 기도하며 겸손히 주의 뜻을 좇아 담대히 행하며 살아야 하는 것입니다. 어떤 어려움이 닥쳐도 하나님의 인도하심을 믿어야 하는 것입니다.

제 12과

말라기

학습 목표 | 선지자 말라기를 통해 경건의 삶의 회복과 오실 메시아에 대한 예언을 이해한다.

중심 진리 | 회복의 소망

본문 말씀 | 말라기 1:11

Memory Verse | 말 1:11

"만군의 여호와가 이르노라 해 뜨는 곳에서부터 해 지는 곳까지의 이방 민족 중에서 내 이름이 크게 될 것이라 각처에서 내 이름을 위하여 분향하며 깨끗한 제물을 드리리니 이는 내 이름이 이방 민족 중에서 크게 될 것임이니라"

Question About It

선지자 '말라기'는 누구입니까?

① 선지자 말라기는 구약 성경의 마지막 선지자 입니다.

② 선지자 말라기는 십일조 생활은 축복의 약속이라고 강조하였습니다 (말 3:10).

View of Bible

말라기는 느헤미야와 동시대의 인물이지만 느헤미야가 죽고 난 뒤에야 활동한 것으로 추정됩니다. 말라기 당시 모든 종교 의식이 본질적 의미는 빠진 채 형식만 있었습니다. 제사장들은 율법을 가르치는 그들의 의무를 소홀히 했고, 백성들은 서로에게 신실하지 못했으며, 마술, 간음, 거짓 맹세, 가난한 자들에 대한 억압 등 온갖 죄의 길로 행했던 것입니다.

여호와 하나님이 보시기에 이는 하나님을 떠난 백성들의 모습입니다. 심판의 때가 다가올 때 하나님께서는 충성된 사람들을 보호하실 것입니다. 그리고 마지막으로 언약을 주신 것을 회고해 보고 여호와의 날을 기다리라고 말라기 선지자는 권면합니다.

Learn of Bible

1. 경건한 신앙생활을 가르치는 선지자 말라기

(1) 선지자 말라기는 백성들에게 하나님에 대한 불순종을 지적합니다. 하지만 백성들은 회개하는 대신 변명을 합니다. 어떤 변명을 하나요?

① 말 1:2 어떻게 우리를 **사랑하셨나이까**
② 말 1:6 어떻게 주의 이름을 **멸시하였나이까**
③ 말 1:7 어떻게 주를 **더럽게 하였나이까**
④ 말 2:17 어떻게 여호와를 **괴롭혀 드렸나이까**, 또 말하기를 정의의 하나님이 **어디 계시냐** 함이니라

(2) 선지자 말라기는 백성들이 드리는 온전하지 못한 제물들에 대하여 말합니다. 그들은 더러운 떡, 눈먼 생축, 저는 것, 병든 것을 하나님께 드렸습니다. 이는 명백히 하나님을 등한히 여기는 행위였던 것입니다. 하나님께서는 이들이 드리는 제물에 대하여 어떻게 말씀하십니까?

말 2:13 "여호와께서 다시는 너희의 봉헌물을 **돌아보지도 아니하시며** 그것을 너희 손에서 **기꺼이 받지도 아니하시거늘** "

(3) 선지자 말라기는 경건한 생활의 첫 걸음은 가족의 경건이라고 말합니다. 경건하지 않은 가정 가운데 하나님께서 미워하시는 것은 무엇입니까?

말 2:16 "이스라엘의 하나님 여호와가 이르노니 나는 **이혼** 하는 것과 옷으로 **학대** 를 가리는 자를 미워하노라 만군의 여호와의 말이니라 그러므로 너희 심령을 삼가 지켜 **거짓** 을 행하지 말지니라"

말라기 선지자는 경건치 못한 이스라엘 백성에게 경건한 삶을 살기를 권면합니다. 하지만 그들은 오히려 변명만 늘어놓으며 하나님을 업신여깁니다. 예배와 신앙생활이 형식주의에 빠져 본질을 잃어버렸습니다. 하나님께 드려야 할 제물들이 온전할 리 없습니다. 영적인 경건을 잃어버리자 결국 개인과 가정 그리고 사회가 타락할 수밖에 없는 것입니다.

2. 십일조의 회복을 선포하는 선지자 말라기

(1) 구약의 십일조는 어떤 용도로 사용되었습니까?

① 제사장 지파인 레위인을 위한 생활비

민 18:21 "내가 이스라엘의 십일조를 레위 자손에게 기업 으로 다 주어서 그들이 하는 일 곧 회막에서 하는 일 을 갚나니"

② 구제비

신 14:28-29 "매 삼 년 끝에 그 해 소산의 십분의 일 을 다 내어 네 성읍에 저축하여 너희 중에 분깃이나 기업이 없는 레위인과 네 성중에 거류하는 객 과 및 고아와 과부 들이 와서 먹고 배부르게 하라 그리하면 네 하나님 여호와께서 네 손으로 하는 범사에 네게 복을 주시리라"

(2) 말라기 선지자는 십일조를 통한 하나님의 축복을 알려주었습니다. 어떤 축복을 받게 될까요?

말라기 3:11-12 "만군의 여호와가 이르노라 내가 너희를 위하여 메뚜기를 금하여 너희 토지 소산을 먹어 없애지 못하게 하며 너희 밭의 포도나무 열매가 기한 전에 떨어지지 않게 하리니 너희 땅이 아름다워지므로 모든 이방인들이 너희를 복되다 하리라 만군의 여호와의 말이니라"

말라기 선지자가 십일조를 강조한 것은 구약의 십일조 정신이 하나님을 경외하는 것과 이웃을 사랑하는 일에 관한 영적인 상태를 점검할 수 있는 것이기 때문입니다. 십일조의 의무를 회복하는 것은 하나님을 경외하는 삶의 회복을 뜻하기도 합니다. 하나님을 사랑하는 자들은 하나님의 돌보심과 축복을 경험할 것입니다.

3. 그리스도의 오심을 예언한 선지자 말라기

(1) 선지자 말라기는 그리스도의 오심을 예언합니다. 다음 구절을 읽고 어떤 내용인지 찾아 적어보십시오.

① **말라기 3:1 언약의 사자** | "만군의 여호와가 이르노라 보라 내가 **내 사자를 보내리니** 그가 내 앞에서 길을 준비할 것이요 또 너희가 구하는 바 주가 갑자기 그의 성전에 임하시리니 곧 너희가 사모하는 바 **언약의 사자** 가 임하실 것이라"

② **말라기 4:1 심판자** | "만군의 여호와가 이르노라 보라 용광로 **불 같은 날** 이 이르리니 교만한 자와 악을 행하는 자는 다 지푸라기 같을 것이라 그 이르는 날에 그들을 살라 그 뿌리와 가지를 남기지 아니할 것이로되"

③ **말라기 4:2 치료자** | "내 이름을 경외하는 너희에게는 공의로운 해가 떠올라서 **치료하는 광선을 비추리니** 너희가 나가서 외양간에서 나온 송아지 같이 뛰리라"

말라기는 구약의 마지막 선지자입니다. 이후 하나님께서는 메시아가 오시기까지 침묵하십니다. 우리는 그 기간을 신구약 중간기라고 부릅니다. 하지만 하나님은 선지자 말라기를 통해 오실 메시아에 대한 소망을 예언케 하십니다.

Application of Bible

말라기 선지자는 경건의 삶에 대하여 가정의 회복과 신앙의 의무를 가르칩니다. 지금 우리는 화목한 가정을 이루기 위해서 가족의 의무를 다하고 있습니까? 교회 공동체에서 신앙의 의무를 다하고 있습니까? 또한 오신 메시아에 대한 감격을 누리는 삶을 살고 있습니까? 서로 나누어 보세요.

이스라엘 백성은 그들의 배교로 인해 앗수르와 바벨론을 통한 하나님의 징계를 받았습니다. 또한 포로기 귀환을 통해 회복하시는 하나님의 은혜도 경험했습니다. 하지만 말라기서에 등장하는 이스라엘 백성은 여전히 하나님께 불경하며 자신이 옳다고 생각하는 대로 죄의 길을 걷고 있습니다. 오늘 우리들의 모습은 어떠합니까? 예수 그리스도를 믿고 구원받았음에도 불구하고 여전히 죄의 자리에 있지는 않습니까? 사랑하는 가족 관계에서 주님의 뜻을 따라 화목하기 위해 의무를 다하고 있습니까? 또한 교회 공동체를 위한 헌금과 봉사의 의무를 다하고 있습니까? 죄를 짓지 않는 것만이 성도의 삶이 아닙니다. 주님께 대한 우리의 의무를 성실히 다할 때 하나님의 거룩한 나라가 이루어지는 것입니다.

Tip of Bible

존 스토트는 그의 저서 《제자도》에서 '급진적 제자도' 라는 말을 사용합니다. 그 이유는 그리스도인이라는 말은 신약 성경에 세 번 밖에 나오지 않지만 제자라는 용어는 더 강력한 의미로 여러 차례 사용됐기 때문이라고 말합니다. 또한 예수님께서 우리의 주님이시기에 우리에게는 선택할 권리가 없습니다. 그러므로 모든 그리스도인들은 예수님의 제자입니다. 그리고 예수님의 제자들은 급진적일 수밖에 없는 것입니다.

저자는 급진적 제자가 갖추어야 할 8가지 특성을 설명합니다. 첫째는 불순응입니다. 이는 세상에 오염되지 말아야 함을 의미합니다. 세상에서 도피하여 거룩함을 보존하려 해서도 안 되고 세상에 순응하여 거룩함을 희생시켜서도 안 되는 것입니다. 그러므로 급진적 제자들은 세상 풍속에 맞서야 한다는 것입니다. 둘째는 닮음입니다. 바로 예수 그리스도를 닮아가는 것이야말로 급진적 제자도의 핵심입니다. 예수 그리스도는 십자가의 고난도 마다하지 않고 하나님의 뜻에 순종하는 급진적 자세를 보여주십니다. 셋째는 성숙입니다. 하나님은 '깊이 없는 성장' 을 결코 기뻐하지 않습니다. 오늘날 교회들은 매우 크게 성장했습니다. 하지만 얼마큼 하나님에 대하여 깊이 있는 신앙으로 성숙해져 있는지 반성해야 할 것입니다. 넷째, 창조 세계를 돌보는 것입니다. 우리는 신음하는 창조 세계를 청지기로서 해방시키고 보호해야 할 의무가 있는 것입니다. 다섯째, 단순한 삶을 살아야 합니다. 많은 경우 그리스도인들이 돈과 소유의 문제로 시험 들고 넘어지는 것을 볼 수 있습니다. 그러므로 이런 것들로부터 단순해져야 합니다. 여섯 번째는 균형입니다. 우리는 세상과 교회 공동체로써 균형을 잘 잡아야 합니다. 일곱째, 의존입니다. 우리는 서로를 의존하도록 하나님께서 만드셨습니다. 가족의 삶, 그리고 지역 교회의 삶 역시 서로에게 짐이 되는 삶이어야 합니다. 마지막으로 죽음입니다. 성경은 죽음을 생명의 끝이 아니라 영원한 생명으로 가는 문이라고 말합니다. 그러므로 죽음을 두려워하지 말아야 진정으로 급진적 제자가 되는 것입니다.

우리는 말라기 선지자가 가르쳐 준 경건한 삶을 예수 그리스도를 좇는 급진적 제자도로 구체적으로 살아내야 하는 것입니다. 이러한 삶을 통해 하나님의 축복의 통로가 되는 것입니다.

"그러나 너희는 택하신 족속이요 왕 같은 제사장들이요 거룩한 나라요 그의 소유가 된 백성이니 이는 너희를 어두운 데서 불러 내어 그의 기이한 빛에 들어가게 하신 이의 아름다운 덕을 선포하게 하려 하심이라"(벧전 2:9).

청소년 핵심공과

신약편

1단원 복음의 중심에서

제1과 바울

제2과 누가

제3과 바나바

2단원 복음을 외치다

제4과 스데반

제5과 마가

제6과 실라

3단원 그들 속에도

제7과 고넬료

제8과 다비다

제9과 뵈뵈

4단원 성장의 기쁨

제10과 디모데

제11과 브리스길라와 아굴라

제12과 아볼로

단원 주제

복음의 중심에서

단원 해설

초대교회가 예루살렘을 넘어 땅끝까지 가기까지 최전방에서 복음전도의 사역을 감당했던 사람들인 바울과 누가와 바나바의 삶의 모습을 통해 우리가 그리스도인으로서 어떤 자세를 가지고 살아야 할지를 배웁니다.

중심 구절

"하나님의 나라를 전파하며 주 예수 그리스도에 관한 모든 것을 담대하게 거침없이 가르치더라"(행 28:31).

단원학습목표

복음의 중심에서 복음을 전했던 사람들의 삶의 자세를 배웁니다.

단원핵심정리

복음의 중심에서 사역했던 사람들의 열심, 헌신, 희생

신약편 | 1단원 복음의 중심에서

단원 소개

예수님의 십자가 처형 이후 제자들은 흩어지고 예수님의 복음은 끝난 것처럼 보였습니다. 그러나 그것은 끝이 아니라 새로운 시작이었습니다. 예수님은 약속대로 삼 일 만에 부활하셨고 사십일 동안 제자들에게 나타나시고 하나님 나라의 일을 말씀하신 후 하늘로 올라가셨습니다. 오순절 성령의 강력한 임재 이후 예수 그리스도의 복음으로 무장된 사역자들에 의해 초대교회는 날마다 구원받는 사람의 수가 늘어갔습니다. 1단원에서는 복음이 예루살렘을 넘어 온 유대와 사마리아와 땅 끝까지 이르는 길에서 모든 것을 바쳐 헌신했던 세 명의 인물에 대해 배우게 됩니다. 이들 복음사역자들이 가졌던 전도의 열심과 하나님에 대한 헌신, 모든 것을 포기하는 자기희생이 있었기에 우리에게까지 예수 그리스도의 복음은 전해질 수 있었습니다. 1과에서는 사도바울이 다메섹에서 예수님을 만남으로 변화되어 이방인을 위한 사도로 세워져 1, 2, 3차의 전도여행 이후 예루살렘에서 유대인들의 고발에 의해 체포되어 로마에 죄인의 신분으로 감금된 상황에서도 포기하지 않는 복음전도의 열심을 공부합니다. 2과에서는 바울의 옥중서신에서만 단 세 번 언급된 누가의 삶을 통해 복음전도자가 가져야하는 헌신과 신실함의 자세를 배우게 됩니다. 3과에서는 핍박자였던 바울을 믿어주고 안디옥 교회의 지도자로 세워주는 바나바의 모습을 통해 다른 사람을 세우고 자신을 낮추는 진정한 믿음의 자세를 공부할 것입니다.

제 1과 바울

복음 전도의 열심

학습 목표 | 사도 바울이 가졌던 복음전도의 열심을 안다.

중심 진리 | 초대교회는 어떠한 상황에서도 복음전도를 포기하지 않고 예수님을 전했던 사도 바울과 같은 선교 사역자들에 의해 성장했다.

본문 말씀 | 사도행전 28:16-31

Memory Verse | 행 28:31

"하나님의 나라를 전파하며 주 예수 그리스도에 관한 모든 것을 담대하게 거침없이 가르치더라"

Question About It

'바울' 은 누구인가요?

① 바울은 로마이름으로 작은 자 라는 뜻으로 히브리 본명은 사울 입니다.

② 길리기아 다소 에서 태어났으며(행 22:3) 출생 시부터 로마 시민권자였습니다(행 22:27-28).

③ 다메섹으로 가는 길에서 예수님을 만난 이후 회심했으며 하나님께서 그를 이방인 을 위한 사도로 세우셨습니다(행 22:21).

④ 선교사역을 위한 재정을 충당하기 위해 장막 만드는 일을 하였습니다(행 18:3).

– 다소에서 출생하면서 가졌던 로마 시민권

사도 바울은 길리기아 지역의 수도였던 다소에서 태어났습니다. 이곳은 헬라교육의 중심도시였고 그는 다소에서 로마 시민권자로 출생한 디아스포라 유대인이었습니다. 바울 당시 다소의 시민권을 얻기 위해서는 500 드라크마 이상의 돈이 필요했는데 이것은 성인 노동자의 2년 수입에 해당하는 큰돈이었습니다. 그런데 바울은 다소보다 훨씬 얻기 어려운 로마 시민권을 태어날 때부터 가졌습니다. 당시 로마의 시민권은 아무나 쉽게 얻을 수 있는 것이 아니었습니다. 로마 시민권이 높은 사회적 신분을 갖춘 부유한 유대인에게만 주어졌다는 점을 고려할 때, 바울의 가정은 상당한 재력과 명성을 갖춘 유대인 가문이었을 것입니다.

– 정통파 유대인 교육

유대사회에서 바리새인이 되기 위해서는 율법에 정통한 랍비의 문하생으로서 철저히 율법을 공부해야 했습니다. 바울의 정통 유대교 교육을 위해 그의 부모는 많은 돈을 들여 다소에서 예루살렘으로 바울을 유학 보냅니다. 바울은 당시 가장 유명했던 가말리엘의 문하에서 엄한 바리새파 랍비 교육을 받았습니다(행 22:3). 그는 헬레니즘의 영향이 강했던 이방지역인 다소에서 태어났으나 유대인으로서의 정통성을 유지할 수 있는 철저한 교육을 받았던 것입니다.

– 텐트 메이커(Tentmaker), 자비량 선교사

사도 바울이 장막 만드는 일을 하면서 선교비용을 외부에 의존하지 않고 스스로 벌었던 것에서 기인한 말입니다. 그러므로 텐트 메이커, 자비량 선교사는 직업을 가진 선교사를 뜻합니다. 사도 바울은 오랜 세월, 많은 지역을 다니는 선교사역 동안 장막 만드는 일을 하면서 스스로 자신의 선교사역을 위한 재정을 벌었습니다. 이것이 유래가 되어 다른 문화권에서 직업을 가지고 자신의 생활비 등 선교에 필요한 재정을 벌면서 복음을 전하는 선교사들을 텐트메이커라고 부릅니다.

View of Bible

바울이 쓴 서신들과 사도행전에서의 바울에 관한 이야기는 사복음서를 제외하고 신약성경의 가장 많은 양을 차지하고 있습니다. 만약 신약성경에서 바울과 관련된 부분을 뺀다면 신약성경은 지금보다 더 홀쭉해질 것입니다.

바울은 길리기아 지역의 수도인 다소에서 로마 시민권자로 태어났습니다. 이방지역에서 태어난 디아스포라 유대인이었던 바울은 예루살렘으로 유학을 와서 당시 유명한 선생이었던 가말리엘의 문하에서 랍비교육을 받았습니다. 바울은 당시 유대교 안에서 최고의 엘리트 코스를 밟았던 앞길이 유망한 청년이었습니다. 바울은 유대교에 대한 열심으로 예수님을 따르는 제자들을 박해했습니다. 그는 예수를 믿는 사람들을 잡아 옥에 넘겼고 회당에서 때렸으며 죽이기까지 했습니다. 바울은 계속적으로 예수님을 믿는 제자들을 핍박했는데 예루살렘을 넘어 다른 지역으로 간 그리스도인들을 잡기 위해 다메섹으로 가는 열심을 보였습니다.

그러나 그리스도인들을 핍박하기 위해 다메섹으로 가는 길 위에서 바울은 하늘로부터 밝은 빛과 예수 그리스도의 음성을 듣고 회심하게 됩니다. 여기서 예수님과 교회의 핍박자였던 바울은 예수님과 교회의 전파자로 완전히 거듭났습니다. 바울은 이방인을 위한 사도로서 초대교회 시대 어떤 선교사보다 복음을 전하기 위한 긴 선교여행을 했습니다. 그는 10년 동안 3차에 걸친 선교여행을 했으며 로마에서 죽기까지 30년간 20여 개 도시에 교회를 세우게 됩니다.

Learn of Bible

바울은 평생 로마의 지배하에 있는 많은 도시들을 다니며 복음을 전했고 로마에 가서 복음을 전하기를 소망했습니다. 바울은 3차 선교여행 이후 예루살렘을 방문했습니다. 이때 바울은 유대인들이 고소하여 체포되었고 여러 어려운 상황을 겪으며 죄인의 신분으로 로마에 도착하게 됩니다.

1. 바울은 로마에서 어떤 상황에서 생활하게 되었습니까?(행 28:16)

죄인으로서 바울을 지키는 군인 한사람과 따로 있게 허락되었습니다.

"우리가 로마에 들어가니 바울에게는 자기를 지키는 한 군인과 함께 따로 있게 허락하더라"(행 28:16).

본문은 바울이 첫 번째 로마에 잡혀간 당시의 상황을 말해줍니다. 이때는 무서운 감옥에 갇힌 것은 아니었습니다. 죄인의 신분으로 완전히 자유롭지는 않았으나 사람들을 만나고 초대하고 할 수 있는 상황이었습니다. 군인 한 사람이 바울을 지켰고 바울은 자신이 얻은 셋집에서 생활하며 사람들을 만나 복음을 전할 수 있었습니다. 이것은 아마도 그가 로마 시민권자였기에 가능한 일이었을 것입니다. 바울이 예루살렘에서 잡혔고 유대인들이 그를 죽이려고 많은 노력을 하였으나 실패했던 이유는 그가 로마 시민권자였기 때문입니다. 바울이 예루살렘에서 잡힌 이후 로마로 오기까지 2년 이상의 시간이 걸렸고 많은 어려움이 있었습니다. 그는 비록 죄인의 신분이었으나 본인이 복음을 전하고자 했던 로마에 도착했고 그곳에서 비교적 자유로운 죄인의 신분으로 사람들을 만나고 복음을 전파합니다.

2. 바울은 사흘 후에 유대인 중 높은 사람을 자신이 있는 곳으로 초청해 자신이 죄인으로서 로마에 오게 된 상황을 설명했습니다. 그들은 날짜를 정해 바울의 사상을 듣기로 하였습니다. 바울은 그들 앞에서 무엇을 말합니까?(행 28:23)

아침부터 저녁까지 하나님의 나라를 증언하고 모세의 율법과 선지자의 말을 가지고 예수님에 대해 전했습니다.

"그들이 날짜를 정하고 그가 유숙하는 집에 많이 오니 바울이 아침부터 저녁까지 강론하여 하나님의 나라를 증언하고 모세의 율법과 선지자의 말을 가지고 예수에 대하여 권하더라"(행 28:23).

3. 바울이 유대인들에게 복음을 전했을 때 믿는 사람도 있고 믿지 않는 사람도 있었습니다(행 28:24). 바울은 유대인들에 의해 고소되어 잡힌 이후 죄인의 신분으로 로마까지 오는데 2년이 넘게 걸렸을 뿐 아니라 죄 없이 매 맞고 감금되고 광풍을 만나 배가 난파되는 등 생명의 위협을 느끼며 많은 어려움을 겪었습니다. 그럼에도 유대인에게 복음을 전하는 이유는 무엇일까요?

정답이 없는 질문입니다. 성경에 그 이유는 나와 있지 않습니다. 그러나 바울이 되어 그의 마음이 어떠했을지에 대해 생각해 볼 수 있습니다. 학생들이 생각하는 바를 긍정적으로 듣고 선생님의 의견을 제시해 주세요.

그는 아마도 자신의 동족인 유대인에 대한 애정과 유대인이나 이방인을 가리지 않고 한 사람이라도 더 많은 사람에게 복음을 전하기 위한 목적을 가지고 복음을 전했을 것입니다. 그리고 유대인에게 가장 유대인다웠던 바울이야말로 복음을 잘 설명할 수 있는 사람이었을 것입니다.

바울의 선교사역에 있어 그는 때와 장소를 가리지 않고 사람 역시 가리지 않고 언제나 복음을 전했습니다. 감옥에 갇혀 심문을 당할 때나 총독 등 정치 지도자 앞에서도 두려워하지 않고 그를 죽이려는 유대인들 앞에서조차 바울은 그 시간을 복음 전도의 기회로 삼고 예수님을 전했습니다. 이 장면 역시 마찬가지입니다. 그는 특별히 하나님으로부터 이방인을 위한 사도로 부르심을 받았습니다. 그리고 유대인들의 20년이 넘는 그의 선교사역 내내 자신을 고소하고 괴롭히고 죽이려고 했습니다. 그는 유대인에게 복음을 전하지 않을 수도 있었습니다. 그럼에도 그에게 자신의 상황이나 감정은 중요하지 않았습니다. 그는 기회가 되는대로 예수 그리스도의 복음을 전했습니다. 그래서 그는 로마에 와서 유대인들을 자신이 있는 곳으로 초대해 유대인들이 이해할 수 있는 모세의 율법과 선지자들의 말을 가지고 예수님에 대해 전한 것입니다.

"그 말을 믿는 사람도 있고 믿지 아니하는 사람도 있어"(행 28:24).

4. 바울은 흩어지는 유대인들을 향해 무엇을 말합니까? 사도행전 28장 25-28절을 읽고 빈칸을 채워주세요. 그리고 복음이 이방인에게로 보내진 이유를 무엇이라고 설명하는지 적어보세요.

"서로 맞지 아니하여 흩어질 때에 바울이 한 말로 이르되 성령이 선지자 이사야를 통하여 너희 조상들에게 말씀하신 것이 옳도다 일렀으되 이 백성에게 가서 말하기를 너희가 듣기는 들어도 도무지 깨닫지 못하며 보기는 보아도 도무지 알지 못하는도다 이 백성들의 마음이 우둔하여져서 그 귀로는 둔하게 듣고 그 눈은 감았으니 이는 눈으로 보고 귀로 듣고 마음으로 깨달아 돌아오면 내가 고쳐 줄까 함이라 하였으니 그런즉 하나님의 이 구원이 이방인에게로 보내어진 줄 알라 그들은 그것을 들으리라 하더라"(행 28:25-28).

복음이 이방인에게 전해진 이유:
이 백성이 마음이 우둔하여서 복음을 받아들이지 않아서입니다.

5. 이후 바울은 2년간 로마 셋집에서 감금생활을 하게 됩니다. 자유롭게 다닐 수 없는 감금된 상황에서 바울은 어떤 일을 했나요?(행 28:30-31)

찾아오는 모든 사람들에게 담대하게 하나님 나라를 전하고 주 예수 그리스도에 관한 일을 가르쳤습니다.

"바울이 온 이태를 자기 셋집에 머물면서 자기에게 오는 사람을 다 영접하고 하나님의 나라를 전파하며 주 예수 그리스도에 관한 모든 것을 담대하게 거침없이 가르치더라"(행 28:30-31).

2년간의 로마 감금생활이 끝난 이후 사도 바울의 행적에 대해서는 성경에 정확하게 기록되어 있지 않습니다. 우리는 교회의 전승을 통해 63년경에 석방된 이후 바울이 서바나(스페인)에 가서 선교활동을 했거나 혹은 소아시아 지방과 헬라(그리스) 지방에서 계속해서 복음을 전했으리라 추측하고 있습니다. 이후 64년 로마 시가지에 큰 불이 났고 불을 낸 방화범이 그리스도인이라는 소문이 돌면서 로마황제 네로에 의한 무서운 핍박이 시작됩니다. 바울은 기독교인 박해가 극에 달했을 때 다시 체포되어 67년경 순교한 것으로 전해집니다.

Application of Bible

우리는 오늘 바울이 억울하고 고소당해 오랫동안 시련을 겪고 로마에 의해 감금된 상황 속에서도 포기하지 않고 주 예수 그리스도를 전하고 순교하기까지 끊임없이 복음을 전한 것을 알게 되었습니다. 이 시간에는 바울을 통해 여러분이 느낀 점을 써 보세요.

Tip of Bible

"내가 가라는 곳으로 가라."

이슬람을 믿는 중앙아시아의 어느 나라에서 평생을 핍박과 감시 속에서 목사로 사역하신 67세의 고려인 할머니가 계십니다. 20년 전 선교사에 의해 복음을 받았고 이후 남편과 함께 교회를 개척해 지하교회에서 사역하시다 3년 전 할아버지는 천국으로 가셨습니다. 할머니는 홀로 150명이 넘는 성도들을 이끄시며 제자를 키우고 목회자를 세우며 전도와 양육에 쉬지 않으셨습니다. 그러다 2012년 1월, 제자들 가운데 한명에게 안수를 주어 목사로 세우셨습니다.

그리고 이제는 딸이 사역하는 R국으로 갈지 아들이 사역하는 H국으로 갈지 고민하시던 중 당신이 살아온 나라보다 더 핍박이 심하고 강퍅한 모슬렘 사람들이 사는 U국으로 선교를 나간 자매를 통해 그 나라에 와 주실 것을 부탁받으셨습니다. U국 사람들은 너무나 하나님을 받아들이는 마음이 적어 목사님이 오셔서 사역해주셨으면 하는 것입니다. 그때 할머니 목사님의 마음이 뜨거워졌습니다. 그리고 하나님이 말씀하셨습니다. "너는 내가 가라는 곳으로 가라." 그러나 다른 사람들은 할머니 목사님을 걱정하였습니다. 함께 선교를 해 오신 어느 목사님은 그 나라로 가면 다시는 돌아오지 못할 것이라고 말씀하시기도 했습니다.

67세의 할머니 목사님은 이제까지 그랬던 것처럼 하나님의 음성에 순종하기로 결정하셨고 2012년 6월 하나님이 가라고 하신 강한 모슬렘 지역에서의 사역을 시작하십니다.

"내가 개척한 교회에는 이슬람을 믿는 여러 나라 사람들이 있습니다. 나는 그들이 이 교회에서 훈련받아 앞으로 기독교를 거부하는 자신의 나라에 가서 복음을 전하는 모습을 봅니다. 하나님은 아무것도 아닌 할머니인 나를 지금보다 더 강퍅한 모슬렘 사람들이 사는 나라에 보내십니다. 그 이유는 늙은 내가 모든 것을 버리고 나가 선교하는 모습을 보며 나의 제자들이 저런 할머니도 나가는데, 내가 왜 못할까! 나도 할 수 있다는 용기를 주기 위해서입니다. 그래서 나는 순종할 뿐입니다. 이미 하나님은 모든 것을 준비하고 계십니다."

사도행전에서 보여주었던 바울의 선교여행은 세계에 흩어져 있는 충성된 하나님의 종들에 의해 아직도 계속되고 있습니다. 그리고 이 영광스러운 역사에 등장할 다음 세대의 일꾼을 하나님은 찾고 계십니다.

제 2과 누가
마지막까지 바울을 도왔던 복음의 동역자

학습 목표 | 복음의 동역자이며 의사였던 누가의 헌신과 신실함을 안다.

중심 진리 | 초대교회는 복음전도를 위해 바울의 선교사역을 끝까지 도왔던 전문인 사역자들에 의해 성장했다.

본문 말씀 | 골로새서 4:14, 빌레몬서 1:24, 디모데후서 4:11

Memory Verse | 딤후 4:11

"누가만 나와 함께 있느니라"

Question About It

'누가' 는 누구인가요?

① 이름의 뜻은 빛을 준다 입니다.

② 누가는 이방인이었고 그의 직업은 의사 였습니다(골 4:14).

③ 바울의 2차와 3차 선교여행에 동행했으며 바울이 로마 감옥에 투옥되었을 때 누가 는 끝까지 바울과 함께 있었습니다(딤후 4:11).

View of Bible

골로새서 4:14 "사랑을 받는 의사 누가와 또 데마가 너희에게 문안하느니라"
빌레몬서 1:24 "또한 나의 동역자 마가, 아리스다고, 데마, 누가가 문안하느니라"
디모데후서 4:11 "누가만 나와 함께 있느니라 네가 올 때에 마가를 데리고 오라 그가 나의 일에 유익하니라"

누가의 이름은 위에 적혀있는 대로 바울이 쓴 편지를 통해 신약성경에 세 번 나옵니다. 이 세 개의 편지는 모두 옥중서신인데 이는 바울이 로마의 감옥에서 기록한 것입니다. 이 말씀들을 통해 우리는 누가가 어떤 인물이었는지 짐작할 수 있습니다. 누가는 바울에게 있어서 사랑받는 의사(골 4:14)였고 선교사역의 동역자(몬 1:24)였습니다. 바울이 로마에서 처음 감금되었던 2년 동안 바울과 함께 있었고 순교하기 직전 두 번째로 로마에서 감옥에 투옥되었을 때에는 모두가 떠나고 누가만이 바울을 지켰습니다(딤후 4:11). 두 번째 로마에서의 투옥은 첫 번째와는 비교할 수 없이 어려운 상황이었고 죽음을 직전에 둔 때였습니다. 바울의 인생에서 가장 늙고 외롭고 힘들었던 시간, 바울과 끝까지 함께 했던 사람이 바로 누가였습니다. 누가는 유대인이 아니라 수리아 안디옥 출신의 그리스 사람으로 알려져 있습니다. 이제 복음의 외인이며 이방인이었던 의사 누가가 어떻게 하나님의 선교사역에 함께 했는지 살펴보기로 하겠습니다.

Learn of Bible

1. 바울의 동역자 누가

(1) 누가의 이름은 바울서신 중 세 개의 서신에서 언급됩니다. 이 세 개의 서신의 이름을 적어보세요.(View of Bible 참조)

골로새서, 빌레몬서, 디모데후서

(2) 이 서신들은 어디에서 기록된 것입니까?(View of Bible 참조)

모두 로마의 감옥에서 기록되었습니다.

골로새서와 빌레몬서는 바울이 1차로 2년간 로마에서 감금되었을 때 기록되었고, 디모데후서는 순교 직전인 2차 로마감옥 투옥 당시 기록된 것입니다. 이처럼 바울의 인생의 말년, 죽음을 바라보는 상황에서도 누가는 바울을 떠나지 않고 그의 사역을 도왔습니다.

(3) 위의 말씀들에서 바울은 누가에 대해 어떻게 표현하고 있습니까?(골 4:14, 몬 1:24, 딤후 4:11) 그리고 바울에게 누가는 어떤 존재였을 것 같은지 자신의 말로 설명해보세요.

사랑받는 의사, 동역자, 누가만 나와 함께 있느니라.
인생의 끝까지 함께한 진실한 한 사람.

누가는 바울의 사역과 그의 일생 후반에 있어 너무나 중요한 존재였습니다. 그는 사랑받는 의사였으며 복음의 동역자였고 바울의 순교 직전인 생의 마지막까지 함께 했던 사람입니다. 어떤 사람이 성공했을 때 함께하는 것은 쉬운 일입니다. 그것은 영광을 나누는 일이기 때문입니다. 그러나 육체적 정신적으로 어렵고 힘든 상황에 처해 있을 때 끝까지 함께 하는 것은 참으로 어려운 일입니다. 왜냐하면 그것은 고난을 나누는 일이기 때문입니다. 누가는 바울과 하늘로부터는 영광을 나누었고 땅에서는 고난을 나눈 신실한 동역자였습니다.

2. 의사 누가

(1) 누가의 직업은 무엇입니까?(골 4:14) 의사

"사랑을 받는 의사 누가와 또 데마가 너희에게 문안하느니라"(골 4:14).

(2) 바울은 의사로서의 누가를 어떻게 표현하고 있으며 이 표현 속에 누가에 대한 마음은 어떤 것입니까?(골 4:14)

사랑을 받는 의사, 바울이 누가를 많이 신뢰하고 사랑했던 것을 알 수 있습니다.

바울은 누가를 많은 동역자들 가운데 특별히 신뢰하고 사랑했던 것 같습니다. 이것은 또한 누가가 바울의 사역에 크게 헌신하고 있으며 신실하게 그의 사역을 돕고 있다는 것을 말해주는 것입니다.

(3) 의사로서 누가는 바울의 사역에 어떤 도움이 되었을까요?

바울과 그 주변 사람들이 아팠을 때 치료해주며 의사로서 복음 사역에 도움을 주었을 것입니다.

바울은 10년간 세 번의 선교여행을 떠났고 그 중 두 번째와 세 번째 선교여행을 누가와 함께 했습니다. 바울의 선교여행은 쉬운 것이 아니었습니다. 그는 모진 매를 맞기도 했고 큰 풍랑을 만나 어려움을 겪기도 했습니다. 그런 어려움의 순간마다 누가는 치료자가 되어주었을 것입니다. 바울이 힘있게 이방인을 위한 복음전도사역을 할 수 있었던 것은 하나님의 인도하심과 더불어 누가와 같은 전문적인 기술을 가진 동역자의 조력이 있었기 때문입니다.

Application of Bible

의사는 사람의 몸을 치료하는 숙련된 전문기술을 가진 사람입니다. 의사로서 누가는 자신과 자신이 가진 전문기술을 자신의 유익을 위해 사용하지 않고 선교사역을 위해 사용했습니다. 우리는 과연 우리 자신과 우리 자신이 가진 것(시간, 물질, 재능, 미래의 꿈)을 어떻게 하나님을 위해 사용할 수 있을까요?

Tip of Bible

전문인 사역자 누가의 또 다른 사역

헬라어 성경에서 누가복음의 제목은 '카타 루칸'(누가에 의한)입니다. 그러나 누가복음의 내용에서는 저자가 누구라고 말하지 않습니다. 우리는 누가복음의 서문(1:1-14)과 사도행전의 서문(1:1-2)을 통해 두 개의 책이 같은 저자에 의해 기록되었다는 것을 확인할 수 있습니다.

사도행전에서 저자는 바울과 자신을 함께 묶어 '우리'라는 표현을 사용하는데 바울이 로마 옥중에 갇혀 있는 동안에도 이 표현을 확인할 수 있습니다(행 28:1,16). 그러므로 누가복음과 사도행전의 저자는 바울과 함께 로마의 감옥에서도 함께 있었다는 것이고 로마감옥에서도 그와 동행한 사람은 누가입니다(딤후 4:11). 누가는 전문적인 기술을 가진 의사로서 바울을 보살폈고 복음의 동역자로서 함께 했습니다. 그리고 누가복음과 사도행전을 통해 예수 그리스도의 복음의 시작과 이방으로의 전파과정을 세밀히 기록해 후대에 전해준 위대한 성경 기록자로 살았습니다.

우리는 전문적인 기술을 가지고 복음전도의 사역을 하는 사람들을 전문인사역자라고 말합니다. 누가는 1세기 누구보다 멋진 전문인 사역자로서의 삶을 살았던 사람입니다.

제 3과 바나바
인격과 믿음으로 사람을 세우는 지도자

학습 목표 | 바나바와 같이 다른 사람을 세워주고 자신을 낮추는 믿음의 자세를 가진다.

중심 진리 | 초대교회는 다른 사람을 세워주고 자신을 낮추는 자기희생의 자세를 가진 믿음의 사람들에 의해 성장했다.

본문 말씀 | 사도행전 9:26-30, 11:19-26

Memory Verse | 행 11:24

"바나바는 착한 사람이요 성령과 믿음이 충만한 사람이라 이에 큰 무리가 주께 더하여지더라"

Question About It

'바나바' 는 누구인가요?

① 이름의 뜻은 '권면의 아들', ' 위로 의 아들', '권위자' 라는 뜻입니다 (행 4:36).

② 구브로섬 출신의 유대인, 레위사람으로서 본명은 요셉 입니다(행 4:36).

③ 초대교회에서 이방인 전도의 개척자로서 사도 로 일컬어졌습니다 (행 14:14).

View of Bible

오순절의 성령강림이후 예루살렘 교회 안에 믿는 사람들의 수는 엄청난 속도로 늘어났습니다. 그들은 자신의 재산을 팔아 사도들에게 드렸고 사도들은 이것을 각 사람의 필요에 따라 나누어주었습니다. 바나바는 바로 이때 등장합니다. 바나바는 구브로섬 출신의 레위사람, 요셉으로 소개됩니다. 사도들은 요셉을 권위자라는 뜻의 바나바라고 불렀는데 그 이유는 바나바가 말을 잘하고 리더십이 있었기 때문이었습니다. 바나바는 자신의 밭을 팔아 사도들에게 드리는 믿음을 보여줍니다. 그는 자신의 재산을 모두 하나님께 드리고 자신은 하나님의 일, 즉 목회와 선교에 평생을 바칩니다.

Learn of Bible

1. 바울을 교회의 일원으로 받아줌

사도 바울은 예수님을 따르는 사람들을 핍박하는 핍박자였습니다. 바울이 예수님을 따르는 사람들을 잡으러 다메섹으로 가는 길에서 예수님을 만남으로 그의 인생은 완전히 변화되어 예수님을 믿고 전하는 사람이 되었습니다. 그러나 얼마 전까지 교회를 핍박하고 믿는 사람들을 잡아 감옥에 넣었던 바울의 변화됨을 믿고 받아들이는 것은 어려운 일이었습니다.

(1) 바울은 예루살렘에 가서 제자들을 사귀고 싶어 했습니다. 사람들은 그런 그를 어떻게 대했습니까?(행 9:26)

다 두려워하여 그의 제자 됨을 믿지 않았습니다.

"사울이 예루살렘에 가서 제자들을 사귀고자 하나 다 두려워하여 그가 제자 됨을 믿지 아니하니"(행 9:26).

(2) 의심받는 바울을 사도들에게 데리고 가서 바울이 예수님을 본 것과 다메섹에서 예수의 이름으로 담대히 복음을 전한 사실들을 이야기해준 사람은 누구입니까?(행 9:27)

바나바

"바나바가 데리고 사도들에게 가서 그가 길에서 어떻게 주를 보았는지와 주께서 그에게 말씀하신 일과 다메섹에서 그가 어떻게 예수의 이름으로 담대히 말하였는지를 전하니라"(행 9:27).

(3) 이후 바울은 예루살렘에서 어떻게 지냅니까?(행 9:28-29상)

제자들과 함께 지냈으며 주 예수의 이름으로 담대히 말하였습니다.

"사울이 제자들과 함께 있어 예루살렘에 출입하며 또 주 예수의 이름으로 담대히 말하고"(행 9:28-29상).

(4) 바나바는 왜 바울을 믿고 바울의 편에 서 주었을까요? 자신의 생각대로 말해보세요.

바나바는 바울이 참된 제자가 된 것을 믿었습니다. 그리고 의심받는 바울을 측은히 여겨 바울의 편에서 그에 대한 증인이 되어준 것입니다.

바울이 예루살렘에서 제자들과 함께 지내며 주 예수를 전하자 유대인들은 바울을 죽이려고 했습니다. 그래서 믿는 사람들은 바울을 다소로 도망시킵니다.

2. 바울을 교회의 지도자로 세워줌

스데반이 순교한 이후 예루살렘교회의 많은 성도들은 박해를 피해 주변지역으로 흩어졌습니다. 흩어진 성도들은 처음에는 유대사람들에게만 복음을 전했습니다. 그들 가운데 안디옥에 도착한 성도들이 그리스 사람에게도 예수님을 전했습니다. 점점 믿게 된 사람들이 많아지자 이 소문이 예루살렘 교회에까지 들려왔습니다. 예루살렘교회에서는 이에 권면의 사람 바나바를 안디옥으로 파송하게 됩니다.

(1) 바나바는 안디옥에 와서 어떤 일을 했나요?(행 11:23)

모든 사람에게 굳센 마음으로 주님을 의지하라고 권했습니다.

"그가 이르러 하나님의 은혜를 보고 기뻐하여 모든 사람에게 굳건한 마음으로 주와 함께 머물러 있으라 권하니"(행 11:23).

(2) 그 결과 어떤 일이 일어났나요?(행 11:24)

많은 사람이 주께로 나아왔습니다.

"바나바는 착한 사람이요 성령과 믿음이 충만한 사람이라 이에 큰 무리가 주께 더하여지더라"(행 11:24).

(3) 25절 이후 바나바는 사울을 찾으려고 다소로 가서 사울을 안디옥으로 데려옵니다. 그 이유는 무엇이었을까요?

주께로 나아온 많은 사람들을 더 잘 가르치기 위해 사울을 데려왔습니다. / 사울과 더불어 사역을 하기 위해 사울을 데려왔습니다.

(4) 바나바는 사울을 안디옥에서 복음을 전하는 사역자로 세워주었습니다. 그는 안디옥교회의 지도자로서 혼자서 그 일을 하며 영광을 누릴 수도 있었습니다. 그러나 바나바는 자신의 명예나 지위보다는 하나님의 교회가 확장되는 것에 더 많은 관심이 있었습니다. 그래서 바나바는 사울을 지도자로 세웠습니다. 이에 처음으로 제자들은 어떤 호칭을 얻게 됩니까?(행 11:26)

그리스도인

"만나매 안디옥에 데리고 와서 둘이 교회에 일 년간 모여 있어 큰 무리를 가르쳤고 제자들이 안디옥에서 비로소 그리스도인이라 일컬음을 받게 되었더라"(행 11:26).

Application of Bible

우리 사회는 비난에 강하고 칭찬에 약합니다. 인터넷에 상식을 넘어서는 악성 댓글이 많은 것이 바로 이러한 문화를 대변해줍니다. 청소년들 사이에서도 타인을 쉽게 비난하고 욕하는 분위기가 있습니다. 나보다 약한 사람을 도와주고 나보다 나은 사람을 칭찬해주는 것이야 말로 이 세대를 본받지 않고 하나님의 뜻을 따르는 바른 그리스도인 청소년의 길입니다. 타인을 세워주는 행동은 믿음과 인격을 요구하는 쉽지 않은 일입니다. 이 시간을 통해 바나바와 같이 다른 사람을 세워주는 연습을 해봅시다.

1. 칭찬릴레이

자신의 생년월일에 있는 숫자를 모두 더하세요. 더한 숫자가 가장 큰 수인 사람부터 그 다음수인 사람을 칭찬해주는 것입니다. 마지막 사람은 선생님을 칭찬해주고 선생님은 숫자가 가장 큰 수인 친구를 칭찬해 줍니다.

2. 칭찬편지

칭찬편지를 써보도록 합시다. 우리교회나 학교에 있는 친구 가운데 한 사람을 정해 그 친구가 가진 장점을 칭찬해주는 것입니다. 칭찬은 다른 사람을 세워주는 훌륭한 방법입니다. * 공과시간이 부족하다면 1과 2 중 하나를 선택해서 하는 것도 좋습니다. 혹은 1은 공과시간에 2와 3은 숙제로 해오라고 하는 것도 좋습니다.

3. 이번 한 주간 가정과 학교에서 비난하는 말이 아니라 칭찬하는 말을 매일 실천해 봅시다. 매일 밤 자신이 그렇게 했는지를 생각해보고 체크해 주세요.

요일	주일	월	화	수	목	금	토
확인							

Tip of Bible

그리스도인(Christian)

헬라어로 그리스도인 크리스티아노스(Christianos)는 '그리스도에게 속한'이라는 뜻으로 예수 그리스도를 믿고 구세주와 주님으로 고백한 사람을 가리키는 말입니다. 이 단어는 신약성경에서 세 번 사용되었는데(행 11:26, 26:28, 벧전 4:16) 수리아 안디옥 교회 성도들에게 최초로 사용되었습니다. 안디옥교회는 이방인 신자들에 의해 구성된 첫 번째 교회였습니다. 안디옥에서 바울과 바나바가 일 년 동안 하나님의 말씀을 가르치며 양육했을 때 사람들이 예수님을 따르는 안디옥 교회의 교인들을 보고 '그리스도인'이라고 부른 것에 유래합니다.

초대교회 당시 그리스도인에게 주어지는 현실적인 상황은 고난과 핍박이었습니다. 고난과 핍박의 상황에서도 예수 그리스도를 믿고 따르는 삶을 포기하지 않았던 그들이었기에 부여될 수 있었던 이름이 바로 '그리스도인'이었으며 그들은 참으로 그리스도에게 속한 사람들이었습니다. 이 글을 읽고 있는 우리도 그리스도인입니다. 우리는 지금 그리스도에게 속한 사람인지, 그리고 그리스도인이라는 이름 앞에 우리의 삶은 합당한지 생각해보면 좋겠습니다.

단원 주제

복음을 외치다

단원 해설

초대교회에서 복음을 외쳤던 사람들-죽음 앞에서도 복음을 전한 스데반, 믿음의 가정에서 성장했으나 선교여행 중 중도 포기했고 다시 하나님 앞에 충성된 일꾼으로 선 마가, 준비된 선교사역자 실라가 가졌던 믿음의 태도를 배웁니다.

중심 구절

"무릎을 꿇고 크게 불러 이르되 주여 이 죄를 그들에게 돌리지 마옵소서 이 말을 하고 자니라"(행 7:60).

단원학습목표

위협과 절망 속에서도 포기하지 않고 복음을 전하는 자세를 배웁시다.

단원핵심정리

복음을 외친 사람들의 순교, 회복, 준비됨

신약편 | 2단원

복음을 외치다

단원 소개

1세기의 복음전도는 결코 쉬운 일이 아니었습니다. 유대교를 믿는 유대인들은 강하게 예수님의 복음을 거부했습니다. 유대인들의 복음에 대한 거부는 은혜와 권능이 있으며 기적을 행하고 능력의 말씀을 전하는 스데반을 증오해 돌로 쳐 죽이는 살인-초대교회 첫 번째 순교로 분명하게 드러납니다. 이 사건을 계기로 예루살렘에 집중되어 있던 그리스도인들은 로마 전역으로 흩어지게 되고 예수님의 복음은 더 넓은 곳으로 확산되어 수리아 안디옥에서는 이방인의 교회가 세워집니다.

2단원에서는 이렇게 복음이 확산되는 과정 속에서 하나님의 말씀을 외치고 전했던 세 명의 초대교회 지도자들이 소개됩니다. 4과에서는 죽음 앞에서도 복음을 전하는 스데반의 담대한 믿음이 소개되고, 5과에서는 믿음의 가정에서 성장했으나 선교여행 중 중도 포기했다가 다시 하나님 앞에 충성된 일꾼으로 선 마가의 도전하는 신앙의 자세를 배우고, 6과에서는 바울의 2차 선교여행에 동행한 준비된 선교사역자 실라에 대해 공부할 것입니다.

제 4과 스데반

복음을 외치다 순교한 최초의 그리스도인

학습 목표 | 스데반과 같이 담대히 복음을 전하는 자가 되기로 결심한다.

중심 진리 | 초대교회는 모함과 죽음의 위협 앞에서도 담대히 복음을 전한 스데반과 같은 순교자의 피 위에 성장했다.

본문 말씀 | 사도행전 6:8–15, 7:54 – 8:4

Memory Verse | 행 7:60

"무릎을 꿇고 크게 불러 이르되 주여 이 죄를 그들에게 돌리지 마옵소서 이 말을 하고 자니라"

Question About It

'스데반' 은 누구인가요?

① 헬라파 유대인으로 이름의 뜻은 면류관 입니다.

② 예루살렘 교회에서 가난한 사람을 구제하는 일을 맡기려고 세웠던 성령 과 지혜 가 충만하고 칭찬받는 일곱 사람 중 한 사람이었습니다(행 6:3-6).

③ 모함을 받아 공회에 잡혀가서도 당당하게 복음을 외쳤고 이 설교를 들은 완악한 유대인들에 의해 돌에 맞아 순교 했습니다(행 7:54-60).

View of Bible

자신들의 모든 것을 내어놓고 헌신하는 사람들에 의해 예루살렘교회는 날로 성장했습니다. 하나님의 말씀은 계속 퍼져 나갔고 예루살렘에 있는 제자의 수가 점점 많아지고 제사장 중에서도 예수님의 복음을 믿는 사람들이 생겨났습니다(행 6:7).
초대교회에는 사도들 외에 뛰어난 지도자들이 세워졌는데 그 중 예루살렘교회에서 구제하는 일을 위해 세워진 스데반은 은혜와 권능이 충만한 사람이었습니다. 그는 백성 가운데서 놀라운 일과 큰 기적을 행하였습니다. 회당에 소속된 유대교 사람들은 스데반과 논쟁을 벌였으나 스데반이 지혜와 성령으로 말함으로 그를 당해낼 수가 없었습니다.
예수님을 반대했던 사람들은 은혜와 권능이 충만하여 기적을 일으키며 능력의 말씀을 전하는 스데반을 마음 속 깊이 증오하기 시작했습니다. 급기야 그에게 억울한 누명을 덮어씌워 공회 앞에 끌고 가게 됩니다.

1. 스데반의 순교

(1) 스데반은 왜 공회 앞에 잡혀 갔나요?(행 6:11-14)

돈에 매수되어 스데반이 모세와 하나님을 모독하는 것을 들었다고 말하는 거짓 증인들의 모함에 의해 공회에 잡혀오게 됩니다.

"사람들을 매수하여 말하게 하되 이 사람이 모세와 하나님을 모독하는 말을 하는 것을 우리가 들었노라 하게 하고 백성과 장로와 서기관들을 충동시켜 와서 잡아가지고 공회에 이르러 거짓 증인들을 세우니 이르되 이 사람이 이 거룩한 곳과 율법을 거슬러 말하기를 마지 아니하는도다 그의 말에 이 나사렛 예수가 이 곳을 헐고 또 모세가 우리에게 전하여 준 규례를 고치겠다 함을 우리가 들었노라 하거늘"(행 6:11-14).

예수님이 억울하게 누명을 쓰고 공회에 잡혀가시며 거짓 증인들에 의해 고발을 받았던 것과 같이 스데반 역시 매수된 사람들에 의해 거짓고발을 당해 공회에 끌려가게 됩니다. 스데반의 능력과 그가 복음전하는 것을 두려워하고 증오한 이들은 사람들을 돈으로 매수하고 선동하여 스데반에 대해 거짓증거를 하게 시킵니다. 그리하여 이전에 예수님이 그러셨던 것처럼 아무 죄 없이 공회 앞에 잡혀가게 됩니다.

(2) 공회 앞에서 스데반은 담대히 하나님의 말씀을 외칩니다. 아래의 말씀은 스데반이 구약의 역사를 인용하여 공회 앞에서 외친 말씀의 결론부분입니다. 빈 곳을 찾아 채워주세요.

행 7:51-53 "목이 곧고 마음과 귀에 할례를 받지 못한 사람들아 너희도 너희 조상과 같이 항상 **성령** 을 거스르는도다 너희 조상들이 **선지자들** 중의 누구를 박해하지 아니하였느냐 의인이 오시리라 예고한 자들을 그들이 죽였고 이제 너희는 그 **의인** 을 잡아 준 자요 **살인한** 가 되나니 너희는 **천사** 가 전한 율법을 받고도 지키지 아니하였도다"

스데반은 구약의 역사를 인용하여 이스라엘이 하나님의 뜻을 온전히 따르지 못하였다는 것을 말합니다. 유대인들에 대하여 목이 곧고 마음과 귀에 할례를 받지 못한 사람들이며 언제나 성령을 거역하고 있다고 비난합니다. 지금 스데반의 말을 듣고 있는 유대인들의 조상들이 의인이 오시리라 예언한 선지자들을 박해하고 죽였던 것처럼 유대인은 의인이신 예수님을 배반하고 죽임으로 살인한 자가 된 것이라고 말합니다. 결국 유대인들은 천사가 전한 율법을 받기만 하고 지키지 않은 것입니다. 이러한 스데반의 주장은 본질을 날카롭게 지적한 것으로 이 말을 듣는 유대인들의 분노를 사기에 충분했습니다.

(3) 그의 외침을 들은 사람들은 스데반을 어떻게 했나요?(행 7:54, 57–59)

마음에 찔려 그를 향해 이를 갈고, 큰 소리를 지르며 귀를 막고 일제히 스데반에게 달려들어 성 밖으로 끌고 나가 돌로 쳐 죽입니다.

"그들이 이 말을 듣고 마음에 찔려 그를 향하여 이를 갈거늘"(행 7:54).
"그들이 큰 소리를 지르며 귀를 막고 일제히 그에게 달려들어 성 밖으로 내치고 돌로 칠새 증인들이 옷을 벗어 사울이라 하는 청년의 발 앞에 두니라 그들이 돌로 스데반을 치니 스데반이 부르짖어 이르되 주 예수여 내 영혼을 받으시옵소서 하고"(행 7:57–59).

스데반의 설교를 들은 공회에 있던 사람들은 자신들의 잘못된 신앙을 책망하는 소리에 마음이 격분하였습니다. 그들은 마음에 찔렸지만 그것을 듣고 회개한 것이 아니라 오히려 분노하여 일제히 스데반에게 달려들었다고 성경은 기록하고 있습니다. 이렇게 분노한 유대인들은 아무 죄 없는 스데반을 성 밖으로 끌고 나가 돌로 쳐 죽입니다. 결국 선지자들을 죽였던 그들의 조상과 같이 유대인들은 예수님을 죽이고 이제 스데반을 죽이는 살인을 저지릅니다.

(4) 마지막 죽음의 순간 스데반은 무엇이라고 말하나요?(행 7:59-60)

주 예수여 내 영혼을 받으시옵소서, 주여 이 죄를 그들에게 돌리지 마옵소서

"그들이 돌로 스데반을 치니 스데반이 부르짖어 이르되 주 예수여 내 영혼을 받으시옵소서 하고 무릎을 꿇고 크게 불러 이르되 주여 이 죄를 그들에게 돌리지 마옵소서 이 말을 하고 자니라"(행 7:59-60).

스데반은 공회의 심의 중에 사람들에 의해 성 밖으로 끌려나와 돌에 맞아 죽었습니다. 자신을 죽이려는 군중들 앞에서 스데반의 모습은 너무나 당당하고 의연합니다. 7:55-56에서 스데반은 성령 충만하여 하늘을 우러러 주목하여 하나님의 영광과 예수께서 하나님 우편에 서신 것을 보고 "하늘이 열리고 인자가 하나님 우편에 서신 것을 보노라"고 말합니다. 그러나 스데반을 죽이려는 살의를 지닌 군중들에게 이 말은 들리지 않습니다. 군중들은 오히려 큰 소리를 지르며 귀를 막고 일제히 스데반에게 달려들어 돌로 칩니다. 죽음의 순간, 그것도 군중이 나를 죽이기 위해 돌을 던지고 그 돌에 맞아 죽기 직전, 그는 두려워하지 않고 다가온 죽음을 믿음으로 맞이합니다. "주 예수여 내 영혼을 받으시옵소서." 그리고 무릎을 꿇고 크게 소리칩니다. "주여 이 죄를 그들에게 돌리지 마옵소서." 성경기자는 그의 죽음에 대해 죽었다고 하지 않고 이 말을 하고 잔다고 표현했습니다. 예수의 복음을 믿고 따르는 이유로 죽어간 첫 번째 순교자는 마치 잠자는 듯 순교했습니다. 그의 순교에 공포와 두려움은 없었습니다. 스데반은 인자를 보고도 깨닫지 못하고 도리어 인자를 살해한 유대인의 잘못된 믿음을 통렬히 비판했고 당당히 그것이 죄임을 외쳤으며 진리를 말한 이유로 돌에 맞아 죽었습니다. 스데반은 마지막 순간 자신을 죽이고 있는 살인자들을 위해 이 죄를 그들에게 돌리지 말기를 간절히 기도하며 순교합니다.

2. 순교의 결과

⑴ 스데반의 순교 이후 예루살렘교회에는 어떤 일이 일어났나요?(행 8:1)

예루살렘교회에 큰 박해가 시작되었습니다. 그리고 사도를 제외한 많은 성도들은 유대와 사마리아의 모든 땅으로 박해를 피해 흩어졌습니다.

"그 날에 예루살렘에 있는 교회에 큰 박해가 있어 사도 외에는 다 유대와 사마리아 모든 땅으로 흩어지니라"(행 8:1).

⑵ 흩어진 사람들은 무엇을 했나요?(행 8:4)

흩어진 사람들이 두루 다니며 복음을 전했습니다.

"그 흩어진 사람들이 두루 다니며 복음의 말씀을 전할새"(행 8:4).

드디어 예수님을 믿는 사람들을 향한 박해가 시작되었습니다. 예수님의 십자가형 이후로 사라질 것만 같았던 예수님을 따르는 제자들의 수는 오순절 성령강림 이후 급속히 확산되었고 이것은 유대교를 믿는 사람들에게 큰 위협이었습니다. 그리고 스데반의 순교이후 예수님의 제자들에게는 큰 박해가 시작되었고 예루살렘에 모여있던 제자들은 이 박해로 인해 유대와 사마리아의 모든 땅으로 흩어지게 되었습니다.
흩어진 제자들은 숨어서 자신의 복음을 쉬쉬한 것이 아니라 오히려 두루 다니며 복음을 전했습니다. 복음은 날로 확산되었고 유대인에게만 아니라 헬라인, 즉 이방인에게도 전파되었습니다. 그리하여 수리아의 안디옥에서는 이방인 평신도들에 의해 최초의 이방인 교회가 세워지는 놀라운 일이 생겨납니다(참고, 행 11:19-21).

Application of Bible

복음을 전하는 것은 쉬운 일이 아닙니다. 담대히 복음을 전하는 일은 초대교회 성도들이 그랬던 것처럼 성령님이 도와주시고 함께하실 때 할 수 있는 일입니다. 더 늦기 전에 복음을 전해야 할 사람이 누구인지 생각해 봅시다. 그리고 매일 정한 시간에 복음전도 대상자를 위해 기도합시다. 하나님께서 함께하실 때 초대교회 성도들이 그랬던 것처럼 우리도 담대히 복음을 전할 수 있을 것입니다. 아래의 표를 완성하고 실천해봅시다.

복음전도 결의서

그리스도인 나 ____________________는(은)

복음전도대상자 ____________________에게

복음을 전하기 위해 매일 __________시에

복음전도 대상자 ____________________를(을) 위해

기도하며 복음을 전하겠습니다.

20　　년　　월　　일

복음전도 결심자 ____________________(서명)

Tip of Bible

로마시대의 박해와 순교자

예수 그리스도의 복음을 전하고 그 믿음을 지키기 위해 생명을 바친 사람들을 우리는 순교자라고 합니다. 처음 기독교를 박해했던 사람들은 회심하기 전의 바울과 같이 유대교를 믿는 사람들이었습니다. 첫 번째 순교자인 스데반은 유대인들에 의해 죽임을 당한 것입니다.

그러나 A.D. 65년 네로황제에 의해 로마 시에 큰 불을 낸 것이 기독교인들이라는 누명을 쓰게 되면서 로마제국에 의한 박해가 본격적으로 시작되었습니다. 콘스탄티누스 대제가 A.D. 313년 밀라노칙령을 발표하고 기독교를 공인하기까지 3세기 동안 엄청난 박해가 일어났습니다. 짐승의 가죽을 씌워서 맹수의 먹이가 되거나 몸에 타르를 칠해서 온몸이 불타는 잔인한 방법으로 예수님을 믿고 복음을 전하는 사람들이 죽어갔습니다. 로마에 의해 기독교인들은 중죄인으로 규정되었고 기독교인을 보호해주는 자도 함께 처벌되었습니다. 마르쿠스 아우렐리우스 황제 때는 모든 자연 재해를 기독교인의 탓으로 돌리기까지 했습니다. 로마제국의 곳곳에서 혹은 로마제국 전역에 칙령을 내려 조직적이고 잔인한 박해를 계속했습니다. 집회가 금지되었고 예배당이 파괴되고 교회와 묘지가 몰수되고 성경이 소각되는 가운데 성직자들의 처형은 당연하게 일어났습니다.

로마의 잔인한 박해도 성령의 능력에 힘입은 교회의 생명력을 죽일 수는 없었습니다. 로마제국의 기독교 박해가 거의 300년 가까이 계속되는 동안 로마제국 내에 교회가 세워지지 않은 곳이 거의 없었습니다. 로마는 기독교를 박해하고 수많은 순교자들을 만들어냈지만 바로 그 순교자들의 피 위에 교회는 사라지지 않고 계속 성장했습니다.

제 5과 마가
불신임을 신임으로 바꾼 믿음의 일꾼

학습 목표 | 마가와 같이 실패 앞에 포기하지 말고 다시 도전하는 신앙의 자세를 가진다.

중심 진리 | 초대교회는 실패 앞에서 포기하지 않고 다시 도전하는 믿음의 일꾼들에 의해 성장했다.

본문 말씀 | 사도행전 15:36-41, 디모데후서 4:11 후반절

Memory Verse | 딤후 4:11후

"네가 올 때에 마가를 데리고 오라 그가 나의 일에 유익하니라"

Question About It

'마가'는 누구인가요?

① 마가(Markos)는 로마식 이름이며 본명은 요한 입니다(행 12:12).

② 마가의 어머니 마리아 는 예루살렘에서 많은 사람이 모여 기도할 수 있을 만큼 큰 규모의 집을 가졌으며 자신의 집을 기도하는 모임의 장소로 내어 놓은 믿음을 가진 분이었습니다(행 12:12).

③ 마가는 바나바 의 조카였으며(골 4:10) 바나바와 함께 바울의 1차 선교여행에 함께 참여하였으나 중도에 포기함으로 바울에게 불신임을 얻게 됩니다.

"깨닫고 마가라 하는 요한의 어머니 마리아의 집에 가니 여러 사람이 거기에 모여 기도하고 있더라"(행 12:12).

"나와 함께 갇힌 아리스다고와 바나바의 생질 마가와 (이 마가에 대하여 너희가 명을 받았으매 그가 이르거든 영접하라)"(골 4:10).

View of Bible

마가에 대해 성경은 모든 것을 보여주지 않습니다. 그러나 그와 관련된 많은 힌트들을 주어서 우리로 그에 대해 알게 합니다. 이 시간은 힌트를 따라가는 여행이 될 것입니다. 먼저 우리는 마가의 유년기를 살펴보겠습니다. 마가의 집은 예루살렘에서 크고 부유한 집이었습니다. 이 집에서 예수님은 마지막 유월절 만찬을 가지셨고 초대교회 당시 많은 제자들이 모여 기도했던 장소이기도 했습니다. 마가의 어머니 마리아는 경제적인 부유함만큼이나 믿음이 강한 여성이었습니다. 예수님이 죄인의 누명을 쓰고 십자가에 못 박히셨고 예수님을 따르는 것이 핍박의 대상이 되었던 때에 자신의 집을 모임과 기도의 장소로 내어주는 것은 분명한 믿음이 없다면 불가능한 일입니다. 또한 마가는 바나바라는 초대교회의 훌륭한 지도자의 조카이기도 했습니다. 그러므로 마가는 어린 시절부터 예수님을 믿는 신실한 신앙의 본을 보고 배우며 성장했습니다.

이제 성장한 마가에게 어떤 일이 일어나는지 마가에 대한 사도행전과 바울서신의 힌트들을 따라가며 살펴보도록 하겠습니다.

1. 바울로부터 불신임을 받음

1차 선교여행

안디옥에 수많은 사람들이 예수님을 믿게 되자 예루살렘 교회는 바나바를 안디옥 교회의 지도자로 파송합니다. 파송된 바나바에 의해 안디옥 교회는 더 많이 성장하게 되고 이에 바나바는 다소에 가서 사울을 찾아 데리고 와서 안디옥 교회의 지도자로 세우고 함께 안디옥 교회를 성장시킵니다. 예루살렘 교회가 어려워지자 안디옥에 있는 성도들은 헌금을 모아 바나바와 사울을 통해 예루살렘 교회로 보냅니다. 바나바와 사울은 예루살렘 교회에 헌금을 전달하고 돌아올 때 마가를 데리고 안디옥으로 오게 되면서 마가도 안디옥 교회에서 봉사를 하게 됩니다.

(1) 안디옥 교회의 5명의 지도자들은 금식하는 가운데 성령의 음성을 듣고 두 사람을 선교사로 파송하게 됩니다. 누구와 누구입니까?(행 13:1-3)

바나바와 사울

"안디옥 교회에 선지자들과 교사들이 있으니 곧 바나바와 니게르라 하는 시므온과 구레네 사람 루기오와 분봉 왕 헤롯의 젖동생 마나엔과 및 사울이라 주를 섬겨 금식할 때에 성령이 이르시되 내가 불러 시키는 일을 위하여 바나바와 사울을 따로 세우라 하시니 이에 금식하며 기도하고 두 사람에게 안수하여 보내니라"(행 13:1-3).

이것은 바로 바울의 1차 선교여행입니다. 바나바와 사울은 안디옥 교회의 목회자였습니다. 그러나 안디옥 교회가 성장하고 예루살렘 교회를 도울 수 있을 만큼이 되었을 때 하나님은 목회자였던 바나바와 사울을 세워서 또 다른 곳으로 복음을 전하게 하십니다.

(2) 이 선교여행에 동행했던 사람 가운데 밤빌리아의 버가에 이르러서 중도에 포기하고 예루살렘으로 돌아간 사람이 있었습니다. 그 사람의 이름은 무엇입니까?(행 13:13)

요한(마가)

"바울과 및 동행하는 사람들이 바보에서 배 타고 밤빌리아에 있는 버가에 이르니 요한은 그들에게서 떠나 예루살렘으로 돌아가고"(행 13:13).

성경이 말하는 요한이 바로 마가입니다. 마가는 예루살렘 교회에서 삼촌을 따라 안디옥 교회에 온 이후 신임을 받았을 것입니다. 그랬기 때문에 성령의 명령에 의해 파송된 선교팀에 함께할 수 있었을 것입니다. 그러나 그는 선교여행의 초기 밤빌리아 버가에서 자신이 자란 곳인 예루살렘으로 돌아감으로 맡겨진 사역을 끝까지 하지 못하고 포기하는 모습을 보입니다.

2차 선교여행

1차 선교여행을 무사히 마친 바울과 바나바는 안디옥에 돌아와 주의 말씀을 가르치는 사역을 하던 중 1차 선교여행 때 말씀을 전한 각 성으로 다시 가서 형제들을 방문하기로 하고 2차 선교여행을 가기로 결심합니다.

(3) 바나바는 마가를 데리고 가고자 하나 바울은 반대하는데 그 이유는 무엇입니까?(행 15:38)

1차 선교여행 중 밤빌리아에서 중도에 포기하고 함께 일하러 가지 않은 자를 데리고 가는 것은 옳지 않다는 이유입니다.

"바울은 밤빌리아에서 자기들을 떠나 함께 일하러 가지 아니한 자를 데리고 가는 것이 옳지 않다 하여"(행 15:38).

바울은 마가를 신뢰할 수 없었습니다. 선교여행 도중에 사역을 포기하고 함께 일하러 가지 않은 자를 또 다시 데려가는 것은 바울로서는 받아들일 수 없는 일이었을 것입니다. 바울의 마음 가운데 마가는 무책임한 사람 혹은 믿음이 부족한 사람으로 비춰질 수 있었습니다.

(4) 이 일로 인해 바울과 바나바는 어떻게 됩니까?(행 15:39-40)

심히 다투고 선교여행을 따로 가게 됩니다.

"서로 심히 다투어 피차 갈라서니 바나바는 마가를 데리고 배 타고 구브로로 가고 바울은 실라를 택한 후에 형제들에게 주의 은혜에 부탁함을 받고 떠나"(행 15:39-40).

(5) 여러분은 1차 선교여행 중 마가가 했던 잘못은 무엇이라고 생각하십니까?

예) 무책임, 포기, 의리 없음 등. 정답이 없는 질문입니다. 학생들이 자유롭게 자신의 생각을 표현할 수 있게 해 주세요.

2. 다시 신임을 받고 일꾼으로 세워짐

바울과 바나바의 결별 이후 마가는 사도행전에서 그 이름이 다시 등장하지 않습니다. 사도행전에서 마가는 초대교회에 충성된 믿음을 가진 어머니 마리아의 아들로, 그리고 안디옥 교회의 지도자였던 바나바의 조카로서 단 4번 등장합니다. 이후, 사도행전에서의 마가는 찾아볼 수 없습니다. 사도행전에서 마가는 자기 의지가 약하고 신임을 얻지 못한 실패자로 보여집니다.
세월이 흘러 10여년의 시간이 흘렀습니다. 우리는 다시 마가의 이름을 바울이 로마 옥중에서 쓴 편지인 골로새서와 빌레몬서, 디모데후서, 그리고 베드로가 쓴 베드로전서와 같은 서신서에서 발견할 수 있었습니다. 아래의 말씀에서 마가를 어떻게 표현하고 있는지 읽어보세요.

골 4:10 "나와 함께 갇힌 아리스다고와 바나바의 생질 마가와 (이 마가에 대하여 너희가 명을 받았으매 그가 이르거든 영접하라)"
몬 1:24 "또한 나의 동역자 마가, 아리스다고, 데마, 누가가 문안하느니라"
딤후 4:11 "누가만 나와 함께 있느니라 네가 올 때에 마가를 데리고 오라 그가 나의 일에 유익하니라"
벧전 5:13 "택하심을 함께 받은 바벨론에 있는 교회가 너희에게 문안하고 내 아들 마가도 그리하느니"

(1) 위의 세 말씀은 바울이 보낸 편지 내용의 일부입니다. 바울은 마가를 어떻게 표현하고 있으며 마가에 대한 바울의 마음은 어떻게 변했습니까?

마가를 영접하라/ 마가가 나의 일에 유익하다/ 나의 동역자 마가

이제 바울은 마가를 동역자로 보고 있습니다. 그는 바울의 사역에 유익한 사람이며 교회에게 마가를 영접하라고 합니다. 마가는 바울의 신임을 얻은 사람입니다.
이 세 편지들은 바울이 로마 감옥에 갇혔을 때 쓰였습니다. 당시 바울에게 남아있는 동역자는 참으로 적은 수였습니다. 박해가 더욱 심해지며 바울 자신 역시 감옥에 갇힌 어려운 상황에서 그와 함께하는 사람들은 진심으로 하나님 앞에 충성된 사람이었습니다. 이렇게 어렵고 힘든 시간에 마가는 바울에게 참된 신뢰를 주었고 동역자라는 칭호를 얻게 됩니다.

(2) 네 번째 베드로전서는 베드로가 쓴 편지입니다. 그는 마가를 어떻게 표현하고 있습니까?

내 아들 마가

사도 요한의 제자 파피아스는 마가가 바울의 죽음이후 로마에서 사도 베드로의 통역을 맡았다고 전하고 있습니다. 또한 사도 베드로를 통해 들은 예수님의 이야기를 바탕으로 마가가 마가복음을 기록했다고 전해지기도 합니다. 마가는 교회의 지도자인 베드로에게 아들이라는 칭호를 얻을 만큼 믿음과 신뢰를 주고 사랑을 받는 제자가 된 것입니다.

(3) 이제 마가는 초대교회의 위대한 두 지도자인 바울과 베드로에게 신임을 받게 되었습니다. 마가는 1차 선교여행 이후 믿을 수 없는 사람이 되었습니다. 그러나 불신임을 받고 10여 년이 지난 이후 동역자와 아들이라고 불리고 큰 신임과 사랑을 받는 사람이 되었습니다. 그렇다면 지난 10여 년간 마가는 어떤 노력을 했을까요?

정답이 없는 문제입니다. 학생들이 자유롭게 자신의 생각을 펼치도록 격려해주세요.
예) 자신의 포기에 주저앉지 않고 다시 제자로서 교회 앞에 충성되게 일했을 것입니다.
하나님을 의지하며 자신의 한계를 극복하기 위해 노력했을 것입니다.

Application of Bible

우리는 실수할 때 쉽게 자포자기합니다. 그리고 그 자리에 주저앉아 포기하기 쉽습니다. 그러나 하나님께서는 잘못하고 실패한 우리의 모습에서 우리가 다시 일어나기를 바라십니다.

1. 자신이 잘못한 일이나 실패한 사람이라고 생각했던 일이 있었다면 그때의 상황과 느낌을 써보십시오.

2. 하나님께서는 그런 나의 모습을 어떻게 바라보실지, 그리고 내가 어떻게 하기를 원하실지 생각해 보세요.

두 문제 다 정답이 없는 문제입니다. 학생들이 스스로 자신의 이야기를 할 수 있도록 격려해주세요. 만약 아무도 말하지 않는다면 선생님의 간증을 해주시는 것도 학생들에게 큰 도움이 될 것입니다.

Tip of Bible

장애를 딛고 하나님과 세상을 섬기는 사람들, CCM찬양단 '좋은이웃'

2011년 11월 12일에 1000회의 공연을 한 '좋은이웃'이라는 CCM찬양단이 있습니다. 1000회 공연이 대수냐? 라고 말할 수 있지만 적어도 '좋은이웃'에게 이 숫자는 기적과 같은 일입니다. 지금으로부터 20년 전 장애인캠프에서 김요 전도사는 당시 9살의 혜림이를 처음 만났습니다.

손혜선, 손혜림 두 자매는 태어날 때부터 선천성 녹내장을 앓고 있었고 7살에 시력을 잃은 시각장애우입니다. 하나님께서는 이 두 자매에게 아름다운 목소리와 하나님을 사랑하는 심장을 주셨습니다. 김요 전도사는 두 자매의 재능과 하나님에 대한 진심어린 믿음을 발견하고 첫 만남 이후 10년이 지난 2003년 드디어 이들과 함께 '좋은이웃' 1집 '이 길을 함께'를 발매했습니다. 처음 아이들을 만난 이후 10년간 하나님을 의지하며 이 일을 위해 기도하고 준비했던 김요 전도사와 혜림, 혜선, 함께 한 시각장애우들의 꿈이 이루어진 순간이었습니다. 그리고 다시 10년이 지난 지금 '좋은이웃' 장애인 찬양팀은 1000회를 넘는 공연과 5집 'The Dream'을 세상에 내놓았습니다. 이들의 사역은 이것만이 아닙니다. 장애학생과 일반학생이 함께하는 '좋은이웃 장애인캠프'가 벌써 24회째입니다. 뿐만 아니라 시각장애를 가지고 있는 세 명의 멤버-이현학, 손혜림, 손혜선은 지금 신학, 사회복지, 특수교육을 각각 공부하면서 더 많이 세상을 섬기기 위해 준비하고 있습니다.

세상의 눈으로 볼 때 이들은 자포자기할 수 있는 조건을 가지고 있었습니다. 그러나 이들은 자신의 약한 것에 집착하며 자포자기하지 않고 하나님이 주신 강한 것(달란트)에 집중하여 자신들의 방법으로 하나님과 세상을 그리고 자신과 같은 처지의 장애우들을 섬기고 있습니다. 이들의 사역과 삶은 우리들에게 참으로 빛나는 거울입니다.
(http://www.cyworld.com/goodiu1)

제 6과 실라

바울의 2차 선교여행의 동역자

학습 목표 | 실라와 같이 하나님이 쓰실 수 있는 준비된 사람이 되기 위해 노력한다.

중심 진리 | 초대교회는 하나님께 쓰임받기 위해 준비된 사람들에 의해 성장했다.

본문 말씀 | 사도행전 15:40-41

Memory Verse | 행 15:40-41

"바울은 실라를 택한 후에 형제들에게 주의 은혜에 부탁함을 받고 떠나 수리아와 길리기아로 다니며 교회들을 견고하게 하니라"

Question About It

'실라' 는 누구인가요?

① '실라' 는 아람어(유대)이름으로 탄원하다 는 뜻이며, 라틴어(로마)이름은 '실루아노' 입니다.

② 예루살렘 회의의 결정을 안디옥 에 전하기 위해 유다와 함께 파견한 예루살렘 교회의 대표입니다(행 15:22).

③ 실라는 선지자 (행 15:32)이며 유대출신 로마시민 (행 16:37)입니다.

④ 바울 과 2차 선교여행을 함께 했습니다(행 15:40).

View of Bible

바울과 바나바는 안디옥교회에서 함께 목회했고 1차 선교여행을 함께 한 복음전도의 동역자입니다. 그러나 2차 선교여행을 준비하는 중 마가를 데려가는 문제로 두 사람은 각자 따로 선교여행팀을 꾸리게 됩니다. 이 때 바울이 선교여행의 동역자로 선택한 인물이 바로 실라입니다. 당시 유대인이 중심이 된 예루살렘 교회와 이방인이 중심이 된 안디옥 교회에는 많은 지도자들이 있었습니다. 실라는 예루살렘 교회의 지도자 중 한사람이었습니다. 바울은 많은 지도자들을 마다하고 자신의 2차 선교여행의 동역자로 실라를 선택하게 됩니다. 과연 실라는 어떤 사람이었기에 바울이 선택한 것일까요?

'실라' 인물탐구

(1) 실라는 예루살렘 교회의 성도들 가운데 지도자로서 예루살렘 사도회의 결정을 안디옥 교회에 전하기 위해 공식적으로 파견된 예루살렘 교회의 대표였습니다. 우리는 보통 중요한 결정을 전달하기 위해 어떤 사람을 대표로 세웁니까?(행 15:22)

정답이 없는 문제입니다. 문제를 생각하고 자신의 생각 속에서 답을 찾아내도록 도와주세요.
예) 믿음이 있는 사람, 모범이 되는 사람, 책임감이 강한 사람 등

"이에 사도와 장로와 온 교회가 그 중에서 사람들을 택하여 바울과 바나바와 함께 안디옥으로 보내기를 결정하니 곧 형제 중에 인도자(지도자)인 바사바라 하는 유다와 실라더라"(행 15:22).

실라는 예루살렘 교회의 성도들 가운데 인도자였습니다. 인도자가 되기 위해서는 첫째, 예수님을 믿는 믿음이 있어야 할 것이고 두 번째, 삶의 모범이 되었을 것입니다. 그리고 세 번째, 그는 책임감에 있어서도 사람들에게 신뢰받는 사람이었을 것이라 짐작할 수 있습니다.

(2) 성경은 그를 어떤 사람이라고 소개합니까?(행 15:32)

선지자

"유다와 실라도 선지자라 여러 말로 형제를 권면하여 굳게 하고"(행 15:32).

구약시대의 선지자는 침례(세례)요한으로 끝이 났습니다. 그러나 신약시대에도 선지자는 있었습니다. 에베소서 4장 11절은 초대교회 직분에 대해 열거함에 있어 사도 다음으로 선지자를 말합니다. 초대교회 당시 선지자는 교회의 중요한 직분이었습니다. 선지자들은 교사들과 같이 성경을 가르쳤으나 성령님의 인도 아래 영적 통찰력을 가지고 하나님의 뜻을 전달했던 특수한 직책을 가진 자들이었습니다. 대표적인 인물로는 아가보, 유다와 실라, 빌립의 네 딸들이 있습니다.

– 선지자가 되기 위해 실라는 어떤 준비를 했을까요?

정답이 없는 질문입니다.
예: 성경을 가르치기 위해서는 성경에 능통해야 합니다. 아마도 실라는 성경을 묵상하며 공부하기를 열심히 했을 것입니다. 또한 선지자들은 단순히 가르치는 것을 넘어서 성령님의 인도 아래 영적 통찰력을 가지고 하나님의 뜻을 전달했던 사람들입니다. 이러한 사명을 감당하기 위해 영적으로 민감하게 깨어있고 늘 하나님의 뜻을 구했을 것입니다.

(3) 바울과의 선교여행 이후 실라는 베드로의 편지를 대필해주는 일을 했습니다. 그것은 로마의 언어인 어떤 언어에 능통했기 때문일까요?(벧전 5:12) 다양한 언어에 능통한 것은 선교에 도움이 되었을까요?

헬라어, 다양한 언어를 안다는 것은 선교에 큰 도움이 되는 일입니다.

"내가 신실한 형제로 여기는 실루아노의 손을 빌려서 나는 여러분에게 몇 마디 썼습니다"(벧전 5:12 새번역).

초대교회 당시 세계는 그리스가 로마에 넘어가고 유대 땅도 로마제국의 식민지상태였습니다. 이러한 사회적 상황에서 유식한 유대인들은 세계적인 언어인 헬라어를 구사했을 것입니다. 뿐만 아니라 로마제국의 언어인 라틴어, 그리고 유대민족의 말인 히브리어를 알았을 것이고 유대인들이 일반적으로 사용한 아람어를 알고 있었을 것입니다. 어쩌면 실라는 유대인들이 일반적으로 사용한 아람어를 헬라어로 번역하여 베드로전서를 기록했을 수도 있습니다. 이렇듯 다양한 언어를 구사해야 하는 사회에서 선교여행을 감에 있어 실라는 언어에 준비된 사람이었습니다. 유대 땅이 아닌 이방세계에 복음을 전하기 위해 그는 당시 세계적인 언어인 헬라어에 능통함으로 그 사역을 잘 감당할 수 있었습니다.

(4) 마지막으로 실라는 어느 나라 사람이었습니까?(행 16:37)

로마사람

"바울이 이르되 로마 사람인 우리를 죄도 정하지 아니하고 공중 앞에서 때리고 옥에 가두었다가 이제는 가만히 내보내고자 하느냐 아니라 그들이 친히 와서 우리를 데리고 나가야 하리라 한대"(행 16:37).

실라는 바울과 같이 로마시민권을 가진 사람이었습니다. 이것은 로마의 지배를 받고 있는 지역을 선교함에 있어 유리한 조건이었습니다. 이들이 빌립보 여행 중 매 맞고 감옥에 갇혔으나 로마시민이라는 것을 밝히자 그들을 벌한 사람들이 두려워합니다. 이처럼 로마시민이라는 자격은 로마를 여행함에 있어 이들에게 어느 정도의 혜택을 줄 수 있는 권리였습니다.

Application of Bible

하나님은 준비된 사람을 쓰시고, 또한 쓰시기 위해 준비시키십니다. 우리는 모두 하나님 앞에 왕 같은 제사장으로서 하나님을 위해 일해야 하는 사람들입니다. 만약 하나님께서 우리를 쓰셔야 할 때, 우리가 준비되지 않았다면 하나님은 우리를 쓰실 수 없으실 것입니다. 실라와 같이 하나님께서 쓰시기에 적합한 사람이 되기 위해 우리는 무엇을 준비해야 할까요? 내가 할 수 있는 일을 구체적으로 생각해보고 적어봅시다.

많은 답이 나올 수 있습니다. 어떤 학생은 신앙적으로 더욱 바르게 하겠다고 할 수 있고 어떤 학생은 학업이나 운동을 더 열심히 하겠다고 할 수 있습니다. 어떤 답이 나오더라도 격려해 주십시오. 그리고 추상적인 경우 구체적인 방향으로 유도하십시오. 예를 들어 '하나님을 더 잘 믿겠다' 라고 한다면, '그러기 위해 매일 무엇을 할 수 있을까?' 라고 질문을 던져 주십시오. 그래서 구체적으로 할 수 있는 일을 찾아 적어보고 한 가지라도 실천할 수 있도록 지도해 주십시오. 자신이 지금은 어떻게 하나님께 쓰임 받을지 알 수 없으나 바른 신앙 위에서 자신의 재능을 키워 나간다면 하나님은 하나님의 시간에 준비된 일꾼을 쓰신다는 사실을 알려주는 시간이 되면 좋겠습니다.

Tip of Bible

한 고려인 친구의 고백

O국에 살고 있는 한 고려인을 알고 있습니다. 이 친구의 할아버지는 일제강점기 징병으로 끌려가 타국에 정착하게 되었고 그곳에서 그 친구의 아버지를 낳고 사셨고 그 친구의 부모님 역시 그 땅에서 그 친구를 낳으셨습니다. O국은 기독교 복음전도가 금지되어 있는 나라이지만 그 친구의 부모님과 그 친구는 지하교회의 목회자입니다. 그 친구는 국가의 탄압 속에서도 전도하는 것을 포기하지 않고 자신과 피가 섞이지 않은 O국 사람들을 전도하고 있습니다. 오래전 그 친구는 제게 이렇게 말했습니다. "나는 어린 시절에 내가 누구인지 몰랐습니다. 나는 O국 사람도 한국인도 아니었습니다. 그러나 이제는 내가 한국인이면서 O국 사람인 것에 감사합니다. 왜냐하면 그렇기 때문에 나는 누구보다 이 나라에서 복음을 잘 전할 수 있습니다. 과거 고려인들이 강제로 O국에 끌려와서 정착하게 됨으로 고려인들은 이 나라 사람으로서 이 나라의 언어와 문화를 이해하면서 예수님의 복음을 O국에 전할 수 있게 되었습니다. 그것은 하나님의 계획이며 하나님의 뜻입니다." 그 고려인 친구는 O국의 언어와 러시아어, 한국어, 그리고 영어를 모두 사용할 수 있습니다. 하나님께서는 사람들의 죄로 인한 잘못된 역사 속에서도 하나님의 일꾼을 온 세계에 세워 하나님의 일을 하고 계십니다. 이제 우리는 우리가 대한민국 사람으로 왜 태어났는지 그 뜻을 깨달아야 합니다. 하나님께서는 우리를 대한민국의 그리스도인으로 세우셨습니다. 그러므로 우리는 대한민국에서 하나님의 일꾼으로서 해야 할 일이 있는 하나님의 사람들입니다.

단원 주제

그들 속에도

단원 해설

약속 안에 들어올 수 없다고 취급되었던 사람들–이방인 고넬료, 초대교회의 여성 지도자들–에게 행하신 하나님의 구원의 은혜와 그들의 헌신을 공부함으로 초대교회의 성장에 있어 문화와 인종을 뛰어넘으시고 사람을 외모로 보지 않으시는 하나님의 뜻을 배웁니다.

중심 구절

"베드로가 입을 열어 말하되 내가 참으로 하나님은 사람의 외모를 보지 아니하시고 각 나라 중 하나님을 경외하며 의를 행하는 사람은 다 받으시는 줄 깨달았도다"(행 10:34–35).

단원학습목표

사람을 외모로 보지 않으시는 하나님의 뜻을 배웁니다.

단원핵심정리

고넬료, 다비다, 뵈뵈, 그들 속에서 역사하신 하나님

신약편 | 3단원

그들 속에도

단원 소개

3단원에서는 복음이 예루살렘을 넘어 온 세상으로 가는 길에 막혀있는 담을 무너뜨리시는 하나님의 손길을 발견할 것입니다. 예루살렘과 세상의 거리는 단지 지리적인 것만은 아닙니다. 그 사이에는 인종과 성별의 높은 담이 가로막혀 있었습니다. 유대인들은 예로부터 이방인들을 하나님의 약속 밖의 사람들로 생각하고 그들과 교제하기를 꺼려했습니다. 또한 여성들은 고대사회에서 무시와 차별의 대상이었습니다. 하나님께서는 예수 그리스도의 복음을 온 세상에 전파하시기 전에 유대인들 마음속에 있는 큰 담을 무너뜨리셨습니다.

7과에서는 베드로에게 환상을 보여주신 이후 고넬료와 그의 가족들이 유대인들과 같이 성령을 받고 침례(세례)를 받는 사건을 통해 이방인을 차별하는 것이 하나님의 뜻이 아님을 보여줍니다. 8과에서는 욥바에서 과부와 가난한 사람들을 진심으로 섬겼던 여제자 다비다의 죽음과 하나님의 살리심을 통해 하나님이 기뻐하시는 삶의 모범이 무엇인지를 배웁니다. 9과에서는 겐그레아 교회의 여성지도자 뵈뵈를 통해 전도자들을 섬기며 돕는 충성된 삶의 모범을 공부합니다.

제 7과 **고넬료**

하나님을 경외하고 의를 행한 이방인

학습 목표 | 고넬료와 그 가족을 구원하신 하나님의 뜻을 깨달아 사람을 외모로 보지 않는다.

중심 진리 | 초대교회는 인종에 벽을 허물고 하나님을 경외하며 의를 행하는 개종자들을 받아들이라는 하나님의 명령에 순종함으로 성장했다.

본문 말씀 | 사도행전 10:1-48

Memory Verse | 행 10:34-35

"베드로가 입을 열어 말하되 내가 참으로 하나님은 사람의 외모를 보지 아니하시고 각 나라 중 하나님을 경외하며 의를 행하는 사람은 다 받으시는 줄 깨달았도다"

Question About It

'고넬료' 는 누구인가요?

① 가이사랴에 주둔하고 있던 이달리야 부대라는 로마군대의 백부장 입니다(행 10:1).

② 그는 경건한 사람 으로 하나님을 경외하고 항상 기도한 사람입니다(행 10:2).

③ 식민지 백성인 유대인들에게 자비를 베풀어서 유대인들에게 의인 이요 하나님을 경외하는 사람 이라는 칭찬을 들었습니다(행 10:22).

View of Bible

오순절 성령강림 사건 이후 사도들을 중심으로 예루살렘교회는 날마다 믿는 자의 숫자가 늘어갔습니다. 많은 유대인들이 예수님 앞으로 돌아오는 역사가 일어났습니다.

당시 유대인들은 이방인에 대한 심한 편견을 가지고 있었습니다. 유대인들의 눈에 볼 때 이방인들은 우상숭배하는 자들이며 비도덕적인 삶을 산다고 생각했습니다. 그래서 유대인들은 이방인과 함께 있는 것조차 꺼려했습니다. 이러한 생각은 예수님을 믿는 유대인들도 마찬가지였습니다. 이방인에 대한 유대인의 편견은 이방세계로 복음을 전파하려는 하나님의 계획에 걸림돌이었습니다. 복음이 이방세계로 나아가기 위해서는 유대인들이 가진 이방인에 대한 편견을 넘어서야 했습니다. 하나님은 이 일을 위한 치밀한 계획을 세우셨습니다. 그리고 두 명의 인물이 선택되었습니다. 그 중 한 사람은 이방인이나 유대인들에게도 의인이라고 칭찬받는 고넬료였고 다른 한 사람은 예루살렘 교회의 최고지도자라고 할 수 있는 사도 베드로였습니다. 이제부터 이 두 사람의 이야기를 시간 순서대로 따라가며 하나님이 유대인의 편견을 어떻게 깨뜨리시는지 지켜보겠습니다.

Learn of Bible

1. 고넬료가 하나님의 사자의 지시를 받음

(1) 성경은 고넬료를 어떤 사람이라고 소개하고 있나요?(행 10:1-2)

이달리야 부대의 군대 백부장, 경건하며 온 집안과 더불어 하나님을 경외하며 백성을 많이 구제하고 하나님께 항상 기도하는 사람

"가이사랴에 고넬료라 하는 사람이 있으니 이달리야 부대라 하는 군대의 백부장이라 그가 경건하여 온 집안과 더불어 하나님을 경외하며 백성을 많이 구제하고 하나님께 항상 기도하더니"(행 10:1-2).

(2) 그는 제 구시(오후 3시)에 환상 중에 하나님의 사자의 명령을 듣습니다. 그 명령은 무엇이며 고넬료는 어떻게 하나요?(행 10:5, 8)

사람들을 욥바에 보내어 베드로를 데리고 오라는 환상을 보고 즉시 욥바로 사람을 보냅니다.

"네가 지금 사람들을 욥바에 보내어 베드로라 하는 시몬을 청하라"(행 10:5).
"이 일을 다 이르고 욥바로 보내니라"(행 10:8).

2. 베드로가 부정한 음식에 대한 환상을 봄

(1) 베드로는 제 육시(낮 12시)에 기도하는 중 배고픔을 느꼈습니다. 그때 하늘이 열리며 율법에 부정하다고 한 것들이 내려오는 환상을 봅니다. 그가 본 것을 그림으로 표현해 보세요(행 10:11-12).

"하늘이 열리며 한 그릇이 내려오는 것을 보니 큰 보자기 같고 네 귀를 매어 땅에 드리웠더라 그 안에는 땅에 있는 각종 네 발 가진 짐승과 기는 것과 공중에 나는 것들이 있더라"(행 10:11-12).

(2) 다음의 사도행전 10장 13-16절까지의 말씀입니다. 빈칸에 글자를 채워주세요.

또 소리가 있으되 베드로야 일어나 잡아 먹어라 하거늘 베드로가 이르되 주여 그럴 수 없나이다 속되고 깨끗하지 아니한 것을 내가 결코 먹지 아니하였나이다 한대 또 두 번째 소리가 있으되 하나님께서 깨끗하게 하신 것을 네가 속되다 하지 말라 하더라 이런 일이 세 번 있은 후 그 그릇이 곧 하늘로 올려져 가니라

(3) 베드로가 환상을 본 이후 고넬료가 보낸 사람들이 도착합니다. 그러는 가운데 베드로는 내가 보낸 사람들이니 의심하지 말고 함께 가라는 성령의 음성을 듣습니다. 고넬료가 보낸 사람들 역시 고넬료가 거룩한 천사의 지시를 받아 베드로를 데리러 왔다고 합니다. 베드로는 그 사람들을 하룻밤 집에서 쉬게 합니다. 베드로는 유대인의 편견과 하나님의 명령 사이에서 고민을 했을 것입니다. 그날 밤 베드로는 어떤 고민을 했고 무엇을 깨달았을까요?(행 10:28-29 말씀 참고)

고민: 유대인들이 부정한 이방인의 집에 갔다고 자신을 손가락질하지 않을까 하는 두려움 or 유대인으로서 이방인과 교제하는 위법을 행하는 것에 대한 부담감.
깨달음 : 하나님께서는 이방인을 부정하다고 하지 않으시고 깨끗하다고 하신 것

Learn of Bible

"이르되 유대인으로서 이방인과 교제하며 가까이 하는 것이 위법인 줄은 너희도 알거니와 하나님께서 내게 지시하사 아무도 속되다 하거나 깨끗하지 않다 하지 말라 하시기로 부름을 사양하지 아니하고 왔노라 묻노니 무슨 일로 나를 불렀느냐"(행 10:28-29).

베드로는 유대인이며 유대인의 전통과 사고방식을 가진 사람이었습니다. 뿐만 아니라 유대인들이 싫어하는 이방인의 집에 가는 것은 그에게 다른 사람의 이목을 생각해야 하는 일이었습니다. 만약 그가 고넬료의 집에 간다면 그가 속한 사회의 유대인들은 그를 부정한 이방인과 함께 했다고 손가락질할 수도 있는 일이었습니다. 그러나 하나님께서는 그와 고넬료 모두에게 너무나 분명한 환상과 음성을 보여주셨습니다. 그는 자신이 본 음식의 환상이 무엇을 의미하는지 그날 밤 깨달았을 것입니다. 그것은 바로 이방인을 의미합니다. 유대인들은 오랜 세월 율법에 있는 부정한 음식들을 결코 먹지 않았습니다. 그것은 자신들이 반드시 지켜야 할 율법이었습니다. 그것과 마찬가지로 유대인들은 이방인에 대해 부정하다고 생각하고 결코 가까이하지 않고 무시와 멸시를 했습니다. 그러나 하나님의 거룩한 뜻은 그들을 부정하다고 하지 않으시는 것입니다. 하나님께서는 환상과 음성을 통해 베드로에게 분명한 말씀을 주셨습니다. "하나님께서 깨끗하게 하신 것을 네가 속되다 하지 말라" 베드로는 이런 환상과 음성을 한 번도 아니고 세 번이나 들었습니다. 이렇게 하신 것은 이 말씀이 얼마나 분명하고 확실한 하나님의 뜻인지를 알리시는 하나님의 방법입니다. 베드로는 이 확실한 메시지 앞에 더 이상 머뭇거릴 수 없었습니다. 자신이 자라고 살고 있는 사회인 유대인 공동체 사람들의 이목은 결코 쉽게 넘길 수 있는 것이 아니었을 것입니다. 그러나 이렇게 분명한 하나님의 뜻 앞에 그는 순종하지 않을 수 없었습니다. 그래서 그는 다음날 그들을 따라 이방인의 집인 고넬료의 집을 향해 쉽지 않은 발걸음을 옮깁니다.

3. 고넬료의 친척과 친구들이 모여 베드로의 설교를 들음

베드로는 드디어 고넬료의 집으로 가게 됩니다. 고넬료는 그의 친척과 가까운 친구들을 모아 기다리다 베드로를 영접합니다. 이 자리에서 베드로는 하나님의 말씀을 전하게 됩니다. 베드로는 이 자리에서 하나님은 사람을 외모로 보지 아니하신다는 것과 예수님의 이름을 힘입어 죄 사함을 받는다는 것을 증거합니다.

(1) 베드로가 이 말씀을 전했을 때 어떤 일이 일어납니까?(행 10:44, 46)

성령이 말씀 듣는 모든 사람에게 내려오시니 방언으로 말하며 하나님을 높였습니다.

"베드로가 이 말을 할 때에 성령이 말씀 듣는 모든 사람에게 내려오시니"(행 10:44).
"이는 방언을 말하며 하나님 높임을 들음이러라"(행 10:46).

이 장면은 마치 오순절 성령강림사건을 다시 한 번 보는 것과 같은 느낌을 줍니다. 오순절날 유대인인 예수님의 제자들이 모여서 기도할 때 그랬던 것처럼 첫 번째 등장하는 이방인들의 모임에서도 역시 동일한 성령이 내려오시고 방언으로 말하는 것이 가시적으로 보여집니다. 이것은 두 사건이 별개의 것이 아닌 한 성령이 역사하시는 동일한 성령강림의 사건임을 알려주는 것입니다. 성령은 유대인이나 이방인을 나누지 않습니다. 그리고 하나님의 구원의 역사 역시 유대인에게 그랬던 것처럼 이방인에게도 허락된 일입니다.

(2) 베드로와 함께 온 할례받은 신자들이란 유대인 성도들을 말합니다. 이들은 무엇을 보고 놀랐습니까?(행 10:45-46)

이방인들이 자신들과 같은 성령을 받아 방언으로 말하는 것을 보고 놀랐습니다.

할례받은 신자인 유대인들은 자신들에게 임하셨던 성령이 동일하게 이방인에게 임하는 것을 보고 놀랐습니다. 그것은 자신들이 경멸하고 부도덕하다고 생각했던 이방인들이 예수님을 믿는 믿음 안에서 자신들과 같은 성령을 받고 교회의 일원이 될 수 있다는 분명한 사건이었습니다. 이제 할례받은 유대인들은 자신들이 오랜 세월 동안 유지했던 이방인에 대한 편견과 잘못된 생각을 수정해야 했습니다. 아마도 이 놀람은 자신들의 생각에는 결코 있을 수 없고 인정할 수 없는 일이 이루어진 현실에 대한 감정이었을 것입니다.

"베드로와 함께 온 할례 받은 신자들이 이방인들에게도 성령 부어 주심으로 말미암아 놀라니 이는 방언을 말하며 하나님 높임을 들음이러라"(행 10:45-46).

(3) 베드로는 성령을 받은 고넬료를 포함한 그 자리에 있는 이방인들에게 무엇을 행합니까? 이것은 어떤 의미를 담고 있는 것일까요?(행 10:47-48)

침례(세례)를 행합니다. 침례(세례)를 한다는 것은 이제 이방인들도 예수님을 믿고 구원받았음을 다른 사람들 앞에서 선포하는 것이며 동시에 교회의 일원이 되었음을 알리는 것입니다.

"이에 베드로가 이르되 이 사람들이 우리와 같이 성령을 받았으니 누가 능히 물로 침례(세례) 베풂을 금하리요 하고 명하여 예수 그리스도의 이름으로 침례(세례)를 베풀라 하니라 그들이 베드로에게 며칠 더 머물기를 청하니라"(행 10:47-48).

초대교회의 성장을 위한 걸림돌이었던 유대인들을 이방인에 대한 편견을 깨기 위한 하나님의 일하심은 완전했습니다. 하나님께서는 유대인 제자들이 오순절 받았던 성령과 방언을 동일하게 이방인 신자들에게 주셨고 이제 그것을 눈으로 보고 인정할 수밖에 없는 할례받은 유대인 증인들을 이 사건 가운데 세우셨으며 마지막으로 침례(세례)를 베푸심으로 그들이 구원받은 것과 교회에 일원이 된 것을 확증하셨습니다. 하나님께서는 참으로 사람을 외모로 보지 않으시며 각 나라 사람 중 하나님을 경외하고 의를 행하는 사람을 사랑하심을 이 사건을 통해 분명하게 보여주셨습니다.

Application of Bible

유대인의 입장에서 보면 우리는 이방인입니다. 만약 유대인이었던 초기 그리스도인들이 이방인을 받아들이지 않았다면, 이방인인 우리는 복음을 들을 수 없었고 교회의 일원이 될 수 없었을 것입니다. 또한 복음은 세계 곳곳으로 나아갈 수 없었을 것입니다. 하나님께서는 고넬료와 그의 가족의 구원이야기를 통해 사람을 외모로 보지 않으시고 모든 나라 사람들 중 하나님을 경외하며 의를 행하는 자들을 사랑하신다는 것을 분명히 하셨습니다. 유대인이었던 초기 그리스도인들이 이를 받아들임으로 복음이 땅끝까지 나아갈 수 있는 초석이 되었습니다. 혹시 지나온 내 모습 속에 사람을 외모로 보고 판단한 적은 없는지 생각해 봅시다.

우리사회에 이방인이 될 수도 있는 외국인이나 다문화 가족인 친구들에게 복음을 전하는 우리가 됩시다.

Tip of Bible

1세기 유대사회에서의 이방인

1세기경 유대교에서는 이방인들에 대한 적대감이 있었습니다. 열심 있는 유대인들의 눈에 볼 때 이방인들은 우상숭배하는 자들이며 비도덕적으로 보였습니다. 그래서 이방인을 부정한 사람들로 여겼습니다. 이러한 전반적인 사회 분위기 속에서 이방인들이 복음에 관심을 가지는 것에 대해 유대인 중심이었던 초대교회에서는 심각하게 받아들였습니다. 어떤 유대인들은 이방인들이 그리스도인이 되기 위해서는 반드시 유대인이 되기를 요구하기도 했습니다(갈 2:2-10). 그러나 유대인과 이방인은 모두 예수 그리스도의 십자가를 통해 하나님과 화목하게 되었으며 똑같이 하나님께 나아갈 수 있게 되었다는 것을 A.D. 50년경 예루살렘에서 열렸던 교회 공회의에서 확증하였습니다(행 15장).
고넬료와 그 가족이 구원받은 바로 이 이야기는 초기 유대인 중심의 교회에서 이방인들을 받아들이는데 있어 그 기초가 되었으며 이를 통해 하나님께서는 인종을 가리지 않으시고 모든 민족 가운데 하나님을 경외하며 의를 행하는 자를 찾으신다는 것을 분명히 하였습니다.

제 8과 다비다

선행과 구제로 삶의 모범이 된 제자

학습 목표 | 다비다가 실천했던 선행과 구제의 삶을 본받기로 결심한다.

중심 진리 | 초대교회는 선행과 구제의 일에 앞장서며 교회를 섬기는 제자들의 삶의 모범 위에 성장했다.

본문 말씀 | 사도행전 9:36-42

Memory Verse | 행 9:36

"욥바에 다비다라 하는 여제자가 있으니 그 이름을 번역하면 도르가라 선행과 구제하는 일이 심히 많더니"

Question About It

'다비다'는 누구인가요?(행 9:36)

① '노루 같은 여성' 혹은 '영양'(羚羊)의 뜻을 가진 도르가 의 아람어식 이름 입니다. 영양: 야생염소와 노루 등을 이르는 말

② 욥바에 사는 여제자 입니다.

③ 선행 과 구제 의 일을 많이 하였습니다.

View of Bible

욥바는 예루살렘 북서쪽 약 56km 위치에 있는 지중해 연안의 항구였습니다. 욥바의 과부들과 가난한 사람들이 의지하고 따르는 사람이 있었는데 그녀의 이름은 다비다였습니다. 다비다는 제자로서 믿음에 충실할 뿐만 아니라 과부와 가난한 사람들을 돕는 선행과 구제의 일에 열심을 내었습니다. 먹을 것이 없는 사람에게는 음식을, 입을 것이 없는 사람에게는 겉옷만 아니라 속옷까지 손수 만들어 주면서 봉사와 헌신의 삶을 살았기에 욥바에서 그녀를 모르는 사람이 없었습니다.

다른 사람을 위한 선행과 구제에 열심이었던 다비다는 정작 자신의 몸은 돌보지 않았습니다. 다비다의 몸은 점점 쇠약해졌고 죽음을 맞이했습니다. 다비다를 사랑하고 아끼던 동료 제자들은 그녀의 죽음을 가만히 볼 수가 없었습니다. 그래서 그들은 약 17Km떨어진 룻다로 사역을 나와 있는 예루살렘 교회의 유명한 사도인 베드로를 데려오기 위해 길을 떠났습니다.

Learn of Bible

1. 다비다가 병들어 죽었을 때 제자들은 베드로에게 가서 욥바로 와달라고 간청했습니다. 왜 베드로를 불렀을까요? 9장 32-35절을 참고해 주세요.

베드로라면 죽은 다비다를 살릴 수도 있을 것이라는 기대 때문에 와달라고 간청했습니다.

"그 때에 베드로가 사방으로 두루 다니다가 룻다에 사는 성도들에게도 내려갔더니 거기서 애니아라 하는 사람을 만나매 그는 중풍병으로 침상 위에 누운 지 여덟 해라 베드로가 이르되 애니아야 예수 그리스도께서 너를 낫게 하시니 일어나 네 자리를 정돈하라 한대 곧 일어나니 룻다와 사론에 사는 사람들이 다 그를 보고 주께로 돌아오니라"(행 9:32-35).

베드로는 다비다의 죽음 직전에 룻다에서 8년이나 중풍병으로 일어나지 못하는 애니아를 고쳤습니다. 이 소문은 룻다만 아니라 근처 사론에 사는 사람들에게도 퍼져 나갔습니다. 물론 멀지 않은 곳에 위치한 욥바 사람들도 이 소문을 들었습니다. 욥바의 제자들은 혹시 베드로라면 죽은 다비다를 살릴 수 있지 않을까 하는 기대를 가지고 베드로를 찾았을 것입니다. 그리고 이러한 제자들의 행동은 다비다가 욥바 교회와 지역에서 얼마나 중요한 인물인지를 보여주는 것입니다. 이들은 다비다가 다시 살아나기를 원했고 동시에 베드로 사도라면 그 일을 할 수 있을 것이라고 기대했습니다.

2. 베드로가 욥바에 도착해 다비다를 눕혀놓은 다락방에 올라갔을 때 모든 과부가 어떤 일을 하였나요?(행 9:39)

베드로의 곁에 서서 울며 다비다가 살아있을 때 지어 준 속옷과 겉옷을 보여주었습니다.

"베드로가 일어나 그들과 함께 가서 이르매 그들이 데리고 다락방에 올라가니 모든 과부가 베드로 곁에 서서 울며 도르가가 그들과 함께 있을 때에 지은 속옷과 겉옷을 다 내보이거늘"(행 9:39).

–이런 행동을 한 이유는 무엇이었을까요?

죽은 다비다가 자신들에게 어떤 사람이었는지 베드로에게 다비다의 선행을 증거한 것입니다.

가만히 눈을 감고 이 모습을 상상해 봅시다. 죽은 시체 앞에 많은 과부들이 둘러앉아 눈물을 흘리며, 베드로가 왔을 때 자신들의 겉옷과 속옷을 보이며 이것들이 바로 죽은 다비다가 우리에게 지어준 옷들이라고 말하는 모습을 말입니다. 이 모습을 본 베드로의 마음이 어떠했을까요? 제자로서의 선행과 구제를 몸소 행하며 살았던 다비다의 삶에 대한 감동이 생겨났을 것입니다.

3. 베드로는 사람을 다 내보내고 무릎을 꿇고 기도한 이후 시체를 향해 외쳤습니다. 베드로의 외침은 무엇이었고 어떤 일이 일어났나요?(행 9:40)

"다비다야 일어나라"하고 외쳤고 다비다는 눈을 떠 베드로를 보고 일어나 앉았습니다.

"베드로가 사람을 다 내보내고 무릎을 꿇고 기도하고 돌이켜 시체를 향하여 이르되 다비다야 일어나라 하니 그가 눈을 떠 베드로를 보고 일어나 앉는지라"(행 9:40).

기적이 일어났습니다. 예수님께서 죽은 지 나흘 되었던 나사로를 살리신 것처럼(요 11:1-44) 베드로가 다비다를 살렸습니다. 예수님께서 나사로가 죽은 것이 하나님의 영광을 위함이라고 하셨던 것과 같이 죽었던 다비다가 살아난 것 역시 하나님의 영광을 위함이었습니다. 베드로는 무릎을 꿇고 기도했고 "다비다야 일어나라"하니 다비다는 살아났습니다. 하나님께서 베드로를 통해 죽은 다비다를 살리신 것입니다.

4. 다비다는 살아났고 성도들과 과부들이 이 사실을 알게 되었습니다. 이 사건 이후 욥바에는 어떤 일이 일어났나요? 성경을 읽고 다음 문장을 채워 주세요.

"온 욥바 사람이 알고 **많은 사람이 주를 믿더라** "(행 9:42).
- 왜 사람들은 이 소문을 듣고 주를 믿었을까요?

정답이 없는 문제입니다. 자신들의 생각을 표현할 수 있게 해주세요.
예) 사람들에게 선행과 구제를 했던 다비다가 살아났다는 소식에 참으로 하나님을 믿게 되었던 것입니다.

다비다의 죽음과 부활은 나사로가 그랬던 것과 같이 하나님의 영광을 위함이었습니다. 결과적으로 다비다가 살아남으로 욥바에 있는 많은 사람이 주를 믿게 되었습니다. 이것은 단지 그녀가 다시 살아났고 기적이 일어났기 때문만은 아니었습니다. 그 이전에 하나님과 사람 앞에서 선행과 구제를 행했던 그녀의 삶이 있었기 때문이었습니다. 평생을 과부와 가난한 이웃을 위해 봉사와 수고를 아끼지 않으며 의지할 곳 없는 과부들에게 속옷까지 지어주며 모범이 되었던 아름다운 여인 다비다가 다시 살아난 것이 큰 감동이 되었던 것입니다. 이로서 다비다는 삶을 통해 선행과 구제의 모범이 되었고 죽음을 통해서조차 하나님 나라의 제자로서 하나님의 영광을 드러낸 것입니다.

Application of Bible

선행 결심문 작성하기

예수님을 믿는 것만큼이나 예수님을 잘 믿는 것은 중요합니다. 세상 사람들은 바로 예수님을 믿는 사람들의 모습을 통해 교회를 판단하고 예수님을 판단합니다. 예수님께서는 우리에게 세상의 소금과 빛이 되라고 하셨습니다. 예수님을 말로만 아니라 우리의 삶으로 전하기 위해 어떤 일을 해야 할지 생각해보고 이것을 결심하는 결심문을 작성해보도록 하겠습니다. 구체적으로 올해와 10년 후, 30년 후에 어떤 선행과 구제를 할 수 있을지 생각해보고 작성해 주세요.

선행 결심문

나 (　　　　　　)은(는)

기간	실천할 선행과 구제
올 해	
10년 후	
30년 후	

위의 사항을 결심하며 하나님과 사람 앞에서 이 내용을 실천해 하나님께 영광이 되는 삶을 살 것을 서약합니다.

20　　년　　월　　일

결심자:　　　　　(서명)

Tip of Bible

하나님을 감동하게 하는 사람들

우리는 주변에서 이름 없이 빛도 없이 교회와 이웃을 위해 묵묵히 헌신하는 사람들을 보게 됩니다. 이들의 모습은 분명 큰 감동을 줍니다. 반면에 교회와 이웃을 위해 봉사하면서 자신이 하는 일을 다 떠벌리고 말하며 남이 알아주기를 바라는 사람들도 보게 됩니다. 이들의 봉사는 아름답지만 감동을 주지는 못합니다. 우리는 앞으로 하나님의 사람으로서 하나님의 일을 하며 살아가게 될 것입니다. 우리는 교회를 위해 헌신하고 봉사할 수도 있고 세상의 가난한 사람들을 위해 구제의 사역을 할 수도 있습니다. 그것이 어떤 일이건, 우리는 분명 하나님의 일을 하며 살아가야 할 하나님의 사람들입니다. 이렇게 살아갈 때, 우리는 선택해야 합니다. 다비다와 같이 하나님과 사람을 감동하게 하는 사람으로 살 것인지, 아니면 자신이 한 일에 대해 자랑함으로 상과 칭찬을 이 땅에서 다 받으며 자기만족으로 살 것인지 말입니다. 하나님을 감동하게 하는 사람, 그 사람이 바로 이 글을 읽고 있는 당신이 되기를 바랍니다.

제 9과 뵈뵈

겐그레아 교회의 여성 지도자

학습 목표 | 뵈뵈와 같이 전도자들을 섬기며 돕는 삶을 본받아 실천한다.

중심 진리 | 초대교회는 전도자들을 섬기며 도왔던 뵈뵈와 같은 교회 일꾼들의 헌신이 있음으로 성장했다.

본문 말씀 | 로마서 16:1-2

Memory Verse | 롬 16:1-2

"내가 겐그레아 교회의 일꾼으로 있는 우리 자매 뵈뵈를 너희에게 추천하노니 너희는 주 안에서 성도들의 합당한 예절로 그를 영접하고 무엇이든지 그에게 소용되는 바를 도와줄지니 이는 그가 여러 사람과 나의 보호자가 되었음이라"

Question About It

'뵈뵈' 는 누구인가요?

① 이름의 뜻은 빛나는, '맑고 깨끗한' 입니다.

② 고린도의 동남쪽에 위치한 항구 겐그레아 교회의 여성 지도자입니다.

③ 바울이 로마교회에 쓴 편지인 로마서 를 전달한 사람으로 추정됩니다.

View of Bible

로마서는 바울의 3차 선교 여행의 말기에 로마방문을 준비하고 로마 교인들에게 바른 교리를 가르치기 위해 고린도에서 쓰여졌습니다. 바울은 로마서 마지막 장에 자신의 사역을 돕는 충성스러운 동역자들의 이름을 열거해두었는데 그 가운데 가장 먼저 나오는 사람의 이름이 바로 뵈뵈입니다. 그러나 안타깝게도 뵈뵈에 대한 언급은 신약성경에서 단 두 구절만 있습니다. 그래서 우리는 이 두 구절의 내용을 통해 뵈뵈에 대해 알아보도록 하겠습니다.

Learn of Bible

1. 바울은 로마 교회에 뵈뵈를 소개함에 있어 무엇이라고 말합니까? 빈칸을 채워주세요.

"내가 겐그레아 교회의 일꾼 으로 있는 우리 자매 뵈뵈를 너희에게 추천하노니 너희는 주 안에서 성도들의 합당한 예절로 그를 영접하고 무엇이든지 그에게 소용되는 바를 도와줄지니 이는 그가 여러 사람과 나의 보호자 가 되었음이라"(롬 16:1-2).

겐그레아는 고린도에서 11km 떨어진 사론 만에 있는 항구로 헬라와 아시아 무역의 중심지였습니다. 바울은 겐그레아에서 사역할 당시 뵈뵈의 도움을 받았습니다. 그녀는 교회의 일꾼이었을 뿐만 아니라 개인적으로 바울을 포함한 여러 사람의 보호자로서 교회 지도자들과 전도자들을 섬기는 일을 했습니다. 정확히 뵈뵈가 어떤 일을 했는지 소개되지 않았으나 분명 그녀의 섬김은 바울에게 감동을 주었습니다.

2. 바울이 고린도에 있을 때 로마서를 썼습니다. 고린도 교회에도 교회의 지도자들과 일꾼들은 많았을 것입니다. 그런데 왜 바울은 겐그레아 지역의 뵈뵈에게 이 편지를 전달하는 일을 부탁했을까요?

뵈뵈를 누구보다 신뢰했기 때문입니다.

바울은 로마로 가기 위해 많은 노력을 했습니다. 그리고 그것을 준비하며 로마에 있는 교인들에게 바른 교리를 가르치기 위해 로마서를 썼습니다. 그러나 고린도에서 로마로 가는 길은 당시 교통상황으로 보았을 때 가까운 길이 아니었습니다. 바울은 중요한 선교편지인 로마서를 로마에 가져다 줄 사람으로 뵈뵈를 지목합니다. 이것은 그가 누구보다 그녀를 신뢰했다는 것을 의미합니다.

3. 바울은 로마서의 마지막 부분인 16장의 거의 대부분을 자신의 동역자들을 소개하는 내용으로 썼습니다. 이 수많은 이름 가운데 뵈뵈는 몇 번째입니까? 그것이 의미하는 것은 무엇인지 문제 1번의 말씀을 자세히 보고 적어봅시다.

첫 번째입니다. 바울은 뵈뵈를 교회의 일꾼이며 자매이며 바울 자신을 포함한 여러 사람의 보호자라고 표현합니다. 이것은 뵈뵈가 행한 교회와 교회의 지도자와 전도자들에 대한 헌신이 컸음을 드러내는 것입니다. 그리고 이것을 바울이 잊지 않고 기억하는 것을 증명하기도 합니다.

교회는 목사님과 전도사님과 같은 목회자들이 지도자가 됩니다. 그러나 목회자가 아무리 열심히 한다고 해도 이 사역을 도와주는 교회의 일꾼들이 없다면 그 사역은 쉽지 않을 것입니다. 바울도 그랬습니다. 바울은 예수님을 만난 이후 자신에게 주어진 시간의 많은 부분을 선교여행을 위해 사용했습니다. 여러 지역을 다니며 사역을 하기 위해서는 선교를 위한 비용과 거처할 집, 그리고 전도를 위한 도움이 반드시 필요했습니다.
물론 바울은 텐트를 만드는 일을 하며 선교비용을 충당했지만 그것으로 충분하지 않았습니다. 바울이 가는 곳마다 예수님을 믿는 믿음 안에서 바울의 선교 사역을 도와준 뵈뵈와 같은 수많은 교회의 일꾼들이 있었습니다. 이런 교회의 일꾼들이 있었기에 바울은 자신의 사명을 감당할 수 있었습니다.

Application of Bible

예수님을 그리스도와 주님으로 고백하는 우리 모두는 교회의 일꾼입니다. 나는 학생이기 때문에, 별다른 재능이 없기 때문에 내가 교회에서 할 수 있는 일이 없다는 것은 잘못된 생각입니다. 이 시간을 통해 교회의 목회자(목사님과 전도사님)와 선교사님들을 도울 수 있는 방법을 생각해 봅시다. 우선 자신이 알고 있는 목회자와 선교사님 중 한분의 이름을 적어보십시오. 그분은 우리의 도움을 필요로 하는 분들입니다. 도울 수 있는 방법을 구체적으로 생각해보고 이번 주 동안 실천해보도록 합시다.

하나님께서 세우신 목사님과 전도사님, 그리고 선교사님들을 돕는 일은 하나님께서 기뻐하시는 하나님의 일입니다. 그리고 그분들의 복음전도 사역을 도움으로써 우리 역시 하나님의 일에 동참하는 것입니다. 바울이 사랑하고 감사했던 뵈뵈가 받았던 칭찬은 뵈뵈만의 것은 아닙니다. 예수님 이후 2000년이 넘는 시간동안 뵈뵈와 같은 수많은 일꾼들이 교회의 역사 안에 있어 왔습니다. 그리고 우리교회에도 그런 분이 있을 것입니다. 지금부터 우리 모두 뵈뵈가 되어 봅시다. 교회의 일꾼으로서 내가 선 자리에서 할 수 있는 최선의 도움을 드림으로 하나님께 칭찬받는 우리가 되기를 기대합니다.

Tip of Bible

"여자는 교회에서 잠잠하라"(고전 14:34)

이것은 사도 바울이 고린도전서에 쓴 것입니다. 이 말은 마치 여성이 교회에서 함부로 일하거나 말해서는 안 된다는 뜻으로 받아들여질 수도 있습니다. 그러나 그것은 성경과 성경을 둘러싼 문화를 고려하지 않은 얕은 생각에서의 결론입니다. 고린도전서 14장을 보면 방언과 예언을 말하는 것이 고린도 교회에서 어떤 문제를 일으켰으며 그래서 질서에 대한 문제가 생겼음을 짐작할 수 있습니다. 이에 사도 바울은 이러한 문제를 해결함에 있어 여성들에게 질서를 지키라는 의미로 전달했습니다.

우리는 여기서 성경이 쓰였을 당시의 사회문화와 관습을 이해해야 합니다. 당시 사회에서 여성은 남성에 비해 낮은 지위를 가지고 있었습니다. 그러므로 이 말씀은 남편의 아내로서의 여성만을 인정하고 받아들였던 전통을 가진 사회에서, 여성들이 예수 그리스도를 중심으로 한 교회 공동체 안에서 한 성령의 은혜를 받고 일꾼으로 세워지며 은사에 따라 봉사의 일을 하게 된 상황에서 야기될 수 있는 문제에 대한 답을 준 것이지 지금도 그러해야 한다는 것이 아닙니다. 그러므로 위의 말씀은 시대 상황 속에서 읽혀져야 합니다. 우리는 바울 서신 안에서 뵈뵈와 같은 많은 여성 지도자들의 이름을 만날 수 있습니다. 이방인의 사도인 바울이 전도사역을 힘 있게 할 수 있도록 도와준 동역자인 수많은 여성 지도자들이 있었기 때문에 바울의 사역은 더욱 능력을 발휘할 수 있었습니다.

단원 주제

성장의 기쁨

단원 해설

교회가 성장하면서 핍박은 더 심해졌습니다. 그럼에도 한결같이 복음전도를 위해 자신을 드렸던 사람들-바울을 따라 복음의 일꾼 된 디모데, 가족이 복음에 헌신한 브리스길라와 아굴라, 자신의 재능을 하나님 앞에 드린 아볼로-에 의해 초대교회는 멈추지 않고 성장했습니다.

중심 구절

"그러므로 너는 내가 우리 주를 증언함과 또는 주를 위하여 갇힌 자 된 나를 부끄러워하지 말고 오직 하나님의 능력을 따라 복음과 함께 고난을 받으라"(딤후 1:8).

단원학습목표

초대교회의 성장을 위해 자신-시간, 재능, 전부-을 바쳤던 믿음의 사람들을 본받는다.

단원핵심정리

핍박 속에서도 믿음을 지켰던 사람들의 거짓 없는 믿음, 가족의 헌신, 재능의 드림

신약편 | 4단원 성장의 기쁨

단원 소개

4단원에서는 교회의 성장과 함께 고난과 핍박이 커지는 상황 속에서 여전히 그 믿음을 지키며 복음전도를 포기하지 않는 사람들을 소개합니다. 복음은 로마 전역으로 퍼져나가고 많은 사람들이 예수 그리스도의 복음 안에 들어오는 상황 속에서 핍박 역시 그만큼 커져갔습니다. 사도 바울이 드디어 2차로 로마의 무서운 감옥에 갇히게 되나 이러한 상황에서도 사도 바울은 사랑하는 아들 디모데에게 두려워하지 말고 오직 하나님의 능력을 따라 복음과 함께 고난을 받을 것을 요구합니다. 이렇게 초대교회는 어떠한 고난도 이겨내는 예수님을 따르는 사람들에 의해 계속적으로 성장했습니다.

10과에서는 로마감옥에 갇힌 바울이 디모데에게 편지를 써 담대할 것을 당부하는 가운데 핍박의 상황 속에서도 변하지 않는 디모데의 거짓 없는 믿음을 배웁니다. 11과에서는 브리스길라와 아굴라 가족이 사도 바울을 도와 복음전도를 계속해나가는 모습을 통해 초대교회 온 가족이 헌신했던 모범된 믿음의 가족을 공부합니다. 12과에서는 성경에 능통한 유대인 학자 아볼로가 브리스길라와 아굴라에게 하나님의 도를 배우고 더욱 열심히 자신의 전문적인 지식을 가지고 헌신하는 것을 배웁니다.

제 10과 디모데

바울을 따라 복음의 일꾼 된 사람

학습 목표 | 자신의 믿음이 디모데와 같이 거짓 없는 믿음인지 생각한다.

중심 진리 | 초대교회는 핍박의 시기에도 거짓 없는 믿음을 가진 그리스도인들이 있었기에 성장할 수 있었습니다.

본문 말씀 | 디모데후서 1:1–8

Memory Verse | 딤후 1:8

"그러므로 너는 내가 우리 주를 증언함과 또는 주를 위하여 갇힌 자 된 나를 부끄러워하지 말고 오직 하나님의 능력을 따라 복음과 함께 고난을 받으라"

Question About It

'디모데' 는 누구인가요?

① 이름의 뜻은 하나님을 경외한다 입니다.

② 바울의 2차 선교여행 중 루스드라 에서부터 바울의 초청에 응해 선교여행에 동참함으로 하나님의 사역을 시작했습니다(행 16:1).

③ 디모데는 젊은 시절 부터 아덴, 데살로니가, 고린도, 예루살렘, 에베소 등 많은 지역에서 충성스럽게 사역했습니다.

View of Bible

예수님께서 열두 제자를 부르신 것처럼 바울은 2차 선교여행 중 한 제자를 불러 그 이름의 뜻대로 평생 하나님을 경외하며 하나님을 영화롭게 하는 사람으로 세웠습니다. 바로 그 사람이 디모데입니다. 디모데는 루스드라에서부터 2차 선교여행에 동참함으로 전도자 목회자의 길에 들어서게 됩니다. 그는 바울의 가르침과 지도에 순종했고 여러 지역을 다니며 복음을 전했습니다.

디모데의 순전한 믿음의 자세는 고된 선교사역을 감당하는 스승인 바울에게도 힘이 되었습니다. 바울은 네로의 박해가 로마제국 전역을 휩쓸던 시기에 감옥에 갇힌 몸으로 자신의 인생에 가장 마지막 편지인 디모데후서를 에베소에서 목회하고 있는 디모데에게 보냅니다. 유언과도 같은 이 편지를 통해 바울은 디모데를 만날 수 있기를 바라며 디모데에게 스승으로서 마지막 가르침을 전합니다.

Learn of Bible

1. 네로의 무서운 박해 앞에서 감옥에 갇힌 절박한 상황의 바울은 디모데를 부름에 있어 어떤 호칭을 사용하였으며 그 속에 담긴 바울의 마음은 어떤 것입니까?(딤후 1:2)

사랑하는 아들 디모데, 디모데에 대한 깊은 사랑

"사랑하는 아들 디모데에게 편지하노니 하나님 아버지와 그리스도 예수 우리 주께로부터 은혜와 긍휼과 평강이 네게 있을지어다"(딤후 1:2).

바울에게 디모데는 아들과 같은 존재였습니다. 루스드라에서 디모데를 2차 선교여행에 초청한 이후로 디모데는 줄곧 바울의 지도에 순종했고 따랐습니다. 그랬기에 바울에게 있어서 디모데는 아들과 같은 존재였습니다. 이 호칭 속에서 디모데를 아들과 같이 사랑하고 아끼는 바울의 마음을 잘 알 수 있습니다.

2. 바울은 비록 감옥에 갇힌 몸이지만 디모데를 보기 원하는 것은 디모데를 보는 것이 자신에게 기쁨이 되기 때문이라고 밝힙니다. 디모데의 어떤 면이 바울에게 기쁨을 준 것일까요?

거짓이 없는 믿음

"네 눈물을 생각하여 너 보기를 원함은 내 기쁨이 가득하게 하려 함이니 이는 네 속에 거짓이 없는 믿음이 있음을 생각함이라 이 믿음은 먼저 네 외조모 로이스와 네 어머니 유니게 속에 있더니 네 속에도 있는 줄을 확신하노라"(딤후 1:4-5).

바울은 디모데의 믿음을 평가함에 있어서 '거짓 없는 믿음' 이라고 말합니다. 이것은 디모데가 가진 믿음이며 동시에 삶의 모습이었을 것입니다. 그의 외할머니와 어머니의 속에 있던 이 믿음이 디모데의 속에 있는 것을 바울은 확신하고 있습니다. 디모데의 믿음은 사도 바울에게 있어 바라보는 것만으로도 기쁨이 되는 것이었습니다.

3. 바울은 왜 디모데를 에베소의 목회자로 세웠을까요? 맞는 것에 체크하세요.

① 디모데가 자란 루스드라는 에베소와 같은 헬라 문화권이었다.

② 외할머니와 어머니가 유대인이었기에 유대 공동체를 잘 이해했다.

③ 여러 교회에서 바울과 함께 사역했기에 사역을 위한 풍부한 경험을 가지고 있었다.

④ 디모데는 거짓 없는 믿음을 소유한 사람이었다.

답은 ①, ②, ③, ④

그렇습니다. 모두가 답입니다. 디모데는 에베소의 목회자로서 가장 합당한 조건을 가지고 있던 사람이었습니다. 디모데가 자란 루스드라는 에베소에서 480Km 떨어진 곳입니다. 이곳은 에베소와 같은 헬라 문화권이었으므로 디모데는 같은 문화권인 에베소에서 더 잘 사역할 수 있었습니다. 또한 그는 외할머니와 어머니가 유대인이었기에 에베소에 있는 유대 공동체를 누구보다 잘 이해할 수 있었습니다. 그래서 그들에게 복음을 전하고 양육하기에 유리했습니다. 그리고 디모데는 바울과 함께 아덴, 데살로니가, 고린도, 예루살렘 등에서 여러 지역, 여러 상황에서 사역을 경험했기에 이러한 풍부한 경험은 에베소를 목회하기에 좋은 이유가 되었습니다. 그리고 무엇보다 거짓 없는 믿음을 소유한 목회자였습니다. 이에 바울은 디모데를 에베소의 목회자로 세웠습니다.

4. 바울은 갇힌 자로서 핍박의 시기에 목회해야 하는 사랑하는 아들 디모데에게 무엇이라고 권면합니까? 디모데후서 1장 7-8절을 읽고 자신의 말로 바꾸어 표현해 보세요.(Tip of Bible을 읽고 답을 써주세요.)

큰 핍박이 있으나 두려워하지 말고 능력과 사랑과 절제하는 하나님이 주신 마음을 받아 복음과 함께 고난을 받아라.

"하나님이 우리에게 주신 것은 두려워하는 마음이 아니요 오직 능력과 사랑과 절제하는 마음이니 그러므로 너는 내가 우리 주를 증언함과 또는 주를 위하여 갇힌 자 된 나를 부끄러워하지 말고 오직 하나님의 능력을 따라 복음과 함께 고난을 받으라"(딤후 1:7-8).

Application of Bible

이 시간에는 나의 믿음을 점검해보도록 하겠습니다.
만약 하나님과 같이 나 자신의 행동과 마음속까지 알고 있는 어떤 존재가 나의 믿음에 대해 정의를 내린다면 무엇이라고 정의할지 생각해보고 써보세요.

학생들이 자신들의 생각을 자유롭게 쓸 수 있도록 격려해 주세요. 자신의 믿음의 현주소를 정확히 알고 있는 것은 하나님과 자신입니다. 스스로 자신의 신앙에 대해 생각해보고 바울이 디모데의 신앙을 정의했던 것처럼 학생들이 자신의 신앙을 정의함으로 스스로의 신앙 상태를 진단할 수 있도록 도와주세요. 그리고 만약 지금 자신의 신앙이 부족하다고 느낀다면 격려해 주고 다음 기도를 할 수 있도록 도와주세요.

기도할 때 눈을 감고 선생님께서 먼저 읽고 학생들이 따라 읽을 수 있도록 지도해 주세요. 기도는 역사하는 능력이 있습니다. 소리 내어 기도하는 가운데 학생들의 마음을 성령께서 움직이시기를 기도합니다.

"사랑하는 하나님, 나의 믿음이, 박해의 시기를 용감히 이겨낸, 디모데의 믿음과 같이, 거짓 없는 믿음으로 자라가기를, 간절히 소망합니다, 예수님의 이름으로 기도합니다. 아멘."

Tip of Bible

박해를 이겨낸 거짓 없는 믿음

바울은 무서운 박해의 상황에서 로마의 감옥에 쇠사슬에 묶인 채 처형을 기다리고 있었습니다. 바울과 함께 했던 사람들은 거의 다 그를 버리고 떠나가고 남은 사람은 오랜 친구 누가와 오네시보로, 디모데 정도입니다. 바울이 갇혀 있는 깊고 어두운 동굴감옥은 교회의 운명만큼이나 어두운 것이었습니다.

역사가 타키투스는 A.D. 64년 로마의 절반 이상을 태운 대 화제에 대해 기술하고 있습니다. 네로는 로마를 불태운 범인들이 그리스도인이라고 지목했고 이후 엄청난 박해가 감행되었습니다. 어떤 그리스도인들은 짐승의 껍질이 입혀진 후 굶주린 개들에게 온몸이 찢기며 죽어갔고 십자가에 못 박히기도 했으며 산 채로 화형을 당하기도 했습니다. A.D. 68년 네로의 자살 이후에도 박해는 계속되었고 이후 수십 년 동안 핍박은 반복되었습니다. 디모데가 사역하던 에베소 주변에서 일했던 로마 총독 폴리니는 트라얀 황제에게 보낸 보고서에 이렇게 기술하고 있습니다. "나는 그들이 그리스도인인지 물었다. 만약 그렇다고 고백하면, 처형하라고 명령했다."

이처럼 어둡고 캄캄한 시기, 이 시대에 믿음을 지킨 사람들은 디모데와 같이 거짓 없는 믿음을 지닌 그리스도인들이었습니다. 최악의 핍박 가운데 알곡과 쭉정이가 가려지고 자신의 생명은 산 채로 불태워졌으나 교회의 생명력을 불러일으킨, 로마총독의 심문 앞에서도 내가 그리스도인이라고 말할 수 있었던 거짓 없는 믿음을 가진 그들이 있었기에 초대교회는 성장할 수 있었습니다.

"미쁘다 이 말이여 우리가 주와 함께 죽었으면 또한 함께 살 것이요 참으면 또한 함께 왕 노릇 할 것이요 우리가 주를 부인하면 주도 우리를 부인하실 것이라"(딤후 2:11-12).

제 11과

브리스길라와 아굴라

온 가족이 선교에 헌신한 바울의 동역자

학습 목표 | 우리 가족이 선교를 돕기 위해 실천할 수 있는 방법에 대해 생각한다.

중심 진리 | 초대교회는 브리스길라와 아굴라처럼 선교사역을 위해 온 가족이 예수님을 믿고 헌신한 사람들에 의해 성장했다.

본문 말씀 | 사도행전 18:1-3, 18-19, 24-26

Memory Verse | 행 18:18상

"바울은 더 여러 날 머물다가 형제들과 작별하고 배 타고 수리아로 떠나 갈새 브리스길라와 아굴라도 함께 하더라"

Question About It

'브리스길라와 아굴라'는 누구인가요?

① 남편 아굴라는 유대인 이고 아내 브리스길라는 로마인 일 가능성이 높습니다.

② 로마 황제 글라우디오 때 유대인 추방령에 의해 로마에서 추방되어 고린도로 이주했습니다(고전 18:1-2).

③ 이들은 바울과 같은 직업을 가지고 있었는데 천막 을 만드는 것이었습니다(행 18:3).

* '브리스길라'는 '브리스가'의 애칭이며 정식이름은 '브리스가'입니다. 그녀의 이름은 라틴어식 표기이며 로마의 비문과 고전에 '브리스가'라는 이름이 많은 것을 고려할 때 브리스길라가 로마 사람일 가능성이 큽니다.

View of Bible

B.C. 63년경 폼페이우스의 군대에 의해 팔레스타인에서 로마에 포로로 잡혀온 많은 유대인들은 이후 자유인이 되어 로마에서 정착해 살았습니다. 이들은 이방 땅인 로마에 살고 있었지만 유대인으로서 절기가 되면 율법에 따라 예루살렘을 방문하곤 했습니다. 그러던 어느 오순절 날 예루살렘을 방문한 로마에 사는 유대인들은 우연히 사도 베드로의 설교를 듣고 예수님을 믿게 되었습니다.
이들은 로마로 돌아가서 예수님을 모르는 유대인들에게 예수님의 복음을 전하였고 로마에는 예수님을 믿는 유대인들의 수가 점점 늘어났습니다. 얼마후 로마에 있는 유대교도와 기독교도들 사이에서 큰 분쟁이 일어났습니다. 이것이 문제가 되어 로마의 글라우디오 황제는 A.D. 49년 로마 본토에 살고 있는 유대인들은 모두 로마에서 떠나라는 유대인 추방령을 내립니다. 브리스길라와 아굴라도 로마에서 예수님을 믿으며 살던 사람들로서 남편 아굴라가 유대인이었기 때문에 정든 집과 직장을 모두 버리고 고린도로 이사를 하게 됩니다.

Learn of Bible

바울이 2차 전도여행 당시 고린도에 방문했을 때 브리스길라와 아굴라 부부를 만나게 됩니다. 브리스길라와 아굴라 부부는 예수님을 믿는 신앙심이 깊었고 복음을 전하고자 하는 열정이 있었습니다. 바울과 이 부부는 천막을 만드는 같은 직업을 가지고 있었습니다. 브리스길라와 아굴라 부부는 복음으로 마음을 합하여 함께 살고 함께 일하면서 바울의 선교사역을 돕게 됩니다. 그들은 1년 6개월 정도 고린도에 머물면서 선교사역을 했습니다.

1. 브리스길라와 아굴라 부부는 바울과 함께 선교사역을 하러 어디로 떠납니까?(행 18:18-19)

수리아, 에베소

"바울은 더 여러 날 머물다가 형제들과 작별하고 배 타고 수리아로 떠나갈새 브리스길라와 아굴라도 함께 하더라 바울이 일찍이 서원이 있었으므로 겐그레아에서 머리를 깎았더라 에베소에 와서 그들을 거기 머물게 하고 자기는 회당에 들어가서 유대인들과 변론하니"(행 18:18-19).

한 가족이 이사를 하는 것은 쉬운 일이 아닙니다. 그것도 로마에서 고린도로 이사를 온지 그리 오래지 않은 상황에서 다시 이사를 한다는 것은 더욱 더 어려운 일입니다. 그런데 브리스길라와 아굴라는 2차 전도여행 중 고린도에서 복음을 가르치는 바울을 만난 이후 바울과 함께 복음을 전하기로 헌신하고 바울이 가는 지역으로 함께 떠나갑니다. 이것은 브리스길라와 아굴라가 전적으로 하나님께 자신들의 삶을 헌신했다는 것을 의미합니다.

2. 브리스길라와 아굴라는 어떤 사람에게 예수 그리스도의 복음을 전합니까?(행 18:24-26)

아볼로, 언변이 좋고 성경에 능통한 자(율법에 정통한 유대인 학자)

"알렉산드리아에서 난 아볼로라 하는 유대인이 에베소에 이르니 이 사람은 언변이 좋고 성경에 능통한 자라 그가 일찍이 주의 도를 배워 열심으로 예수에 관한 것을 자세히 말하며 가르치나 요한의 침례(세례)만 알 따름이라 그가 회당에서 담대히 말하기 시작하거늘 브리스길라와 아굴라가 듣고 데려다가 하나님의 도를 더 정확하게 풀어 이르더라"(행 18:24-26).

아굴라는 평범한 유대인이었고 브리스길라는 로마사람으로서 예수님의 복음을 믿게 된 사람입니다. 그러나 이들은 이 복음을 분명하게 이해하고 있었습니다. 그러던 어느 날 알렉산드리아에서 태어난 아볼로라는 유대인 학자가 예수님에 대한 말을 하는 것을 듣게 됩니다. 그는 학자로서 말을 잘하고 성경에 대해서도 많은 것을 알고 있었습니다. 그러나 그가 말하는 것은 요한의 침례(세례) 즉 죄 사함을 얻게 하는 회개의 수준에 그치는 것이었습니다. 이에 브리스길라와 아굴라는 아볼로를 데려다가 하나님의 도를 정확하게 가르칩니다. 이후 아볼로는 아가야로 내려가서 예수님이 그리스도이심을 분명하게 전했을 뿐만 아니라 유대인들을 그의 유창한 언변으로 이겨서 하나님을 높였습니다.

3. 바울이 3차 전도여행 중에 기록한 서신인 고린도전서와 로마서에 브리스길라와 아굴라의 이름이 등장합니다. 고린도전서 16장 19절에는 '아굴라와 브리스가와 그 집에 있는 교회' 라는 표현이 있고 로마서 16장 5절에 '저의 집에 있는 교회' 라는 말이 있습니다. 이 말씀들이 의미하는 바가 무엇이었을까요?

자신의 집을 예배의 장소로 사용했음을 의미합니다.

이것은 자신의 집을 예배의 장소로 사용했음을 의미합니다. 바울은 복음 전도 중 많은 유대교 사람들에 의해 고발되거나 곤경에 처했습니다. 당시 기독교회는 유대사회에서 볼 때, 안전한 상태가 아니었습니다. 고발되거나 여러 어려움이 있을 수 있음에도 브라스길라와 아굴라는 자신의 집을 예배의 장소로 내어주는 믿음의 행동을 했습니다.

"아시아의 교회들이 너희에게 문안하고 아굴라와 브리스가와 그 집에 있는 교회가 주 안에서 너희에게 간절히 문안하고"(고전 16:19).
"또 저의 집에 있는 교회에도 문안하라 내가 사랑하는 에배네도에게 문안하라 그는 아시아에서 그리스도께 처음 맺은 열매니라"(롬 16:5).

4. 바울의 3차 전도여행의 막바지에 쓴 서신이 로마서입니다. 바울은 로마서에서 브리스길라와 아굴라를 어떻게 평가하고 있습니까?(롬 16:3-4)

동역자, 내 목숨을 위하여 자기들의 목까지도 내놓음, 나뿐 아니라 이방인의 모든 교회도 그들에게 감사함.

"너희는 그리스도 예수 안에서 나의 동역자들인 브리스가와 아굴라에게 문안하라 그들은 내 목숨을 위하여 자기들의 목까지도 내놓았나니 나뿐 아니라 이방인의 모든 교회도 그들에게 감사하느니라"(롬 16:3-4).

바울은 브라스길라와 아굴라에게 특별한 애정을 보입니다. 이들에 대해 동역자라고 말하며 그들이 바울의 목숨을 위하여 자기들의 목까지도 내놓았다고 합니다. 그래서 나와 이방인의 모든 교회들도 그들에게 감사해야 한다고 말합니다. 너무나 고마운 사람을 위한 바울의 표현입니다.

5. 오랜 시간 브리스길라와 아굴라 가족은 바울과 동행하면서 선교사역을 도왔고 많은 사람들에게 복음을 전했으며 자신의 집과 목숨까지 내놓았습니다. 만약 가족 중에 한 사람이 반대했다면 이러한 사역이 가능했을까요?

가족 중에 한 사람이 반대했다면 불가능했을 것입니다.

Application of Bible

여러분의 가족은 모두가 예수님을 믿을 수도 있고 그렇지 않을 수도 있습니다. 가족 모두가 예수님을 믿는다면 그것은 하나님께 감사할 일이고 그렇지 않다면 모든 가족이 믿음을 가질 수 있도록 하나님께 기도해야 합니다. 이 시간에는 우리 가족이 실천할 수 있는 선교사역에는 어떤 것이 있을지 생각해 보도록 하겠습니다. 구체적인 방법을 생각하되 가족 모두가 믿지 않는 경우에는 내가 가족의 대표로 실천할 수 있는 선교사역을 생각해 보도록 하세요.

학생들이 자신들이 실제로 할 수 있는 일을 생각해 보도록 지도해 주세요.

예) 선교를 위해 매주 요일을 정해 기도한다. 선교헌금을 작정하고 드린다. 언젠가 가족과 함께 선교여행을 가기위해 가족들과 상의하고 준비한다.

선교를 위해 실천할 수 있는 방법을 생각하는 것은 미래를 위한 준비입니다. 우리는 모두 선교사입니다. 가는 선교사가 되든지 보내는 선교사가 되든지 그것이 다를 뿐입니다. 학생들의 이런 생각을 기록해 보는 것은 언젠가 실천할 수 있는 작은 씨앗을 심는 것입니다. 씨앗을 심으면 거름을 주고 햇빛과 비를 주고 열매 맺게 하시는 분은 하나님이십니다. 가능하면 실천할 수 있는 방법을 기록하도록 지도해주시되 아주 먼 이야기를 쓰더라도 그것이 실현될 수 있을 것이라고 격려해 주세요.

Tip of Bible

믿음의 가정

브리스길라와 아굴라의 가정은 모든 믿음의 가족에게 본이 됩니다. 이들은 함께 예수님을 믿었고 함께 선교사역을 도왔으며 함께 자신의 집과 목숨을 내어놓고 헌신했습니다. 이들이 행했던 전적인 헌신의 사역은 부부 모두의 믿음이 없이는 할 수 없는 귀한 일입니다.

현대에도 이러한 가족들은 많이 있습니다. 수많은 선교지에 나가있는 선교사님들의 가족이 그러할 것입니다. 가족 중 누구라도 나는 선교를 하면서 살 수 없다고 한다면 그 사역은 계속될 수 없고 아름다울 수도 없습니다. 그러나 선교지에 나가지 않아도 우리는 어느 곳에서나 예수님을 섬기며 전하는 가족으로서 존재할 수 있습니다. 함께 예수님을 믿고 함께 기도하고 함께 예배드리고 함께 하나님을 위한 봉사의 일을 하고 함께 선교를 위해 헌금을 드리는 등 우리 가정이 할 수 있는 하나님을 기쁘시게 하는 선교의 사역은 너무나 많습니다. 하지만 반면에 가족 중 일부만 믿어서 마음껏 하나님을 섬기기 힘든 가족도 있는 것이 현실입니다.

지금 우리는 부모님과 함께 살지만 언젠가 여러분들은 부모님으로부터 독립해서 자신의 가족을 만들게 될 것입니다. 학교를 졸업하고 직장을 가지고 결혼을 하게 될 그 때, 믿음의 가정을 꾸리기 위해서는 믿음 있는 사람과 결혼하는 것이 중요합니다. 예수님을 믿고 신뢰하며 헌신되어 있는 두 사람이 만나 가정을 이룰 때, 이 가정은 참으로 믿음의 가정, 선교하는 가정이 될 수 있습니다. 앞으로 10년 혹은 20년 후 여러분의 가족의 모습을 머릿속에 상상해 보세요. 여러분의 가정은 브라스길라와 아굴라 부부의 가정처럼 하나님께 그리고 이방인들에게조차 칭찬받는 가정이고 싶으신가요? 그렇다면 예수님 안에서 믿음의 가정을 이루시기 위해 기도해야 합니다.

제 12과

아볼로

자신의 재능을 선교의 도구로 사용한 전문인 사역자

학습 목표 | 미래에 자신의 직업을 통해 하나님과 교회를 섬길 것을 결심한다.

중심 진리 | 초대교회는 아볼로와 같이 자신의 재능을 가지고 하나님 앞에 헌신한 전문인들에 의해 성장했다.

본문 말씀 | 사도행전 18:24-28

Memory Verse | 행 18:27

"아볼로가 아가야로 건너가고자 함으로 형제들이 그를 격려하며 제자들에게 편지를 써 영접하라 하였더니 그가 가매 은혜로 말미암아 믿은 자들에게 많은 유익을 주니"

Question About It

'아볼로' 는 누구인가요?

① 알렉산드리아에서 태어났으며 성경 을 많이 알고 있는 유대인 학자입니다(행 18:24).

② 요한의 침례(세례)만 알뿐 예수님에 대한 지식이 불완전했으나 브리스길라 와 아굴라 에게 예수님에 대해 정확하게 배우게 됩니다(행 18:25-26).

③ 바울이 개척한 고린도 교회에 아볼로 를 따르는 무리가 생길만큼 초대교회에 영향력을 끼쳤습니다(고전 1:12).

View of Bible

우리는 오늘 알렉산드리아에서 태어난 유대인 학자 한 사람을 만나게 됩니다. 그에 대해 성경에서는 많은 것을 말하지 않습니다. 단지 그가 태어난 곳이 유대가 아니라 이방지역 특히 헬레니즘의 중심지인 알렉산드리아였고 말을 아주 잘하는 성경에 능통한 사람이라는 것입니다. 지금으로 말하면 미국에서 태어나 유명한 대학에서 신학을 전공하였으며 국제적 언어에 능통하고 논리적으로 잘 가르치는 신학 교수님이었습니다. 물론 초대교회 당시에도 성경에 능통한 이방출신 혹은 유대출신의 유대인 학자들은 많았을 것입니다. 그런데 오늘 성경이 그를 집중해서 보여주는 이유는 그가 학자로서 자신의 최선을 다해 예수님에 대해 열심히 가르치고 있었기 때문입니다.

Learn of Bible

1. 사도행전 18장 24절은 아볼로에 대해 소개하고 있습니다. 이 부분을 읽고 여러분의 말로 아볼로를 소개해 보세요.

예) 알렉산드리아가 고향인 아볼로는 말도 잘하고 성경에도 능통하고 다재다능한 유대인이었습니다.

"알렉산드리아에서 난 아볼로라 하는 유대인이 에베소에 이르니 이 사람은 언변이 좋고 성경에 능통한 자라"(행 18:24).

정답은 없습니다. 학생들이 자신들의 표현으로 아볼로에 대해 소개해 보려는데 의미가 있습니다.

2. 아볼로는 에베소에 와서 예수님에 대해 자신이 아는 것을 자세히 말하며 가르쳤습니다. 그런데 무엇이 문제였습니까?(행 18:25)

예수님과 복음에 대해 정확하게 잘 모르고 요한의 침례(세례)만 알뿐이었습니다.

"그가 일찍이 주의 도를 배워 열심으로 예수에 관한 것을 자세히 말하며 가르치나 요한의 침례(세례)만 알 따름이라"(행 18:25).

아볼로는 예수님과 복음에 대해서는 정확히 알지 못했습니다. 그는 열심히 예수님에 관한 것을 말하였으나 그것은 요한의 침례(세례) 정도의 내용이었습니다. 복음의 핵심을 정확히 알지 못한 것입니다.

3. 그에게 누가 다가와서 하나님의 도를 정확하게 풀어 가르쳐주었습니까?(행 18:26)

브리스길라와 아굴라

“그가 회당에서 담대히 말하기 시작하거늘 브리스길라와 아굴라가 듣고 데려다가 하나님의 도를 더 정확하게 풀어 이르더라”(행 18:26).

브리스길라와 아굴라는 복음에 분명하게 서 있던 사람들이었습니다. 아볼로는 성경에 능통한 학자였지만 복음에 있어서는 부족한 지식을 가지고 있었습니다. 브리스길라와 아굴라는 아볼로에게 하나님의 도를 정확하게 풀어서 가르쳐줍니다. 일반인들이 학자를 가르치는 것, 이것은 가르치는 이들이나 배우는 이 모두가 인격적으로 성숙했기에 가능한 일이었습니다. 그럼에도 아볼로는 하나님의 도를 배움에 있어 주저하지 않았고 브리스길라와 아굴라에게 하나님의 도를 정확하고 올바르게 배웁니다.

4. 그는 바다를 건너 아가야로 갑니다. 가서 어떤 일을 합니까?(행 18:27-28)

믿는 자들에게 많을 유익을 주었습니다. 성경학자로서 성경을 가지고 예수님이 그리스도인 것을 증언하고 사람들 앞에서 유대인들이 하는 말을 이겼습니다.

“아볼로가 아가야로 건너가고자 함으로 형제들이 그를 격려하며 제자들에게 편지를 써 영접하라 하였더니 그가 가매 은혜로 말미암아 믿은 자들에게 많은 유익을 주니 이는 성경으로써 예수는 그리스도라고 증언하여 공중 앞에서 힘있게 유대인의 말을 이김이러라”(행 18:27-28).

아볼로는 자신이 가진 성경학자로서의 지식을 가지고 바다를 건너 아가야로 갑니다. 그는 그곳에서 예수님을 부인하는 유대인에게 성경을 통해 예수님이 그리스도인 것을 증언하고 많은 사람들 앞에서 말로서 유대인들을 이기는 쾌거를 이룹니다. 이러한 아볼로의 사역은 예수님을 믿고 따르는 사람들에게 많은 유익을 주었습니다. 아볼로는 자신이 가지고 있는 전문적인 지식-성경에 대한 지식을 통해 하나님 앞에 훌륭히 쓰임 받은 것입니다.

Application of Bible

아볼로는 성경학자로서 자신이 가지고 있는 전문적인 성경지식을 통해 예수님을 부인하는 유대인들과의 논쟁에서 이기고 믿는 사람들에게 유익을 주며 하나님께 영광을 돌렸습니다. 그는 초대교회에 많은 영향을 미쳤으며 논리적으로 성경을 가지고 예수님을 증거하는 학자로서의 사역을 감당했습니다.

여러분들의 꿈은 무엇입니까? 목회자나 선교사가 아니라도 우리는 모두 자신의 자리에서 하나님을 위해 일할 수 있습니다. 이제 여러분들의 시대에는 전문적인 직업을 가진 전문인 사역자가 더 많이 필요할 것입니다. 여러분이 어떤 전문인(혹은 직업)이 되어 어떤 방법으로 하나님께 영광을 돌릴지 생각해보고 구체적으로 써보세요.

Tip of Bible

세계가 전문인 사역자를 필요로 합니다.

지구 상의 많은 나라들은 기독교 신앙의 입장에서 두 종류로 나누어집니다. 하나님을 믿는 믿음의 자유가 있는 나라와 믿음의 자유가 없는 나라로 말입니다. 우리나라와 같이 믿음의 자유가 있는 나라에는 교회도 많고 목사님들도 많이 계십니다. 그러나 믿음의 자유가 없는 나라들의 경우에는 목회자인 선교사들이 쫓겨나고 믿음의 핍박이 너무나 큽니다. 예수님을 믿으면 학교와 직장에서 쫓겨나고 공무원이나 좋은 직업을 가질 수 없는 나라들이 많습니다. 그래서 이런 나라들의 목사님들이 선교사의 신분으로 복음을 전하러 가는 것은 어렵고 그 나라 정부로부터 허가받기 어려우며 신분이 드러나면 추방당할 수 있습니다. 중앙아시아의 어떤 나라에는 현재 한국인 침례교 선교사가 단 세 명밖에 남아있지 않고 그들조차 언제 추방될지 혹은 언제 입국이 제한될지 알 수 없습니다.

그렇다면 우리는 이러한 나라들을 포기해야 할까요? 그럴 수 없습니다. 고난과 핍박이 큰 그곳에는 분명 하나님의 구원받을 백성이 있고 우리는 그 땅으로 가야 합니다. 바로 이렇게 핍박이 심하고 믿음의 자유가 없는 나라에 갈 수 있는 사람들이 전문인 사역자들입니다. 전문인 사역자란 전문적인 직업을 가지고 일하면서 복음을 전하는 하나님의 일꾼을 말합니다. 바울도 누가도 브리스길라와 아굴라도 아볼로도 모두가 전문인 사역자였습니다. 사도행전에 나오는 대부분의 사람들은 전문인 사역자입니다. 이들은 로마 전역에 흩어진 다양한 언어를 사용하는 유대인들과 이방인들을 대상으로 복음을 전했는데 자신의 직업을 가지고 일하는 가운데 복음을 전했습니다. 이들은 어떤 경우에 교회와 개인의 후원을 받았으나 궁극적으로 자신의 직업이 있었기 때문에 후원이 끊어지거나 경제적으로 혹은 신앙의 핍박으로 인한 어려운 상황에서도 포기하지 않고 많은 지역을 이동하며 복음을 전할 수 있었습니다.

사랑하는 청소년 여러분, 2천 년 전 초대교회에 전문인 사역자들이 세워져서 복음을 온 세상에 전했던 것처럼 이제 여러분의 시대에 전문적인 직업을 가지고 믿음의 자유가 없는 핍박의 땅에 세워질 사역자를 하나님은 찾고 계십니다. 여러분과 여러분의 직업이 하나님이 없다고 말하는 어두운 땅에 하나님 나라를 크게 세우는 도구가 되기를 기도합니다.

청 소 년 핵 심 공 과

신앙편

1단원 다른종교와 기독교의 차이

제1과 종교와 인간의 관계는 무엇일까요?

제2과 종교의 본질을 이해하려는 여러 인간적인 노력들이 있어요

제3과 다른 종교와 기독교의 차이는 무엇일까요?

2단원 다른방식으로 하나님을 믿는 종교들이 있어요

제4과 이슬람교에 대해 알고 싶어요

제5과 이슬람교와 기독교의 차이를 알고 싶어요

제6과 유대교와 기독교의 차이를 알고 싶어요

3단원 다른유형의 구원을 찾는 종교들이 있어요

제7과 불교에 대해 알고 싶어요

제8과 불교와 기독교의 차이를 알고 싶어요

제9과 유교에 대해 알고 싶어요

4단원 다른 영을 따르는 종교들이 있어요

제10과 샤머니즘에 대해 알고 싶어요

제11과 한국 샤머니즘과 기독교의 관계를 알고 싶어요

제12과 복음주의 신앙과 종교 다원주의 신앙의 차이를 알고 싶어요

단원 주제

다른 종교와 기독교의 차이

단원 해설

다른 종교와 기독교의 차이와 특징을 이해합니다.

중심 구절

"바울이 아레오바고 가운데 서서 말하되 아덴 사람들아 너희를 보니 범사에 종교심이 많도다"(행 17:22).

단원학습목표

종교다원화의 상황 속에 살고 있는 이 시대 청소년들이 다른 종교와 기독교의 근본적 차이와 특징을 알 수 있습니다.

단원핵심정리

다른 종교와 기독교의 비교를 통하여, 다른 종교가 추구하는 능력과 한계를 이해합니다.

신앙편 | 1단원

다른종교와 기독교의 차이

단원 소개

이 세상에는 수많은 종교들이 있습니다. 오래 전부터 인간이 모여 사는 곳에는 예외 없이 종교가 있습니다. 이것은 인간이 본질적으로 육적인 것을 넘어선 영적인 것에 대한 갈급함이 있는 존재라는 것을 말해줍니다.

1과에서는 역사적으로 필연적일 수밖에 없는 종교와 인간의 관계를 정리해 봅니다. 2과에서는 종교의 본질과 의미를 이해하려고 접근하는 대표적인 방안들에 대하여 소개합니다. 그리고 3과에서는 다른 종교와 기독교가 다르게 간주될 수밖에 없는 본질적 특성에 대해 나누어 봅니다.

제 1과

종교와 인간의 관계는 무엇일까요?

학습 목표 | "종교"(宗教, Religion)는 모든 인간의 역사와 사회에서 발견되는 보편적 현상 이라는 사실을 이해한다.

중심 진리 | 모든 인간은 종교적이다(호모 렐리기오수스, Homo Religiosus).

본문 말씀 | "썩어지지 아니하는 하나님의 영광을 썩어질 사람과 새와 짐승과 기어다니는 동물 모양의 우상으로 바꾸었느니라"(롬 1:23).

본과를 소개합니다

이번 과는 우선 청소년들로 하여금 이 세상 모든 인간사회에 왜 그토록 많은 종교들이 항상 함께 존재해왔는지를 생각해보는 것입니다. 그리고 나아가 하나님의 형상대로 지음 받은 인간이 아담과 하와의 타락 이후 영적 목마름을 하나님의 도움 없이 해소하려는 본능적 욕구 충족의 대안임을 이해시키도록 지도합니다.

Story of Life

"누구나 쉽게 알 수 있듯이 종교는 전 세계의 보편적 현상이다. 다시 말하면 인간이 살아가고 있는 곳이라면 어디에서나 인간 자신을 초월한 절대적 존재에 대한 인식이 있기 마련이고, 따라서 이 같은 사실은 그 누구도, 어떤 증거를 가지고도 반박할 수 없다는 것이다"(Josh McDowell & Don Stewart. 《이방종교》, 이호열 역, 기독지혜사)

> "첫째, 크로마뇽인들은 죽은 사냥꾼을 매장할 때 태아형 자세로 누이고서 마치 그가 또 다른 삶을 살 것인 양 그의 주위에 무기나 목걸이, 요리 도구와 같은 유용한 물건들을 놓곤 했다.
> 둘째, 원시인들은 하늘에 있는 신령에게 자기들을 잘 돌봐주고 비를 멈추지 말라고 빌었다.
> 셋째, 현대 일본의 선종인(禪宗人)들은 '아(我)'와 '비아'(非我)의 합일에 대해 묵상한다.
> 넷째, 회교력의 제9월(라마단)에 독실한 모로코인들은 해 뜰 때부터 해 질 때까지 단식을 행한다.
> 다섯째, 부활절이 오면 전 세계의 기독교인들은 2천 년 전의 기독교인들과 마찬가지로 예수의 부활을 경축한다."
> (Reichenbach, Bruce & Michael Peterson eds. 《종교철학》, 하종호 역, 서울:이화여대출판부, 1997)

1. 우리나라는 언제부터 어떤 종교들이 있었는지 나누어 보세요.

> "우리나라에는 깊고 오묘한 도가 있으니 이것을 풍류도라 한다. 이는 실로 유교, 불교, 선교 삼교를 포함한 것이며, 뭇 인생에 접해서는 저들이 사람다운 삶을 살도록 한다"(國有玄妙之道曰風流...實乃包含三敎 接化群生). (최치원. "鸞郎碑序" 《三國史記》 新羅本紀, 振興王 編)

최치원의 〈난랑비서〉에 따르면 우리나라는 약 4세기 유교와 불교가 중국으로부터 수입되기 전부터 이미 종교가 있는데 그 이름을 풍류라 한다고 했습니다. 종교학자들에 따르면 풍류는 무속의 다른 이름이고 단군(檀君)이라는 칭호는 특정인물에 대한 고유 이름이 아니라 무당을 의미하는 시베리아 고대 언어 "텡그리"의 한자 음역입니다. 천주교는 18세기, 개신교는 19세기 들어왔습니다.

2. 세계적으로는 어떤 대표적인 종교들이 있는지, 그리고 그 종교인의 규모와 특징들은 무엇인지 나누어 보세요.

2010년 현재 63억 인구 중 54억 명(85%)이 종교를 가지고 있습니다. 단일종교로는 이슬람교 16억, 힌두교 9억, 가톨릭 11억, 개신교 4억4천만, 불교 3억8천만 순입니다. 종교학자들에 따르면 인도에만 3억 3천개의 신이 있고, 일본에는 8백만 개의 신이 있으며, 한국에는 273개의 신이 있다고 말합니다(Wikipedia, the Free Encyclopedia 참고).

Talk Talk about Life

1. 자신 주변의 가족, 친척, 친구들이 가지고 있는 기독교 이외의 다른 종교들은 어떤 것들이 있었나요?

2. 다른 종교를 가지고 있는 사람들과 대화를 나누면서 독특한 인상을 받은 적이 있었다면 언제였나요?

청소년들로 하여금 자신 주변의 가족, 친척, 친구들의 다양한 종교들과 자신이 알고 있는 세상에 존재하는 다양한 종교들에는 어떤 것들이 있는지 서로 나누는 시간을 갖도록 합니다. 이슬람교, 불교, 유교, 도교, 힌두교, 유대교, 증산도, 무속(巫俗) 등등...

Standard of Life

1. 성경은 인간이 누구에 의해 어떻게 창조되었다고 말씀하고 있습니까?

"하나님이 이르시되 우리의 형상을 따라 우리의 모양대로 우리가 사람을 만들고 그들로 바다의 물고기와 하늘의 새와 가축과 온 땅과 땅에 기는 모든 것을 다스리게 하자 하시고 하나님이 자기 형상 곧 하나님의 형상대로 사람을 창조하시되 남자와 여자를 창조하시고"(창 1:26~27).
성경은 인간이 하나님의 형상과 모양대로 창조되었다고 말씀하고 있습니다.

2. 인간은 왜 세상의 여러 다양한 것들을 통해서 자신의 영적 목마름을 해소하려 할까요?

"너희가 어찌하여 양식이 아닌 것을 위하여 은을 달아 주며 배부르게 하지 못할 것을 위하여 수고하느냐"(사 55:2).
"모든 사람이 죄를 범하였으매 하나님의 영광에 이르지 못하더니"(롬 3:23).
"창세로부터 그의 보이지 아니하는 것들 곧 그의 영원하신 능력과 신성이 그가 만드신 만물에 분명히 보여 알려졌나니 그러므로 그들이 핑계하지 못할지니라 하나님을 알되 하나님을 영화롭게도 아니하며 감사하지도 아니하고 오히려 그 생각이 허망하여지며 미련한 마음이 어두워졌나니 스스로 지혜 있다 하나 어리석게 되어 썩어지지 아니하는 하나님의 영광을 썩어질 사람과 새와 짐승과 기어다니는 동물 모양의 우상으로 바꾸었느니라"(롬 1:20~23).
많은 사람들은 세상에서 채워지지 않는 갈증을 어떤 종교들을 통해서 해소하려고 합니다. 왜냐하면 하나님의 피조물인 인간이 아담과 하와의 타락 이후 자신의 죄로 말미암아 **하나님의 형상과 모양이 훼손되어 스스로의 능력만으로는 하나님의 참 진리를 온전히 알거나 믿을 수 없는 존재가 되었기 때문입니다.** 그래서 자신의 구원을 위해 하나님 없이 창조주 하나님께 나아가는 방안으로 다른 길을 스스로 찾게 되었습니다.

3. 그러나 성경은 하나님 밖에서 궁극적인 해결책을 찾는 것에 대해 무엇이라고 경고하고 있습니까?

"너를 위하여 새긴 우상을 만들지 말고 또 위로 하늘에 있는 것이나 아래로 땅에 있는 것이나 땅 아래 물 속에 있는 것의 어떤 형상도 만들지 말며 그것들에게 절하지 말며 그것들을 섬기지 말라 나 네 하나님 여호와는 질투하는 하나님인즉 나를 미워하는 자의 죄를 갚되 아버지로부터 아들에게로 삼사 대까지 이르게 하거니와"(출 20:4~5).

창조주 하나님은 피조물인 인간이 하나님 이외의 다른 것을 숭배하는 일을 가장 "미워하는 자의 죄"로 간주하십니다.

4. 인간의 여러 종교들을 통한 진리의 추구는 종종 수준 높은 도덕과 심오한 철학적 가르침을 지니고 있지만, 결국 진정한 영적 구원에 이르는 길이 되지 못하는 이유는 무엇일까요?

"하나님이 세상을 이처럼 사랑하사 독생자를 주셨으니 이는 그를 믿는 자마다 멸망하지 않고 영생을 얻게 하려 하심이라"(요 3:16).

하나님이 마련한 다른 길이 있기 때문입니다. 창조주 하나님의 피조물인 인간은 오직 하나님이 마련하신 길인 독생자 예수 그리스도를 통해서만 자신의 죄로 인해 훼손된 하나님의 형상과 모양을 회복하고 참 구원을 얻을 수 있습니다.

5. 왜 다른 종교들은 그 고상한 철학과 도덕과 진지한 진리를 향한 열정에도 불구하고 예수 그리스도를 통한 참 구원의 길이 되지 못할까요?

"누가 철학과 헛된 속임수로 너희를 사로잡을까 주의하라 이것은 사람의 전통과 세상의 초등학문을 따름이요 그리스도를 따름이 아니니라"(골 2:8).
"예수께서 이르시되 내가 곧 길이요 진리요 생명이니 나로 말미암지 않고는 아버지께로 올 자가 없느니라 너희가 나를 알았더라면 내 아버지도 알았으리로다 이제부터는 너희가 그를 알았고 또 보았느니라"(요 14:6~7).

인간은 다른 길이 아닌 오직 예수님을 통해서만 창조주 하나님께 나아가서 인정받을 수 있습니다. 왜냐하면 예수님은 하나님이 마련한 유일한 참 대안이며, 모든 피조물은 자신을 만든 창조자와의 온전한 관계 회복을 통해서만 안정된 존재의 목적을 완성할 수 있기 때문입니다. 만들어진 모든 피조물은 스스로 존재의 안정을 이룰 수 없습니다. 이것은 마치 인간이 만든 볼펜의 존재 목적이 볼펜을 만든 인간의 손에 쥐어져서 필기도구로 사용될 때 가장 안정적이 상태에 이르는 것과 마찬가지인 이치입니다. 그래서 피조물 된 인간은 창조주 하나님을 아는 지식이 없을 경우 세상의 돈, 권력, 명예나 인간이 대용품으로 만든 다른 종교들을 통해서 대리만족을 구하려고 합니다. 그러나 그러한 짝퉁으로는 우리 영혼이 만족을 누리지 못합니다.

Change of Life

생활 속에서 경험하는 종교

1. 왜 인간은 종교를 가지고 싶어 할까요?

볼펜이나 연필 같은 필기도구는 그 존재의 목적이 사람의 손에 들려져 글이 쓰여질 때 완성됩니다. 목걸이는 그 존재의 목적이 사람의 목에 매여질 때 그 존재의 목적이 완성됩니다. 하나님의 형상과 모양을 따라 지음 받은 피조물인 인간의 존재 목적은 창조주 하나님과의 온전한 관계 회복 속에서 주인 되시는 하나님의 영광을 위해 사용되어질 때 완성됩니다. 즉 인간을 포함한 모든 피조물의 존재 목적의 완성은 스스로 달성될 수 없고 오직 그 존재의 목적을 가지고 지으신 창조주와의 바른 관계와 뜻 안에서 완성됩니다. 인간은 하나님의 형상과 모양대로 지음 받은 피조물이기 때문에, 그리고 아담과 하와 이후 하나님을 닮은 영적 형상과 모양이 파괴되었기 때문에 그 목마름을 해결하기 위해 수많은 종교를 만들어 존재의 목적을 완성하려 합니다. 이것이 피조물인 인간이 사는 모든 세상에 수많은 종교가 존재하는 이유입니다.

2. 스스로를 무신론자, 무종교인이라 주장하는 사람들도 엄격한 의미에서 종교인이라 할 수 있는 이유는 무엇입니까?

무신론자, 또는 무종교인임을 주장하는 사람들은 돈, 학문, 명예, 권력, 사람, 사상 등의 자기만의 종교를 추구하고 있습니다. 그러나 그것들 역시 하나의 종교입니다. 결코 인간은 스스로의 힘만으로는 영혼 깊은 곳의 목마름을 해결할 수 없습니다. 인간은 정녕 하나님의 피조물이기 때문입니다. 다만 우리는 수많은 사람들의 삶 속에서 하나님 이외의 것으로 내 영혼의 목마름이 해소되지 않는 짝퉁 대용품을 좇고 있는 모습을 흔히 봅니다.

Decision of Life

첫째, "모든 인간은 종교적이다"(Homo Religiosus). 이것은 과학과 지식이 놀랍게 발전한 오늘날에도 종교가 인간 사회에서 계속 존재하는 이유입니다. 둘째, 세상의 고등 종교들은 피조물인 인간이 창조주 하나님의 진리를 추구하는 진지한 노력의 결실일 수 있습니다. 셋째, 그러나 기독교 이외의 모든 종교는 진리에 대한 인간의 영적 목마름을 해결할 수 없습니다. 넷째, 왜냐하면 인간의 영적 목마름의 궁극적 해소는 예수 그리스도를 통한 하나님의 "형상과 모양"의 회복을 통해서만 가능하기 때문입니다.

제 2과

종교의 본질을 이해하려는 여러 인간적 노력들이 있어요

학습 목표 | 사람들은 인간 사회 어느 곳이나 존재해 온 종교의 본질을 파악하기 위해 다양한 노력들을 기울여왔다는 것을 이해할 수 있다.

중심 진리 | 우리 인간의 이성으로는 종교의 본질을 완전히 이해할 수 없다.

본문 말씀 | "다른 이로써는 구원을 받을 수 없나니 천하 사람 중에 구원을 받을 만한 다른 이름을 우리에게 주신 일이 없음이라 하였더라"(행 4:12).

본과를 소개합니다

이번 과는 청소년들로 하여금 우리 인간이 모든 인간 사회에 존재하는 종교의 본질을 파악하기 위해 어떤 다양한 이해 방법과 해석으로 나름 접근해왔는지를 함께 생각해보는 것입니다. 선생님들은 이러한 종교에 대한 접근들이 일리 있는 의미를 가지지만, 오직 인간의 "이성의 한계 내에서 종교"(Kant)를 이해하려는 노력으로서 한계적일 수밖에 없다는 사실을 납득하도록 지도합니다.

17세기 프랑스에는 시대를 대표하는 위대한 두 철학자가 있었습니다. 한 사람은 현대 철학의 아버지라고 불리는 데카르트(Descartes)였고, 또 한 사람은 요절한 천재 철학자 파스칼(Pascal)이었습니다. 두 사람은 모두 하나님을 믿는 그리스도인이었습니다. 그러나 차이가 있었습니다. 데카르트는 이성의 시대를 개막한 철학자답게 이성적으로 하나님을 믿고 진리를 추구하는 기독교인이었고, 파스칼은 자신이 체험한 신앙을 가지고 하나님을 믿는 사람이었습니다. 파스칼은 이성적으로 믿는 데카르트의 신앙을 항상 안타까워했다고 합니다. 왜냐하면 그는 자신이 경험했던 다음과 같은 생생한 종교적 체험이 있었기 때문입니다.

"은혜의 해
1654년 11월 23일 월요일. 순교 축일표에 따르면 교황이며 순교자인 성 클레멘스 및 다른 성인들의 축일. 순교자 성 크리소곤과 다른 여러 성인들 축일의 전날.
밤 10시 30분경부터 12시 30분경까지.
불.(편집자 주 - 불의 체험을 의미함.)
철학자, 식자의 신 아닌,
아브라함의 하나님, 이삭의 하나님, 야곱의 하나님,
....
의로운 아버지여, 세상이 아버지를 알지 못하여도
나는 아버지를 알았습니다.
기쁨, 기쁨, 기쁨. 기쁨의 눈물"(Pascal의 체험, 《팡세》,1670)

청소년들로 하여금 자신의 주변 – 가족, 친척, 친구들 중 –에서 이성적인 차원에서만 종교를 이해하려는 사람들의 생각을 서로 나누는 시간을 갖도록 합니다. 우리 주변에 있는 무신론자나 체험이 없이 교회를 다니는 사람들, 또는 모든 종교는 다 착하게 살라는 것이어서, 아무거나 잘 믿기만 하면 된다는 식의 다양한 생각을 가지고 있습니다. 과연 그럴까요? 주변에 종교를 가지고 있지 않는 많은 사람들은 대체로 이성적 차원에서 다음과 같은 생각의 유형들 중 하나의 입장을 취하고 있습니다. 이성적 차원에서 각자 어떤 것이 가장 그럴듯하다고 생각되는지 나누도록 합니다.

1. "종교는 과학 지식이 부족한 시대에 나타난 미신(superstition)"이라고 생각하는 사람들이 있지요? 그 사람들의 입장을 대변해 보세요.

첫째, 종교는 미신(superstition)이다.
옛날 사람들은 태풍, 지진, 극심한 가뭄 등을 자연 현상으로 이해하도록 설명할만한 과학적 지식을 가지고 있지 못했습니다. 바람신, 땅신, 하늘신 등의 "영적 실체"(精靈, anima)를 상상하여 책임을 돌렸습니다. 그리고 그 영들과 좋은 관계를 유지하려는 주술의식을 만들었습니다. 그러나 과학과 지식이 발전하면서 종교의 영역이라고 생각하던 것들이 단순한 자연 현상임이 밝혀집니다. 따라서 과학 지식이 극도로 발전하면 할수록 종교는 세상에서 영역이 축소될 것이고 결국에는 사라질 것이라는 생각입니다. 즉 종교는 과학 지식이 부족한 시대의 부산물이라는 생각이지요. 19세기 영국 인류학자 타일러(Edward Tylor: 1832~1917)와 그의 제자 프레이저(James Frazer: 1854~1941)가 처음 생각해낸 설명이었습니다. 과연 그럴까요?

2. "종교는 현실에서 도피할 거짓 위안을 주는 아편(opium)이다"(마르크스)는 주장을 하는 사람도 있었답니다. 왜 그런 생각을 했을까요?

둘째, 종교는 아편(opium)이다.
종교는 세상에서 핍박받고 소외된 사람들이 불의한 세상의 현실을 잊기 위해 만들어 낼 수밖에 없었던 마약 같은 가짜 해결책이라는 생각입니다. 불의한 세상의 핵심 문제는 경제적 불평등 문제라는 것, 이것이 지난 100년 이상 동안 지구촌의 절반, 공산주의 사회를 지배한 이데올로기였습니다. 따라서 경제적으로 공평한 사회가 되고, 가난한 사람들이 모두 부자가 되면 종교는 세상에서 필요가 없게 될 거라는 것입니다. 마르크스(Karl Marx: 1818~1883)가 처음 생각해낸 설명입니다. 과연 그럴까요?

3. 기독교의 "하나님 아버지"는 실재가 아닌 환상(illusion)에 불가하다(프로이트)는 주장을 하는 사람도 있었습니다. 왜 그런 생각을 했을까요?

셋째, 종교는 환상(illusion)이다.

종교인들은 정신적으로 약한 자들이라는 생각에 기초합니다. 가령 전통적으로 동서양을 막론하고 아버지는 대체로 권위적인 문화를 가지고 있다고 합니다. 종교는 이상적으로 좋은 아버지를 가지지 못한 사람들이 무의식적으로 이상적인 "아버지"를 갈망하는 가운데, 이른바 이상적인 신(神), "하나님 아버지"를 만들어서 시작되었다는 생각입니다. 즉 종교의 신앙은 현실하고 다른 이상적 아버지를 통해서 자신의 무의식적 상처를 치유하려는 행위에서 시작되었다는 것입니다. 따라서 좋은 아버지를 가지고 있는 사람들이 신앙을 가질 이유는 상대적으로 줄어들겠지요. 프로이트(Sigmund Freud: 1856~1939)가 생각해낸 설명입니다. 과연 그럴까요?

4. 어떤 사람들은 모든 종교가 윤리적 가르침을 준다는 점에서 같다고 주장합니다. 그 이유는 무엇일까요?

넷째, 종교는 윤리(Ethics)이다.

다른 많은 사람들은 모든 고등 종교가 착하게 살라는 가르침을 준다는 점에서 인간 사회 속에서 다 좋은 것, 윤리적으로 괜찮은 것이라고 생각합니다. 실제 대부분의 고등종교의 가르침은 윤리적 가르침을 포함합니다. 불교, 이슬람교, 유교, 기독교 등의 가르침의 공통분모를 윤리적, 종교사회학적 기능에서 파악하고 긍정적으로 평가하는 입장입니다. 과연 종교의 본질은 윤리일까요?

1. "종교는 미신(superstition)이다"라고 주장하는 사람들에게 어떤 반박을 할 수 있을까요?(신 18:9~11)

종교는 미신(superstition)이다?
"네 하나님 여호와께서 네게 주시는 땅에 들어가거든 너는 그 민족들의 가증한 행위를 본받지 말 것이니 그의 아들이나 딸을 불 가운데로 지나게 하는 자나 점쟁이나 길흉을 말하는 자나 요술하는 자나 무당이나 진언자나 신접자나 박수나 초혼자를 너희 가운데에 용납하지 말라"(신 18:9~11).

종교의 영역은 과학과 지식이 발달한 만큼 세상에서 줄어들지 않았습니다.

과거에는 천재지변 같은 자연 현상이나 오늘날 치료가 가능한 많은 병들에 대해 종교적 차원에서만 유일하게 설명이 가능했습니다. 그러나 오늘날 우리는 아무도 태풍이나 지진, 전염병 등을 종교적으로만 설명하려 하지 않습니다. 그리고 오늘날 종교의 영역은 과학과 지식이 발전하는 것에 비례해서 줄어들지 않았습니다. 더욱 놀라운 것은 우리나라의 경우 많이 배운 지식인들이 많이 산다는 강남에 종교인의 비율이 가장 높다는 것입니다. 우리나라의 경우 기독교 과학자들이 모인 "창조과학회", 기독교 의사들이 모인 봉사단체 "누가회", 각 대학 교수님들이 모인 "기독교수회", 국회의원 신우회들이 왕성하게 활동하고 있는 바와 같이 지식이 많고 과학적 사고를 더 한다고 해서 종교를 갖지 않게 된다는 생각은 틀렸습니다. 과학과 지식이 발달하면 결국 종교는 영역이 줄어들어 사라지고 말 것이라는 인류학자들의 예상은 완전히 빗나간 설명입니다. 즉 종교는 과학과 지식으로 대체될 수 없는 고유의 영역이 분명히 있기 때문입니다.

2. "종교는 아편(opium) 또는 진통제이다"라고 주장하는 사람들에 대해 어떤 반박을 할 수 있을까요?(눅 4:18~19; 암 5:24)

종교는 아편(opium) 또는 진통제이다?
"주의 성령이 내게 임하셨으니 이는 가난한 자에게 복음을 전하게 하시려고 내게 기름을 부으시고 나를 보내사 포로 된 자에게 자유를, 눈 먼 자에게 다시 보게 함을 전파하며 눌린 자를 자유롭게 하고 주의 은혜의 해를 전파하게 하려 하심이라 하였더라"(눅 4:18~19).

"오직 정의를 물 같이, 공의를 마르지 않는 강 같이 흐르게 할지어다"(암 5:24).

종교는 현실을 잊게 하는 것이 아니라 오히려 정직하게 보고 행할 수 있도록 용기를 줍니다.

우리는 종종 종교가 현실을 잊게 하기보다 현실을 똑바로 보고 핍박을 넘어선 용기를 낼 수 있도록 한다는 점을 잊습니다. 18세기 영국 정치인 윌리엄 윌버포스는 신실한 기독교인으로서 매국노 소리를 들어가며 노예무역을 폐지시키는데 가장 큰 역할을 했습니다. 19세기 기독교인 링컨은 노예해방을 위한 전쟁을 감수했습니다. 20세기 인권운동가이자 목사인 마틴 루터 킹은 인종차별 없는 세상을 꿈꾸며 힘쓰다 목숨을 잃었지만, 미국 흑인 대통령 버락 오바마가 당선되게 만드는 희망의 씨앗을 파종했습니다. 우리나라의 경우도 일제 강점기 3.1운동 당시 독립선언서에 선언한 사람 중 16명이나 기독교인이었고, 불교의 한용운, 천도교의 손병희 등의 종교인들이 핍박을 각오하고 핵심역할을 한 것은 잘 알려진 사실입니다. 또한 경제적 소외에서 벗어난 사람, 가난에서 벗어난 사람은 종교가 불필요하다는 주장은 빗나갔습니다. 대통령, 국회의원, 사업가, 교수, 의사 등 사회 주류층인사들이 종교인이라는 사실은 종교가 소외되고 핍박받는 자들의 현실망각진통제라는 생각은 맞지 않습니다. 우리나라 민주화 운동에 종교인들이 앞장섰던 것은 종교가 오히려 세상을 바로 세우는 역할을 해왔음을 반증합니다.

3. "기독교의 '하나님 아버지'는 환상(illusion)이다"라고 주장하는 사람들에 대해 어떤 반박을 할 수 있을까요?(엡 5:25, 6:4)

종교는 환상(illusion)이다?

"남편들아 아내 사랑하기를 그리스도께서 교회를 사랑하시고 그 교회를 위하여 자신을 주심 같이 하라"(엡 5:25).

"또 아비들아 너희 자녀를 노엽게 하지 말고 오직 주의 교훈과 훈계로 양육하라"(엡 6:4).

좋은 아버지는 종교가 필요하지 않다는 논리는 현실과 맞지 않습니다.

종교인들은 결코 정신적으로 약한 자들이 아니라 훨씬 더 건전하고 건강한 자들입니다. 대부분의 고등 종교들은 좋은 자녀와 부모의 역할을 서로 잘하게 하는 가르침을 강조하고 있습니다. 한국 기독교의 경우 이른바 "아버지 학교"라는 것이 있습니다. 수십만 명의 아버지들이 성경적으로 좋은 부모가 되기 위한 프로그램에 참여했고 그것이 자녀를 신앙에서 멀어지게 한 것이 아니라 더 좋은 자녀, 더 좋은 가정이 되는데 큰 기여를 하고 있습니다. 따라서 좋은 아버지를 가지고 있는 사람들이 신앙을 가질 이유는 상대적으로 줄어들 것이라는 사고는 완전히 잘못된 것입니다.

4. "윤리(Ethics)는 종교의 핵심이다"라고 주장하는 사람들에 대해 어떤 반박을 할 수 있을까요?(마 22:37~40)

종교는 윤리(Ethics)이다?
"예수께서 이르시되 네 마음을 다하고 목숨을 다하고 뜻을 다하여 주 너의 하나님을 사랑하라 하셨으니 이것이 크고 첫째 되는 계명이요 둘째도 그와 같으니 네 이웃을 네 자신 같이 사랑하라 하셨으니 이 두 계명이 온 율법과 선지자의 강령이니라"(마 22:37~40).

종교에는 윤리가 포함되지만 윤리적 속성은 종교의 일부분일 뿐입니다.

세상의 많은 종교들의 가르침에는 자신의 이기심을 극복하고 이웃과 더불어 착하게 살도록 안내하는 윤리가 강조됩니다. 기본적으로 모든 사람과 사람 사이의 착한 관계를 가르칩니다. 그러나 거기에서 그치지 않습니다. 즉 많은 종교들은 사람과 사람과의 착한 관계뿐 아니라, 사람과 하나님 또는 각각의 종교가 주장하는 "궁극적 실체"(Ultimate Reality) 들과의 착한 관계를 동시에 가르치고 있는 까닭입니다. 이 궁극적 실체를 기독교에서는 하나님, 이슬람교에서는 알라, 불교에서는 부처(대승불교), 도교에서는 도(道)라고 지칭합니다. 윤리가 없는 종교는 불행한 것이지만, 윤리 없이도 종교 공동체가 돌아갈 수 있다는 것은 종교가 윤리 이상의 것에 근거하고 있다는 것을 반증합니다.

5. “종교는 심오한 철학적 가르침이다”라고 주장하는 사람들에 대해 어떤 반박을 할 수 있을까요?(골 2:8)

종교는 심오한 철학적 가르침이다?
“누가 철학과 헛된 속임수로 너희를 사로잡을까 주의하라 이것은 사람의 전통과 세상의 초등 학문을 따름이요 그리스도를 따름이 아니니라”(골 2:8).

많은 종교들은 이성적 차원의 철학을 넘어 믿음을 더 강조하고 있습니다.

많은 고등 종교들은 인간 세상의 이치를 파악할 수 있는 이성적으로 이해할만한 자체의 세계관을 가르치고, 그것으로 스스로의 반성거리를 제공한다는 점에서 철학적입니다. 그러나 그 각각의 종교가 제공하는 세계관이 작동하기 위해서는 이성적 차원을 넘어서는 근본적인 믿음을 전제하는 경우가 많습니다. 기독교는 우리 인간의 죄인 됨과 유일한 구원자로서의 예수님에 대한 믿음을 필요로 합니다. 불교는 인간의 근본문제가 고통에 있기에 욕망에 대한 집착과 무지를 깨닫는 것이 구원의 시작임을 가르칩니다.

Change of Life

생활 속에 실천하는 종교인

1. 종교 없는 세상을 상상해 보세요. 역사는 지금과 어떻게 달라졌을까요?

종교는 어떤 사람들이 오해하고 있는 바와 같이 나약한 인간의 도피처가 아닙니다. 오히려 종교인이기 때문에 종교를 가지고 있지 않은 사람들은 도저히 엄두도 못내는 용기를 냅니다. 역사적으로 노예해방, 여성인권, 민주주의의 확대를 위해 핵심적인 노력을 기울인 사람들은 거의 다 종교인들이었습니다. 우리는 종교인 없는 3.1운동을 생각할 수 없고, 기독교인 없는 노예무역과 제도의 폐지를 상상할 수 없습니다. 신앙 없는 캘커타의 성녀 마더 테레사의 사랑도 상상하기 어렵습니다. 결코 종교는 세상의 어떤 사람들이 생각하는 것처럼 나약하고 무지한 사람들에 의한 맹목적인 신앙이 아닙니다. 만약 종교가 단순한 무지와 나약함의 소산이라면 지식과 과학이 발달한 오늘날에도 여전히 종교가 왕성히 살아남아 있는 것에 대해 해명해야 합니다.

2. 신앙인으로서 자신이 존경하는 인물들을 한 사람 택하여 이유를 말해보세요.

종교인으로서, 특별히 신앙인으로서 존경하는 역사 속의 인물들을 각자 한 사람씩 택하여 무엇을 본받고 싶은지를 서로 나누게 합니다.
참 종교가 얼마나 놀라운 세상의 희망과 감동을 줄 수 있는지에 대한 좋은 예가 있습니다. 바보 청년의사 안수현(1972.1.17~2006.1.5). 고려대 대학원 의학과를 졸업하고, 내과 전문의로 일하며 하나님을 섬겨온 그는 군의관으로 복무하던 2006년 1월, 유행성출혈열로 인해 33세의 젊은 나이에 예기치 못한 죽음을 맞았습니다. 그는 '예흔' (예수의 흔적)의 리더이며, 한국 누가회(CMF)와 영락교회 청년 3부 소속이었습니다. 178cm의 듬직한 체구였던 이 기독교

청년의사는 환자들에게 따뜻했고, 동료들에게는 친절했습니다. 그는 환자의 병을 치료할 수 없다고 해서 그저 바라보기만 하는 것이 아니라, 환자의 마음 속까지 들여다보며 그들의 아픔을 헤아리는 '참 의사'였습니다. 그런 그가 갑자기 세상을 떠났고, 그의 마지막을 애도하는 장례식장에 놀라운 일에 발생했습니다. 평소 은밀히 그의 사랑에 빚진 수천 명의 애도 객들이 몰려온 것입니다(안수현, 《그 청년 바보의사》, 아름다운사람들, 2009).

Decision of Life

요즘 무신론 과학자로 악명이 높은 리차드 도킨스(Richard Dawkins:1941 ~)와 같이 종교를 비판하는 사람들이 늘고 있습니다. 우리나라에도 서울대학교와 카이스트에 무신론 옹호 동아리가 생겼다는 보도가 있었습니다. 이것은 현대인들이 무신론적 진화론의 입장에서 과학을 배워온 결과인지도 모릅니다. 더욱이 일부 종교인들의 본질에서 벗어난 부끄러운 행태들로 인해서 종교를 갖고 있는 모든 사람들이 매도되고 있는 현상은 안타까운 일이 아닐 수 없습니다. 물론 많은 종교들은 기본적으로 이타적 사랑에 기초한 사회적 순기능으로서의 윤리적 측면을 가지고 있습니다. 그러나 종교는 윤리 이상의 것입니다. 우리가 이성적으로 이해할 수 있는 영역 너머의 많은 영토를 가지고 있습니다. 즉 종교는 보편이성의 가치에 호소하는 철학의 차원을 넘어섭니다(유교, 불교). 종교는 단순히 무지와 나약한 인간의 도피처도 아닙니다(프로이트, 마르크스, 니체, 도킨스). 더욱이 참 종교는 인간의 영적 목마름을 궁극적으로 해결할 근원적인 유일한 해답을 가지고 있습니다(기독교).

제 3과

다른 종교와 기독교의 차이는 무엇일까요?

학습 목표 | 기독교와 다른 고등 종교들은 사회 기능적 차원에서 볼 때 모두 유사한 순기능을 기대할 수 있음에도 불구하고 명백한 근본적 차이가 있다는 것을 확인할 수 있다.

중심 진리 | 기독교를 제외한 모든 종교들은 진리를 찾는 인간적 노력의 결과물이다.

본문 말씀 | "너희는 그 은혜에 의하여 믿음으로 말미암아 구원을 받았으니 이것은 너희에게서 난 것이 아니요 하나님의 선물이라 행위에서 난 것이 아니니 이는 누구든지 자랑하지 못하게 함이라"(엡 2:8~9).

본과를 소개합니다

이번 과는 청소년들로 하여금 세상에 존재하는 여러 종교들과 기독교의 가장 기본적 공통점과 차이점이 무엇인지를 안내받는데 있습니다. 선생님들은 다른 종교들을 선입견을 가지고 무조건적으로 비판하고 비난하는 데 집중할 것이 아니라 그 종교들이 사회 기능적으로 나름 유익한 역할을 기대할 수 있음에도 불구하고 왜 본질적으로 기독교와는 다르게 인간 구원의 최종적 해답이 될 수 없는지를 납득하도록 지도합니다.

Story of Life

"불교는 교리적으로 동물은 물론 곤충, 벌레, 식물에 이르기까지 모든 생명을 존중하는 생명중심사상에 깊게 뿌리박고 있다. 이것을 극명하게 보여주는 것은 불교의 가장 기본적인 오계(五戒) 가운데 첫 번째 계율이 어떠한 생명도 죽이지 말라는 불살생(不殺生, 인도에서는 아힝사)이라는 사실이다."

(최준식, 《한국의 종교 문화로 읽는다》, 사계절, 1998.)

"아버지 나를 낳으시고 어머니 나를 기르시니
아아 애달프다 어버이시여 나를 기르시느라 얼마나 애쓰셨으랴
그 깊은 은혜를 갚고자 하나 그 은혜 하늘과 같이 끝이 없도다"
(時曰, 父兮生我하시고 母兮鞠我 하시니
哀哀父母여 生我劬勞 셨다
欲報深恩 인대 昊天罔極 이로다, 《明心寶鑑》, 孝行 篇)

* 《명심보감》은 말 그대로 '마음을 밝히는 보배로운 거울' 이라는 뜻으로 고려 29대 충렬왕 때 무신이었던 추적(秋適)이라는 사람이 귀감이 될 만한 글을 엮은 책이며, 만들어진 이래 줄곧 유교 기초 교육의 핵심 교재로 사용되었다.

Talk Talk about Life

1. 우리 주변에 있는 무신론자나 체험이 없이 교회를 다니는 사람들이 교회를 다니는 동기에 대해 나누어 봅시다.

청소년들로 하여금 자신의 가족, 친척, 친구들의 종교에 대한 다양한 입장을 서로 나누는 시간을 갖도록 합니다. 우리 주변에 있는 무신론자나 체험이 없이 교회를 다니는 사람들의 동기에 대해 이야기해 봅시다. 또는 모든 종교가 다 마찬가지라서 아무거나 잘 믿기만 하면 된다는 식의 다양한 생각을 가지고 있는 사람도 있습니다.

2. 종교에서 사회 기능적으로 유익한 역할을 기대할 수 있다면, 모든 종교가 같은 수준 같은 성격을 가진 것으로 볼 수 있을까요?

만일 종교에서 사회 기능적으로 유익한 역할을 기대할 수 있다면, 모든 종교가 같은 수준 같은 성격을 가진 것으로 볼 수 있을까요? 그렇지 않다면 다른 종교들의 무시할 수 없는 장점들에도 불구하고 기독교에 비해 다른 종교들이 지닌 치명적 한계는 무엇일까요? 서로 나누어 봅시다.

I. 진리 : 인간으로부터 하나님에게로

1. 유교사상이 사회에 주는 긍정적 영향이 있다면 무엇일까요?(엡 6:1~3)

유교는 기독교처럼 우리에게 이웃사랑, 특별히 부모에 대한 사랑을 가르쳐 줍니다.

"자녀들아 주 안에서 너희 부모에게 순종하라 이것이 옳으니라 네 아버지와 어머니를 공경하라 이것은 약속이 있는 첫 계명이니 이로써 네가 잘되고 땅에서 장수하리라"(엡 6:1~3).

유교사상의 장점은 윤리입니다. 유교는 사람과 사람 사이의 좋은 관계를 가르침의 핵심으로 강조하는 윤리적인 측면에서 강점이 있는 종교입니다. 즉 유교는 인간과 인간 사이의 사랑(仁)과 덕을(德)을 잘 실천하는 착한 사람, 즉 군자(君子)가 되어가는 것을 가르침의 핵심으로 삼기 때문입니다.

2. 불교사상이 사회에 주는 긍정적 영향이 있다면 무엇일까요?(전 1:2~4)

불교는 기독교처럼 모두 우리 인생이 지나가는 것임으로 이 세상 것에 집착하는 것이 어리석다는 것을 알려줍니다.

"전도자가 이르되 헛되고 헛되며 헛되고 헛되니 모든 것이 헛되도다 해 아래에서 수고하는 모든 수고가 사람에게 무엇이 유익한가 한 세대는 가고 한 세대는 오되 땅은 영원히 있도다"(전 1:2~4).

불교사상은 세상 욕심을 이길 세계관을 가르쳐줍니다. 불교는 인간을 포함한 세상의 모든 것은 모두 변하는 것이고, 지금의 모든 것은 지나가는 것이며, 결국 무(無)와 공(空)에 지나지 않는다는 사상에 기초하여 세상의 것에 대한 집착을 벗어나도록 하는 심오한 철학적 교훈으로 안내합니다.

3. 도교사상이 사회에 주는 긍정적 영향이 있다면 무엇일까요?(창 1:28)

도교사상은 인간과 더불어 존재하는 세상의 모든 것들은 다 함께 보존되어야 한다는 생태사상을 강조해줍니다.

"하나님이 그들에게 복을 주시며 하나님이 그들에게 이르시되 생육하고 번성하여 땅에 충만하라, 땅을 정복하라, 바다의 물고기와 하늘의 새와 땅에 움직이는 모든 생물을 다스리라 하시니라"(창 1:28).

도교사상의 장점은 생태계 보존입니다. 도교는 불로장생(不老長生)의 염원을 꿈꾸되, 무위자연(無爲自然) 사상을 기반으로 한 세상의 이치와 질서에 대한 끝없는 조화와 순응의 길(道)로 안내함으로써, 제어 없는 욕심으로 생태적 재앙을 자초하고 있는 인간의 어리석음에 경종을 울립니다.

4. 이슬람교사상이 사회에 주는 긍정적 영향이 있다면 무엇일까요?(신 24:19)

이슬람교는 약자에 대한 배려와 평등을 강조합니다.

"네가 밭에서 곡식을 벨 때에 그 한 뭇을 밭에 잊어버렸거든 다시 가서 가져오지 말고 나그네와 고아와 과부를 위하여 남겨두라 그리하면 네 하나님 여호와께서 네 손으로 하는 모든 일에 복을 내리시리라"(신 24:19).

이슬람교는 세계 최대 종교로서 창시자 무하마드가 고아로서 어린 시절 불우한 환경에서 자란 배경 때문인지 유달리 과부, 고아 같은 약자에 대한 배려와 신(알라) 앞에서는 모두가 평등하다는 사상을 강조하고 있습니다.

II. 진리 : 하나님으로부터 인간에게로

5. 기독교와 다른 종교와의 근본적인 차이는 무엇일까요?(사 55:2)

기독교와 다른 종교와의 근본적인 차이는 영혼의 목마름을 채우는 능력에 있습니다.

"너희가 어찌하여 양식이 아닌 것을 위하여 은을 달아 주며 배부르게 하지 못할 것을 위하여 수고하느냐 내게 듣고 들을지어다 그리하면 너희가 좋은 것을 먹을 것이며 너희 자신들이 기름진 것으로 즐거움을 얻으리라"(사 55:2).

많은 종교들은 인간이 갈급한 영혼의 목마름을 스스로 해결하려는 진지한 노력의 부산물입니다.

우리 인간은 모두 다 무엇인가에 목이 말라 있습니다. 어떤 사람은 명예에 목말라 있습니다. 어떤 사람은 돈에 목말라 있습니다. 어떤 사람은 권력에, 어떤 사람은 이성 친구에 목말라있습니다. 어떤 사람들은 그 목마름을 예술로, 어떤 사람들은 사상(이데올로기)으로 영혼의 갈증을 채우려고 합니다.

그런데 그것으로 사람들은 영혼의 갈증을 해소할 수 없습니다. 다음 단계로 사람들은 다양한 많은 종교에 자신을 던집니다. 특별히 이른바 고등종교들은 이타적인 사랑의 원리를 제공함으로써 사회 기능적 측면에서도 수준이 높습니다. 수준 높은 윤리와 사상을 지니고 있습니다.

그런데 문제는 그것에도 영혼의 목마름에 대한 답이 없다는 것입니다. 왜 그럴까요? 이것은 세상의 종교가 진리를 스스로의 의지와 열심으로 추구하는 휴머니즘의 정신을 가지고 있기 때문입니다. 땅에 발을 딛고 선 인간이 스스로의 힘으로 하늘에 도달할 수 없습니다. 피조물인 인간은 결코 스스로의 힘만으로 하나님의 수준에 도달할 수 없습니다. 최초의 조상 아담과 하와가 이것을 잠시 망각하는 순간 교만해지고, 그 교만이 하나님의 형상과 모양을 훼손한 죄인이 되게 했습니다. 죄인이 이미 된 상황에서 피조물인 인간이 거룩하신 창조주 하나님의 도움 없이 하나님의 진리에 도달한다는 것은 불가능합니다.

"내가 주는 물을 마시는 자는 영원히 목마르지 아니하리니 내가 주는 물은 그 속에서 영생하도록 솟아나는 샘물이 되리라"(요 4:14).

방법은 하나님이 위에서 주시는 은혜의 선물을 우리가 받는 것입니다.

"너희는 그 은혜에 의하여 믿음으로 말미암아 구원을 받았으니 이것은 너희에게서 난 것이 아니요 하나님의 선물이라 행위에서 난 것이 아니니 이는 누구든지 자랑하지 못하게 함이라"(엡 2:8~9).

Change of Life

휴머니즘만으로는 부족하다

1. 다른 종교에서 나타나는 휴머니즘적 가치와 한계는 무엇일까요?

2. 하나님 없는 휴머니즘의 치명적 위험성의 사례를 나누어 보십시오.

휴머니즘은 위대하지만 하나님 없는 휴머니즘은 실패합니다. 우리는 종교인으로서 교회를 다닐 수도 있고, 기독교인으로서 교회를 다닐 수도 있습니다. 그러나 우리가 만일 종교인의 수준에 머문다면, 우리는 내가 무엇인가를 스스로 행하고 추구하고 노력함으로써 내 영혼의 목마름을 해결하려고 할 것입니다. 그러나 그러한 휴머니즘으로는 하나님의 진리에 도달할 수 없습니다. 하나님의 진리는 내가 다가가는 것이 아니라 그분이 오시는 은혜의 진리이기 때문입니다. 따라서 우리는 각자의 휴머니즘을 내려놓고, 은혜의 자리로 나아가야 합니다. "그러므로 우리는 긍휼하심을 받고 때를 따라 돕는 은혜를 얻기 위하여 은혜의 보좌 앞에 담대히 나아갈 것이니라"(히 4:16). 세상 종교의 윤리적, 사상적, 사회 기능적 가치를 존중하되 왜 그 곳에 구원이 없는지를 깨닫고 나가야 합니다.

Decision of Life

세상의 종교는 인간이 하나님의 진리에 다가가는 노력입니다. 엄격한 의미에서는 하나님 없이 진리에 다가가려는 진지한 노력이라고 볼 수 있습니다. 반면에 기독교는 하나님이 인간에게 보내주신 은혜의 선물입니다. 기독교는 모든 휴머니즘의 가치를 존중하지만 하나님 없는 휴머니즘은 언제나 우상숭배에 빠질 수 있음을 경계합니다.

따라서 하나님 없는 휴머니즘은 위험한 우상숭배입니다. 참 진리와 구원은 인간의 착한 행위나 삶으로 도달할 수 없습니다. 모든 진지한 종교인은 위대한 휴머니스트가 될 수 있지만, 하나님의 은혜 없이는 누구도 그 한계를 극복할 수 없습니다. 즉 하나님의 은혜 없이 사람들에게 일시적으로 인정받을 수는 있지만, 구원에 이르는 데까지는 나갈 수 없습니다.

단원 주제

이슬람교와 유대교의 하나님

단원 해설

이슬람교와 기독교, 유대교와 기독교가 가르치는 내용의 차이에 대해 알아봅니다.

중심 구절

"태초에 말씀이 계시니라 이 말씀이 하나님과 함께 계셨으니 이 말씀은 곧 하나님이시니라"(요 1:1).

단원학습목표

여러 가지 종교들이 있는 상황 속에서 살고 있는 이 시대 청소년들이 이슬람교와 기독교, 유대교와 기독교의 신앙의 차이를 알게 됩니다.

단원핵심정리

이슬람교와 유대교가 가르치는 하나님이 기독교의 하나님과 어떻게 다른지를 알고 설명할 수 있습니다.

신앙편 | 2단원

다른 방식으로 하나님을 믿는 종교들이 있어요

단원 소개

이 세상에는 하나님을 믿되 기독교와 비슷하지만 궁극적으로는 다르게 믿는 종교들이 있습니다. 바로 이슬람교와 유대교가 대표적입니다. 이 세 종교는 얼핏 보면 뿌리도 같고, 따라서 같은 하나님을 믿는 종교들이라고 생각할 수 있습니다. 그러나 기독교는 이 종교들이 가르치는 신앙을 결코 인정할 수 없습니다. 결국 기독교에서 믿는 하나님과는 전혀 다른 신과 구원의 길을 가르치고 있기 때문입니다. 4과에서는 세계 최대 종교인 수를 자랑하는 이슬람교의 특징과 한계를 알아봅니다. 5과에서는 이슬람교와 기독교의 신앙의 차이를 비교하며 알아봅니다. 그리고 6과에서는 같은 뿌리의 종교이지만 결국 다른 신앙을 가르치는 유대교와 기독교의 특징과 차이를 알아봅니다.

제 4과

이슬람교에 대해 알고 싶어요

학습 목표 | 세계 최대 종교 이슬람교의 특징과 한계를 이해한다.

중심 진리 | 이슬람교의 도전을 경계하는 삶

본문 말씀 | "백성이 모세가 산에서 내려옴이 더딤을 보고 모여 백성이 아론에게 이르러 말하되 일어나라 우리를 위하여 우리를 인도할 신을 만들라 이 모세 곧 우리를 애굽 땅에서 인도하여 낸 사람은 어찌 되었는지 알지 못함이니라"(출 32:1).

본과를 소개합니다

세계의 민족들이 저마다 섬기던 그 모든 신들은 알고 보면 하나님을 올바로 알지 못한 오해에서 비롯된 우상들입니다. 각각의 가족주의와 민족주의와 국가주의를 정당화하며 사람이 자기를 위하여 지어낸 신들은 시내산의 금송아지와 같은 우상에 불과합니다. 이번 과는 청소년들로 하여금 세계 최대 종교 이슬람교의 특징과 한계를 알아보는 기회를 제공하는 데 있습니다. 잘 알려진 대로 세계 이슬람교 인구는 현재 약 13억 명입니다. 55개국에서 인구 60% 이상이 믿는 주요종교로서의 위상을 차지하고 있습니다. 우리 청소년들은 점차 이슬람권에서 온 외국인 노동자나 다문화 가정, 그리고 선교를 목적으로 온 이슬람 선교사들에 노출된 환경에 살게 되었습니다. 이슬람교가 세계 최대 종교로 자리 잡은 것은 나름대로 사람들의 마음을 사로잡을만한 힘이 있기 때문입니다. 이것을 전혀 인정하지 않는다면 우리의 복음 변증은 공허해질 수 있습니다. 따라서 고등종교로서의 이슬람교의 종교적 강점과 특징을 인정할 것은 인정하되 그것이 기독교에 결코 미치지 못하는 한계를 지적하는 쪽으로 건강한 변증의 방향을 세워가도록 지도합니다.

Story of Life

이슬람교 하면 가장 먼저 생각나는 것에 대해 말해보세요.

1. 911 테러

2001년 9월 11일, 미국 뉴욕의 110층 세계무역센터(WTC) 쌍둥이 빌딩과 워싱턴의 국방부 건물(펜타곤)에 대한 항공기 동시 다발 자살테러사건이 발생했습니다. 이슬람 테러범들은 오사마 빈 라덴의 이슬람 무장조직 알 카에다로 확인되었습니다. 테러는 4대의 민간 항공기를 납치한 이슬람 테러단체에 의해 동시 다발적으로 이루어졌습니다. 특별히 세계무역센터 공격은 세계 초강대국 미국을 순식간에 아수라장으로 바꾸어 놓았고, 세계 경제의 중심부이자 미국 경제의 상징인 뉴욕은 하루아침에 공포의 도가니로 변하고 말았습니다. 미국의 자존심이 일거에 무너진 것은 차치하고, 이 세기의 대폭발 테러로 인해 90여 개국 2,800~3,500여 명의 무고한 사람이 생명을 잃었습니다.

2. 세계에서 가장 많은 사람들이 믿는 종교

현재 이슬람교는 세계적으로 약 13억 이상의 인구가 믿고 있고 약 50여 개의 나라에서 제일의 종교로 자리를 차지하고 있습니다. 이슬람교는 현재 가톨릭 약 10억, 힌두교 약 7억을 고려할 때 단일종교로는 사실상 세계 최대의 종교입니다. 가장 많은 무슬림 인구를 가진 국가는 중동이 아닌 아시아에 있습니다. 이슬람교 신자가 제일 많은 나라는 인도네시아로 인구의 88%, 약 1억 8천만 명입니다. 다음은 파키스탄 약 1억 4천, 방글라데시 약 1억 명 정도 됩니다. 물론 약 3억 명의 인구를 가진 중동 국가들은 대부분 이슬람 국가이고 북부 아프리카, 중앙아시아의 구소련 지역 사람들 역시 이슬람교를 대부분 믿고 있습니다. 유럽은 현재 전통적으로 가톨릭과 개신교 국가로 분류되지만 두 번째로 많은 인구는 이슬람교인입니다. 현재 영국 4백만, 프랑스 4백만, 독일 2백5십만 명이 있습니다. 미국은 세계 1차 대전 이후 아랍계 이민이 증가함에 따라 무슬림 인구가 본격적으로 늘어나게 되었습니다. 현재 600만 명 정도의 이슬람교 신자가 분포하고 있으며 1,500여 개 이상의 이슬람 성원(모스크)이 있습니다. 한국의 이슬람교는 1950년경 한국전쟁에 참전한 터키군을 통해 공식적으로 들어왔으며, 현재 서울, 부산, 경기 광주, 안산, 안양, 전주, 제주, 포천, 김포, 인천, 대구, 대전, 광주 등지에 성원 또는 이슬람 센터가 있습니다. 최근 이슬람권 근로자와 다문화 가정이 급격히 늘어 10만 이상 되는 것으로 추정됩니다.

Talk Talk about Life

창세기 16장에 비추어본 이슬람교의 뿌리

1. 기독교와 이슬람교는 모두 자신들의 조상으로 누구를 공통으로 가르치고 있을까요? (창 16장)

아브라함

2 창세기 16장에서 현재 기독교와 이슬람교의 조상으로 누구를 말하고 있나요? (창16:11-12)

기독교 - 이삭 / 이슬람교 - 이스마엘

"여호와의 사자가 또 그에게 이르되 네가 임신하였은즉 아들을 낳으리니 그 이름을 이스마엘이라 하라 이는 여호와께서 네 고통을 들으셨음이니라 그가 사람 중에 들나귀 같이 되리니 그의 손이 모든 사람을 치겠고 모든 사람의 손이 그를 칠지며 그가 모든 형제와 대항해서 살리라 하니라"(창 16:11-12).

열방의 조상인 아브라함은 사라로부터 나서 이스라엘의 조상이 된 이삭(적자)과 여종 하갈로부터 이슬람교를 일으킨 아랍 민족의 조상인 이스마엘(서자)을 낳았습니다. 현재 이슬람교인들은 큰 아들 이스마엘이 장자로서 아브라함 후손으로서의 정통성을 지니고 있다고 주장하고 있습니다. 오늘날까지 지속되고 있는 이삭의 후손과 이스마엘 후손의 갈등은 매우 뿌리가 깊고도 그 영향이 지속적이라는 사실을 알 수 있습니다. 성경말씀대로 이스마엘의 후손들은 들나귀처럼 아라비아 사막에서 약 2600년을 보냈고 기원후 610년 무하마드라는 사람을 통해서 이슬람교가 창시됨으로써 세상에 공식적으로 등장했습니다. 역사 속에서 이삭의 후손과 이스마엘 후손의 악연은 대표적으로 11~14세기의 십자군 전쟁과 오사마 빈 라덴의 알 카이다에 의해 주도된 2001년 9월 11일 뉴욕 세계 무역센터의 테러, 그에 대한 보복 성격이 있는 미국에 의한 이라크, 아프카니스탄 전쟁 등이 모두 이러한 갈등의 연장선에 있다고 볼 수 있을 것입니다.

이슬람교 개요

1. 이슬람교의 창시자 무하마드는 누구일까요?

(1) 이슬람교인들이 믿는 신은 어떤 이름으로 불리고 그는 어떤 존재일까요? 신 "알라"(Allah)는 누구일까요?

"자비로우시고 자애로우신 알라의 이름으로 말하라 알라는 단 한분이시고 알라는 영원하시며 낳지도 않으시고 낳아지지도 않으셨으며 그분과 대등한 것은 세상에 없도다"(꾸란 112:1-4).

이슬람은 "쌀람"(Salaam)이라는 아랍어에서 온 것으로 그 의미는 평화입니다. 그리고 이 평화는 일차적으로 "알라"(Allah)로 불리는 바로 하나님과의 관계를 말합니다. 따라서 이슬람교에서 알라는 "하나님"(God)으로 번역됩니다. 유대교나 기독교에서 믿는 "하나님"(God)과 같은 존재라는 것입니다. 당연히 무슬림들은 알라가 구약성경의 인류조상 아담, 선지자 노아, 아브라함, 모세, 그리고 신약성경의 예수를 보내신 하나님이라고 가르칩니다. 즉 알라는 하나님을 칭하는 아랍어의 표현 그 이상도 이하도 아니라는 입장입니다.

이슬람교는 예수님이 하나님의 아들로서 인간의 모습으로 세상에 오셨다는 성육신을 인정하지 않습니다. 그리고 이슬람교의 알라는 기독교의 하나님과 분명한 차이가 있습니다. 즉 기독교의 하나님은 삼위일체의 하나님입니다. 예수님은 말씀이 육신이 되어 오신 하나님입니다. "태초에 말씀이 계시니라 이 말씀이 하나님과 함께 계셨으니 이 말씀은 곧 하나님이시니라"(요 1:1). 이것은 이미 예수님 나시기 700여 년 전에 이사야 선지자가 예언한 사건입니다. "보라 처녀가 잉태하여 아들을 낳을 것이요 그의 이름은 임마누엘이라 하리라"(마 1:23, 사 7:14). 삼위일체 하나님은 한 하나님의 본체에 성부 하나님, 성자 하나님, 성령 하나님의 세 위격을 믿는다는 점에서 이슬람교의 알라와 근본적으로 다릅니다.

(2) 이슬람교의 창시자 무하마드(Muhamand : AD 570~632)는 누구인가요?

이슬람교의 창시자 무하마드는 사우디아라비아 메카에서 태어났습니다. 그는 태어나기 전에 부친이 사망한 이른바 유복자였고 6세 때 모친이 사망한 고아로 자랐습니다. 그리고 25세 때

메카에서 15세나 연상인 부자 과부 거상과 결혼한 독특한 이력을 가지고 있습니다. 그래서 그런지 무하마드가 계시 받았다고 주장하는 이슬람교의 경전, "꾸란"(Quran)에는 고아와 과부 등 약자들을 배려하는 내용들이 많이 나옵니다. 이 꾸란은 무하마드가 메카 근교 히라(Hira) 산 바위 굴 속에서 기도하던 40세 때(610년 경)부터 천사 가브리엘이 전해주는 하나님의 말씀을 받기 시작해서 52세 때까지 약 12년 동안 받은 것을 적어놓은 것이 대부분입니다. 또 무하마드는 계시 받았다는 것을 전하고 가르치는 이 12년 동안 유대인과 기독교인들에게 핍박을 받아서 결국 일단의 무리들을 이끌고 622년 9월 메디나(Medina)로 이주하였는데 이때를 이슬람력의 기원으로 삼았습니다. 이슬람교에서는 무하마드가 노아, 아브라함, 모세, 예수와 같이 하나님이 이 땅에 보낸 선지자이며, 마지막 선지자라고 주장합니다. 또 무하마드는 이슬람 공동체 움마(Ummah)를 세워 정치와 군사, 종교 모두의 최고 지도자가 되었고, 수많은 전쟁에 직접 참여해서 승리했으며, 632년 메디나에서 갑작스러운 열병으로 사망했다고 가르칩니다.

2. 이슬람교의 기본경전의 이름과 그 특징에 대해 나누어 봅시다.

이슬람교의 기본경전으로는"꾸란"(Quran)과 "하디스"(Hadith)가 있습니다.

이슬람교에는 크게 두 가지의 경전이 있습니다. 첫째, 꾸란은 이슬람교에 따르면 신약성경의 2/3정도의 분량으로 무하마드가 610년부터 632년 사망할 때까지 천사 가브리엘을 통해서 받은 하나님의 말씀입니다. 이른바 메카 시대인 610년부터 622년까지 받은 계시가 전체 114장 중 90여장을 차지하는데, 하나님의 유일성, 인간의 도덕적 의무, 심판의 날을 강조하고 있습니다. 이른바 메디나 시대, 622년부터 632년에 받았다는 20여장에는 술, 도박, 돼지고기를 금하는 법률과 자선, 성전(지하드), 경제와 군사적 규정, 살인, 복수, 도둑질, 고리대금, 결혼, 이혼, 간통, 상속, 노예해방에 관한 규정이 포함되어 있습니다.

둘째, 하디스는 무하마드의 말과 행동을 기록한 것입니다. 이 하디스는 공식적으로는 "꾸란"의 다음가는 권위를 갖지만, 꾸란에 대한 해석이 이 하디스를 통해서 접근된다는 점에서 실제로는 거의 같은 권위를 갖습니다.

3. 이슬람교인들은 자신의 신앙을 증거하기 위해 반드시 실천해야 할 5가지 신앙의 의무가 있습니다. 어떤 것들인지 자유롭게 상상하며 이야기해 봅시다.

이슬람교인(Muslim)들은 반드시 실천해야 하는 다음과 같은 다섯 가지 신앙의 의무사항이 있습니다.

(1) 샤하다(Shahadah) : 신앙고백으로서 이슬람교인이 될 때, "하나님(알라) 한 분 이외에는 신이 없으며, 무하마드는 하나님의 선지자이다"라는 선언을 소리 내서 말합니다.
(2) 쌀라(Salah) : 예배로서 새벽, 정오, 오후, 저녁, 밤 이렇게 하루 다섯 번 의무적으로 드리는 것을 말합니다. 예배할 때 꾸란에 나와 있는 대로 씻고 신을 벗고 하나님에 대한 복종의 표시로 절을 합니다. 매주 금요일 정오에는 사원에서 합동예배를 드립니다.
(3) 사움(Sawm) : 단식으로서 라마단 기간(이슬람력 9월) 한 달 동안 해뜨기 전 새벽부터 일몰까지 물은 물론 모든 음식을 금합니다. 라마단 기간이 끝나면 모든 친지들이 모여 선물과 인사를 나누는 축제를 벌입니다.
(4) 자카트(Zakat) : 가난한 자들에게 주는 연 단위로 행하는 의무적인 헌금을 말합니다. 수입의 2.5%를 의무로 하고 있습니다.
(5) 하지(haji) : 이슬람교 성지인 사우디아라비아 메카로 순례를 가는 것을 말합니다. 순례자들은 모두 흰 천으로 몸을 두르는 복장을 함으로써 국적, 인종, 지위를 모두 사라지게 하는데 이는 하나님 앞에서의 평등을 상징한다고 합니다. 매년 이삼백만 명이 메카를 순례하기 위해 찾는다고 합니다.

4. 이슬람교의 종파는 "순니파"와 "시아파"로 크게 두 가지 종류입니다. 그리고 각각 사우디아라비아와 이란이 두 종파를 대표합니다. 그 특징에 대해 자유롭게 나누어 봅니다.

이슬람교는 632년 창시자 무하마드의 사망 이후 후계자 계승에 관한 문제로 분열이 일어났습니다. 1) 순니파(Sunnites)는 이슬람교의 90% 이상을 차지하는 정통 주류파입니다. 여기서 순니는 순나(Sunnah)의 백성, 이른바 전통주의자를 의미합니다. 이슬람의 지도자 칼리프가 혈통과 상관없이 신앙의 권위를 물려받은 지도자들에 의해 계승된다고 봅니다. 사우디아라비아가 대표적인 국가입니다.

2) 시아파(Shiites)는 무하마드의 외동딸 파티마의 남편인 알리(Ali)의 혈통에서 칼리프가 계승되어야 한다고 보는 종파입니다. 알리를 따르는 무리라는 뜻의 시아 알리(Shia Alli)에서 유래하였습니다. 680년경 알리의 아들이자 무하마드의 외손자인 후세인이 칼리프 경쟁자 무아위아에게 억울한 살해를 당했다며 무하마드의 직계 후손만이 칼리프가 되어야 한다는 세력에 의해 계승되고 있습니다. 북아프리카, 파키스탄, 이란 등이 대표적인 나라입니다.

Change of Life

생활 속의 이슬람

1. 한국의 이슬람교의 역사는 언제부터 시작되었을까요?
   이슬람교인들이 한국 땅을 드나든 것은 신라시대까지 거슬러 올라가지만, 이슬람교의 유입은 한국전쟁(1950.6~1953.7) 당시 유엔 연합군으로 참여했던 터키군에 의해 전파되었다는 것이 가장 유력합니다.

2. 현재 한국의 이슬람교 현황에 대해 자유롭게 나누어 보세요.
   1976년 박정희 대통령 시절 서울 이태원에 있는 중앙사원이 준공되었고, 현재 전국에 이슬람 사원과 60여 개의 지회, 그리고 약 4만 명의 한국인 이슬람교인들과 약 6만 명의 이슬람권 출신 외국인들이 이 땅에 살고 있습니다. 특별히 최근 우리나라는 방글라데시, 파키스탄 등 여러 이슬람권국가 출신들의 유입과 그들을 통한 다문화가정이 꾸준한 증가추세에 있습니다. 또한 서울대학교, 카이스트 등 유수의 대학들을 거점 삼아서 정기적인 이슬람 학생들 모임과 예배를 키워가고 있으며, 장학금 등 각종 혜택을 내세워 한국 학생들을 향한 선교를 강화해나가고 있습니다.

Decision of Life

이슬람교는 약 13억의 인구를 자랑하는 세계 최대의 종교입니다. 더욱이 이슬람교는 세계적으로 현재 가장 빠르게 성장하고 있는 종교입니다. 이유가 무엇일까요? 이슬람교는 오늘날 세계 속에 보여지는 모습으로는 아닐지라도 꾸란에 나오는 내용적으로는 인류 보편적 가치관에 호소할 수 있는 여러 자원들을 가지고 있습니다. 평등, 약자에 대한 배려, 고리대금업 철저 금지, 술 금지 등. 꾸란에 강조되어있는 이러한 부분들은 자본주의 시대에 가난하고 소외된 사람들에게 매력적인 요소가 됩니다. 실제로 911테러 이전까지 이슬람교는 미국에서 가장 급속히 증가하는 종교였습니다. 물론 우리 기독교 성경의 가르침 역시 평등, 약자에 대한 배려, 고리대금업 금지, 술 취함 경고 등 이에 대한 강조를 하고 있습니다. 만일 이 시대 그리스도인들이 이 부분을 소홀히 여긴다면, 즉 야고보서의 기자가 "행함이 없는 믿음은 그 자체가 죽은 것"(약 2:17)이라는 말씀의 측면을 소홀히 한다면, 이 시대의 사회적 약자들은 이슬람교에 매력을 느낄 수도 있습니다. 우리 모두 믿는 만큼 사는 살아있는 신앙의 주인공들이 될 수 있어야 하겠습니다.

제 5과

이슬람교와 기독교의 차이를 알고 싶어요

학습 목표 | 이슬람교와 기독교의 핵심 요소들을 비교하는 과정에서 기독교인으로서의 자부심이 강화될 수 있다.

중심 진리 | 이슬람교와 기독교의 차이를 비교함으로써 기독교를 더 잘 알 수 있다.

본문 말씀 | "사랑하는 자들아 영을 다 믿지 말고 오직 영들이 하나님께 속하였나 분별하라 많은 거짓 선지자가 세상에 나왔음이라"(요일 4:1).

본과를 소개합니다

이번 과는 청소년들로 하여금 이슬람교와 기독교의 차이를 확인함으로써 기독교의 가치를 재확립하는 데 목표가 있습니다. 이슬람교는 얼핏 보면 많은 면에서 기독교와 유사한 부분이 있습니다. 그러나 자세히 보면 그 한계를 드러냅니다. 이슬람교의 출발 자체가 유대교와 기독교가 이미 존재하고 있던 곳에서 나온 모방의 흔적이 있기 때문입니다.

Story of Life

2012년 9월 13일 〈뉴욕 타임스〉와 로이터 통신 등 주요 외신은 이슬람을 모욕하는 영화에 격분한 리비아 무장 시위대가 미국 영사관을 공격했다고 보도했다. 문제의 영화는 이스라엘 태생의 미국인 부동산 개발업자 샘 바실이 만든 〈무슬림의 순진함〉이라는 두 시간짜리 영화이다. 이슬람교 창시자인 마호메트를 사기꾼으로 묘사하고 이슬람을 모욕하는 내용을 담고 있다. 당연히 무슬림들은 분노했고, 이에 시위대가 각국 미국 대사관으로 몰려들었던 것이다. 더욱이 영화 예고편이 공개된 시기가 하필이면 9 · 11과 시점이 겹쳤다. 9 · 11이 일어나고 지난 10여 년간 있었던 아프간 · 이라크 전쟁, 그리고 미국의 대중동 정책은 이슬람권에 불만을 쌓이게 했다. 그런데 때마침 영화가 스파크 구실을 하면서 잠재돼있던 반미감정에 불을 붙인 것이다. 정권이 무너진 혼란한 틈을 타 이슬람 원리주의자들이 급부상한 것 또한 미국 대사관 시위를 부른 또 다른 요인이 되었다.

(김영미, 〈시사IN〉, 2012년 9월 24일).

Talk Talk about Life

이슬람인 삶의 특징

1. 이슬람교에서는 일부다처제를 인정하고 있습니다. 이에 대해 자유롭게 나누어 보세요(꾸란 4장 3절).

일부다처제 "너희가 선택하는 여성과 결혼하라. 두 명, 세 명 또는 네 명도 좋다. 그러나 너희가 그녀들을 공정하게 대해줄 수 없는 두려움이 있다면 오직 한 명의 여성과만 결혼하라"(꾸란 4장 3절)

이슬람교는 다음의 근거를 내세워 일부다처의 정당성을 가르칩니다. 1) 고아와 과부들을 책임 있게 보호하려는 제도이다. 2) 여성들의 평균 수명이 남성들보다 더 길다. 3) 세계 여성의 인구는 남성보다 더 많다. 4) 기혼 남성과 합법적으로 결혼하는 것이 정부(첩)가 되는 것보다 낫다.

2. 이슬람교에서는 여성들이 자신의 얼굴을 가리는 히잡을 착용합니다. 그 이유에 대해 자유롭게 나누어 보세요(꾸란 24장 31절).

여성들이 착용하는 히잡 "믿는 여성들에게 일러 가로되 그녀들의 시선을 낮추고 순결을 지키며 밖으로 나타내는 것 이외에 유혹하는 어떤 것도 보여서는 아니되니라"(꾸란 24장 31절).

이슬람교에서는 여성들이 신체를 최대한 가리도록 하고 있는데 그 중 하나가 머리에 쓰는 히잡입니다. 히잡의 본질적 목적은 간음으로부터 남자와 여자 모두를 보호하는데 있다고 주장합니다.

3. 이슬람교에서는 술을 팔거나 살수 없도록 합니다. 이에 대하 자유롭게 나누어 보세요(꾸란 5장 90절).

술 금지 "믿는 자들이여 술과 도박과 우상숭배와 점술은 사탄이 행하는 불결한 것들이거늘 그것들을 피하라 그리하면 너희가 번성하리라"(꾸란 5장 90절)

음주를 경고하는 부분은 성경에도 잘 나타나 있습니다(에베소서 5장 18절). 그러나 이슬람 문화권에서는 현재 술의 판매와 소비를 원천적으로 금지한다는 점이 특징입니다. 살인, 폭행, 강도, 강간의 원인이 될 수 있다는 이유에서입니다.

기본개요

1. 이슬람교의 신 "알라"와 기독교의 "하나님"의 공통점과 차이점은 무엇일까요?

이슬람교의 알라와 기독교의 하나님 기독교는 성부, 성자, 성령의 삼위일체 하나님을 가르칩니다. 그러나 이슬람교는 오직 알라만이 참 하나님이라고 주장함으로써 기독교인들의 삼위일체 하나님에 대한 신앙을 세 개의 신을 믿는 것이라고 주장합니다. 이슬람교의 하나님 개념 알라는 아버지, 아들을 붙일 수 없는 비인격적인 신입니다. 하나님은 오직 너무 위대해서 인간을 초월해있는 비인격적인 존재라고 믿고 있기 때문입니다. 즉 기독교에서는 아버지 하나님이 사람에 대한 깊은 동정심과, 인격적 관계를 의미하는 것인 반면, 이슬람교의 하나님 알라는 인격적인 사랑, 관계, 은혜의 속성이 희박합니다.

2. 이슬람교의 창시자 무하마드와 기독교의 예수의 공통점과 차이점은 무엇일까요?

이슬람교의 무하마드와 기독교의 예수 기독교에서 예수님은 성자 하나님이십니다. 예수께서 "나와 아버지는 하나이니라"고 말씀하셨기 때문입니다(요 10:30; 요1:1, 14). 반면에 이슬람교에서는 예수를 무하마드 같은 위대한 선지자로 존중하기는 하지만, 아담처럼 흙으로 만든 피조물로 소개합니다. "하나님께서 아담에게 그랬듯이 예수에게도 다를 바가 없도다. 하나님은 흙으로 그를 빚어 그에게 말씀하셨다. '있으라 그리하여 그가 있었다' "(꾸란 3장 59절). 즉 이슬람교는 예수가 노아, 아브라함, 모세, 무하마드 같은 선지자 중에 한 분이며, 심지어 각종 병든 자들을 고쳐주고 죽은 자들을 살리기까지 한 위대한 분이라고 주장하지만 결코 예수가 하나님 되심을 인정하지 못합니다.

3. 이슬람교의 경전 꾸란과 기독교의 성경의 공통점과 차이점은 무엇일까요?

이슬람교의 경전 꾸란과 기독교의 성경 기독교에서는 하나님의 계시인 성경 66권(구약 39, 신약 27)의 충분성과 완전성을 믿습니다. 그러나 이슬람교에서는 하나님이 천사 가브리엘을 통해 최후의 선지자 무하마드에게 중요한 마지막 계시를 더 보내주셨다고 주장합니다. 그것이 바로 꾸란인데 114장으로 구성되어 있고 신약성서의 2/3정도의 분량입니다. 주목할 것은 이슬람교에서도 모세오경과 선지서, 다윗의 시편, 예수 복음서를 하나님의 말씀으로 인정한다는 것입니다. 그러나 이 성경들은 무하마드가 바로 전하여 기록하도록 한 꾸란과는 달리 많은 부분 수정과 왜곡의 내용이 포함되어 있다고 주장합니다. 더욱이 꾸란이 하나님의 진정한 계시가 아니라면 문맹자였던 무하마드가 어떻게 그토록 아름다운 용어들로 채워진 꾸란을 전할 수 있었겠냐고 반문하면서 꾸란의 정당성을 주장합니다.

4. 이슬람교의 구원과 기독교의 구원의 차이는 무엇일까요?

이슬람교의 구원과 기독교의 구원 정통 기독교는 우리가 아담과 하와이래 물려받은 원죄가 있다고 믿습니다. 그러나 이슬람교에서는 원죄를 인정하지 않습니다. 물론 이슬람교에서도 죄를 짓는 인간과 구원을 이야기합니다. 그러나 이슬람교는 기독교와는 달리 인간의 죄악된 본성을 결코 이야기하지 않고 오직 행한 것에 의해서만 죄를 짓게 된다고 주장합니다. 그러나 성경은 "모든 사람이 죄를 범하였으매 하나님의 영광에 이르지 못하더니"(롬 3:23)라고 말씀합니다. 또한 기독교의 구원은 오직 예수 그리스도의 십자가 구속을 통한 대속적 성격을 갖는데 비하여, 이슬람교에서는 결코 예수의 중보자 되심을 인정하지 않습니다.

Change of Life

이슬람교의 한계 파악하기

1. 우리가 하나님을 "아버지"라고 부르는 것이 이슬람교인들 앞에서 중요한 이유는 무엇일까요?

이슬람교에서 가르치는 하나님은 전능하지만 우리 인간과의 진정한 사귐은 불가능하게 하는 비인격적인 존재입니다. 만일 우리가 기독교인으로서 하나님을 믿는다고 말하면서 자신의 모든 것을 아시고, 인격적으로 사랑하시기 위해 친히 찾아오시는 아버지 하나님을 알지 못한다면 이슬람교인의 신앙과 다를 바가 없습니다.

2. 우리가 예수님을 단순한 메시아가 아닌 하나님으로 고백해야 하는 이유는 무엇일까요?

이슬람교의 한계는 예수의 위대함과 특별함을 부정하는 데 있지 않습니다. 이슬람교의 예수는 위대한 선지자이자 기적을 행한 놀라운 권능자입니다. 다만 예수님의 하나님 되심을 부정합니다. 만일 우리가 예수님을 주님으로 고백하고 믿으면서 그를 우리의 진정한 하나님으로 고백하지 못한다면 이슬람교인의 예수 신앙과 다를 바가 없습니다.

3. 우리가 성경 66권을 완전하신 하나님의 진리이자 계시로 강조할 이유는 무엇일까요?

이슬람교인들은 모세오경과 시편, 복음서 이후 나중에 추가된 꾸란이 최종적이고 완전한 하나님의 계시라고 주장합니다. 만일 우리가 성경을 하나님의 계시로 인정하지 않고 단지 위대한 도덕, 위대한 사상, 아름다운 문학책으로서만 이해한다면, 이슬람교의 성경이해보다 더 못한 것일 수 있습니다.

Decision of Life

이슬람교인은 현재 13억 명 이상의 인구를 가진 가장 큰 종교공동체입니다. 뿐만 아니라 신앙을 철저하게 의무적 행위와 연계시킵니다. 즉 믿는 것과 행하는 것을 하나로 엮는 것입니다. 우리가 그리스도인으로서 하나님을 제대로 믿는다면 결코 이슬람교인의 신앙의 열심에 뒤쳐져서는 안되겠습니다. 우리 그리스도인들의 신앙은 결코 그에 따른 믿음의 행위와 별개일 수 없습니다. 특별히 우리의 세상을 향한 착한 행실과 사랑이 사람에게 비추어져 그 자체가 살아계신 하나님의 자녀 됨의 증거물이 되어야 하겠습니다. 우리의 올바른 복음전도는 어쩌면 그 토대위에 던져질 때, 가장 힘 있는 진리의 선포가 될 것이라고 생각됩니다.

제 6과

유대교와 기독교의 차이를 알고 싶어요

학습 목표 | 세계 영향력 최강 종교 유대교의 특징과 한계를 이해한다.

중심 진리 | 유대교의 도전을 경계하는 삶

본문 말씀 | "이스라엘아 들으라 우리 하나님 여호와는 오직 유일한 여호와이시니 너는 마음을 다하고 뜻을 다하고 힘을 다하여 네 하나님 여호와를 사랑하라"(신 6:4-5).

본과를 소개합니다

이번 과는 청소년들로 하여금 유대교와 기독교의 차이를 비교함으로써 기독교의 가치를 재확립하는 데 목표가 있습니다. 유대교는 얼핏 보면 많은 면에서 기독교와 유사한 부분이 있습니다. 그러나 자세히 보면 그 한계를 드러냅니다. 유대교는 나사렛 예수 그리스도의 사건을 오해하고 있기 때문입니다. 유대인들은 아직도 진정한 메시아가 오지 않았다고 주장합니다. 그들은 오직 자신들을 애굽에서 구해낸 모세와 같은 그 정치적 측면의 지도자만이 진정한 메시아로 믿고 있는 까닭입니다.

Story of Life

노벨상이 수여된 1901년부터 2009년까지 개인 수상자가 793명인데, 그중 유대계가 178명이 받아 전체의 22.3%라고 한다. 네 명 중 한 명인 셈이다. 분야별로는 경제학상의 42%, 의학상의 28%, 물리학상의 26%, 화학상의 20%, 문학상의 12%, 평화상의 9%를 차지했는데, 싹쓸이나 다름없다. 뒤를 이어 독일계 게르만족이 150명, 영미계 앵글로색슨족이 100명 정도라고 한다. 인구비례로 따지면 그 차이는 더 벌어지는데, 중국은 13억 인구에 6명이 받았고, 무슬림은 15억 인구에 9명이 받았는데 비해, 유대인은 전 세계에 흩어진 유대인을 다 모아도 1,500만 명인데 178명이 받은 것이다.

Talk Talk about Life

유대인의 삶의 특징

1. 유대교와 유대인 정체성의 핵심이 과연 무엇인지 자유롭게 나누어 보세요.

유대교와 유대인 유대교(Judaism)는 유대인(Jew)들이 믿는 종교를 말합니다. 유대인은 민족적인 의미에서는 혈연 또는 개종을 통해 고대 히브리 민족의 후예가 된 유다 민족을 가리킵니다. 유대교는 아브람(후에 아브라함)이 야훼 하나님으로부터 갈대아 우르를 떠나 가나안 땅으로 가라는 명령을 받았을 때부터 그 역사가 시작되었습니다(창 12:1-5). 오늘날 유대인이 되려면 모계가 유대인이거나 또는 유대교로 개종하는 방법이 모두 가능합니다.

유대인은 오늘날 전 세계 134개국에 약 1천5백만 정도가 살고 있습니다. 세계에서 유대인이 차지하는 숫자는 많지 않지만 세계의 정치, 경제, 사회, 문화, 학계 모든 부분을 주도하고 있다는 점에서 그 영향력은 어떤 종교인들보다 크다 하겠습니다. 특별히 기독교인들은 유대인들과 구약의 역사를 신앙 안에서 공유하고 있기 때문에 종교적으로 특수한 관계에 있습니다.

2. 유대인에게 "토라"가 어떤 의미에서 중요한지에 대해 나누어 보세요.

유대인과 토라 토라는 유대인의 삶에 중심적인 권위로 기능해왔습니다. 토라는 좁게는 모세오경(창세기, 출애굽기, 레위기, 민수기, 신명기)을 말하지만, 넓게는 구약성서 전체, 미쉬나(예식서), 탈무드, 미드라쉬 문헌 등을 포함한다는 점에서 유대인의 신앙과 관행을 총칭한다고도 볼 수 있습니다. 유대인들이 토라를 통해서 갖는 핵심 정체성은 세 가지입니다.

① 오직 야훼 하나님만을 창조와 도덕, 정의의 유일한 원천으로 믿습니다.
② 유대교의 야훼는 이스라엘 공동체 운명에 직접적이고도 구체적으로 활동하는 유일신으로서 이것은 유대인의 선민사상과 언약사상의 기반이 됩니다.
③ 유대교는 토라의 준수를 야훼의 일차적 명령으로 간주하며 내세보다는 지상에서의 거룩한 삶의 구현을 중요한 종교적 목표로 합니다.

3. 유대교인들은 크게 세 갈래 입장이 있는 사람들로 구별됩니다.

유대교인의 세 갈래

(1) 정통파 유대교인 : 음식, 날을 지키는 것, 금기 규정 등 토라 율법의 엄격한 준수를 지향하는 전통주의자들을 말합니다. 이들은 구약성서가 바로 야훼 하나님의 영감으로 기록된 것이며, 따라서 기록된 모든 것을 철저히 지켜야 한다는 입장을 보입니다.

(2) 개혁파 유대교인 : 19세기 독일과 미국 유대인들 중에서 전통적인 의식과 의례의 불합리성을 지적하면서 성서와 탈무드에 대한 유연한 해석을 요구하는 사람들

의 후예들이라고 볼 수 있습니다. 이들은 예배 시 히브리어를 고집하지 않고 거주하는 곳의 언어를 사용했으며, 음식물에 대한 율법에서 자유로웠습니다.

(3) 보수주의 유대교인 : 19세기 태동된 개혁파 유대인들에 대한 반동으로 미국에 거주하는 유대인을 중심으로 전통에 내포된 긍정적인 의미들을 발견해서 되살리려는 사람들입니다. 이들은 탈무드와 토라의 권위를 여전히 강조하면서도 정통파 유대인들보다는 유연한 해석을 지향합니다.

4. 현대역사에서 유대인들의 입장에 결정적인 영향을 미친 사건인 홀로코스트와 과격 이스라엘 민족주의 사상인 시오니즘이 왜 필연적인 관계를 지니고 있는지 생각해 보십시오.

홀로코스트와 시오니즘 홀로코스트(Holocaust)는 문자적으로 사람이나 동물을 대량으로 죽이는 행위를 의미합니다. 역사적으로는 제2차 세계대전 중 나치 독일이 12년(1933~1945)동안 저지른 유대인 대학살을 말합니다. 아돌프 히틀러의 유대인 박해는 그가 1933년 1월 30일 총리가 된지 1개월 만에 시작되었습니다. 유대인 소유 기업은 배척받아 곧 파산했으며 유대인은 지방정부와 법원, 대학에서 쫓겨났습니다. 급기야 단지 유대인이라는 이유로 약 600만 명의 생명을 앗아간 사건에서 정점을 이루었습니다.

시오니즘(Zionism)은 팔레스타인 지역에 유대인 국가를 건설하는 것이 목적인 민족주의 운동이었습니다. 이 운동은 일차적으로 19세기 말 시작되어 1948년 세계에서 유일한 현대 유대인 국가인 이스라엘을 건국하는 데 성공하는 것으로 일단락 지어졌습니다. 그러나 홀로코스트에 자극받은 유대인들은 시온주의를 '디아스포라 민족주의' 라고 묘사하며 여전히 유대인들의 자결을 이루길 원하는 민족해방운동으로 여깁니다. 시오니즘을 반대하는 모든 사상과 종교들에 반대하여 유대인들의 선민의식을 고취하는 정치적 강경입장을 취하고 있습니다. 시온주의는 오늘날 이스라엘과 이슬람권의 위기를 고조시키는 핵심 요소 중 하나로 작용하고 있습니다.

기본개요

1. 유대교의 메시아와 기독교의 그리스도의 공통점과 차이점에 대해 나누어 보세요.

유대교의 메시아와 기독교의 그리스도 유대교의 메시아는 기본적으로 자신들을 세상의 압제자 또는 그 세력으로부터 해방시키기 위해 하나님이 특별히 보내주시는 구원자를 의미하였습니다. 유대교는 이 메시아를 통하여 정의와 진리가 실현되는 새로운 통치의 시대가 도래 한다고 가르쳐왔습니다. 반면에 기독교의 그리스도는 히브리어인 메시아의 헬라어 번역으로서 우리를 죄와 사망의 권세에서 구원하기 위해 오신 나사렛 예수를 의미합니다. 그는 진실로 하나님의 아들이자 성자 하나님으로서 우리의 죄를 대속하기 위해 이 땅에 오셔서 자기 목숨을 많은 사람들을 위한 대속물로 주셨다고 믿습니다(막 10:45).

2. 유대교의 죄와 기독교의 죄의 공통점과 차이점에 대해 나누어 보세요.

유대교의 죄와 기독교의 죄 유대교에는 원죄 개념이 없습니다. 반면에 정통 기독교에서는 모든 인간이 본래 죄의 본성을 가지고 이 땅에 태어난다고 가르쳐왔습니다. 유대교에서도 죄 문제를 극복할 핵심 과제로 가르치지만 기독교에서 가르치는 것처럼 인간이 전적으로 타락하거나 스스로 하나님이 원하는 것을 이룰 능력이 없는 존재로는 생각하지 않습니다. 유대교에서는 인간이 하나님이 기대하시는 율법을 잘 행함으로써 죄는 극복되고, 그 극복하는 행위에는 회개와 기도, 선행이 포함된다고 가르칩니다. 따라서 유대교에서는 기독교에서 가르치는 것과는 달리 우리의 죄 문제를 근본적으로 해결할 구원자 예수 그리스도가 필요하지 않다고 봅니다.

3. 유대교의 구원과 기독교의 구원은 죄 문제와 관련해서 어떤 차이가 있을까요?

유대교의 구원과 기독교의 구원 유대교에서의 구원은 기본적으로 죄의 극복에 있지만, 죄 문제를 대신 해결해줄 중보자 그리스도를 필요로 하지 않습니다. 반면에 기독교에서 구원은 결코 죄 문제를 인간 스스로 해결할 수 없다는 인간 자신의 정체성 인정에서 시작합니다. "모든 사람이 죄를 범하였으매 하나님의 영광에 이르지 못하더니"(롬 3:23). 모든 인간의 구원은 오직 하나님 당신의 공의와 인간을 향한 사랑을 동시에 만족시킬 수 있는 거룩한 중보자 나사렛 예수 그리스도를 통해서만 가능하다는 것을 가르칩니다.

Change of Life

유대교의 한계 파악하기

1. 왜 유대교인들은 기독교의 인격적인 하나님 아버지의 개념을 이해할 수 없을까요?

유대교에서 가르치는 하나님은 전능하지만 우리 인간과의 진정한 사귐을 불가능하게 하는 존재로서 이슬람교의 알라와 유사합니다. 만일 우리가 기독교인으로서 하나님을 믿는다고 말하면서 자신의 모든 것을 아시고, 인격적으로 사랑하시기 위해 친히 찾아오시는 아버지 하나님을 알지 못한다면 유대교인의 야훼 신앙과 다를 바가 없습니다.

2. 유대인들이 이해하는 예수님에 대한 이해의 한계는 무엇일까요?

유대교의 한계는 죄 문제를 인간이 해결해야할 근본 문제임을 인식하고 있지만, 그 해결책을 인간 스스로가 율법을 지켜냄으로써 마련할 수 있다고 보는 것입니다. 그러나 이러한 인간능력에 대한 과대평가는 인간의 본질에 대한 오해이며, 예수 그리스도의 십자가 희생을 헛되게 하는 것입니다.

3. 유대인들은 십자가에서 돌아가신 예수님을 왜 진정한 메시아로 인정하기 어려울까요?

유대인들은 메시아를 정치적, 현세적 문제에 대한 해결사로 기대합니다. 만일 우리가 예수 그리스도를 메시아 또는 그리스도로 고백하면서도 주어진 세상의 문제에 대한 해결자로서만 그분의 사역을 기대한다면 그 신앙은 예수 그리스도의 대속적 죽으심과 그 죽으심의 은혜를 전하다가 순교한 수많은 복음전도자의 희생을 무효화시키는 잘못된 것입니다.

Decision of Life

우리 기독교인들은 유대인의 비인격적 야훼에 대한 신앙이 아닌 인격적 삼위일체 하나님을 믿는 자들입니다. 예수는 단지 위대한 선자자 중의 한 사람이 아니라 하나님이 사랑하는 인간의 구원을 위해 보내신 유일한 메시아이심을 다시 한 번 고백합니다. 우리 인간은 자신이 이미 지은 죄를 결코 스스로 해결할 수 없는 본질적으로 어둠의 권세 아래 있는 진노의 자녀라는 사실을 인정합니다(엡 2:3). 나사렛 예수 그리스도를 통하지 않고는 우리의 죄 문제를 해결할 다른 어떤 방법도 있을 수 없음을 확인하고 그 은혜를 평생 찬양하며 살 수 있는 하나님의 복된 자녀들이 되어야 하겠습니다(행 4:12).

단원 주제

불교와 유교의 구원

단원 해설

불교와 기독교, 유교와 기독교가 가르치는 구원의 차이에 대해 알아봅니다.

중심 구절

"누가 철학과 헛된 속임수로 너희를 사로잡을까 주의하라 이것은 사람의 전통과 세상의 초등학문을 따름이요 그리스도를 따름이 아니니라"(골 2:8).

단원학습목표

종교다원화의 상황 속에 살고 있는 이 시대 청소년들이 불교와 기독교, 유교와 기독교의 구원의 차이를 알게 됩니다.

단원핵심정리

불교와 유교가 가르치는 구원이 기독교의 하나님과 어떻게 다른지를 알고 설명할 수 있습니다.

신앙편 | 3단원

다른 유형의 구원을 찾는 종교들이 있어요

단원 소개

이 세상에는 사람들을 진리의 세계로 인도하고, 구원하려는 종교들이 많습니다. 불교와 유교는 그 중 대표적인 동양종교들입니다. 이 불교와 유교는 얼핏 보면 특별히 한국 땅에 오래전부터 있어 온 전통종교로 보입니다. 그러나 불교와 유교는 모두 중국을 통해 들어 온 외래 종교들입니다. 이 종교들은 수천 년 동안의 역사를 거쳐 지속되어 온 수준 높은 철학과 윤리체계를 지닌 고등종교들입니다. 따라서 우리가 이 종교들을 지나치게 과소평가하거나 무지한 상태에서 쉽게 매도하는 것은 옳지 않습니다. 다만 기독교인으로서 이 종교들이 지닌 강점과 한계들을 정확하게 확인하고 평가하는 정리의 기회는 반드시 필요할 것입니다. 특별히 동양 문화권 안에 있는 한국인들의 의식 속에는 이 두 종교로부터 받은 정신적 유산들이 크기 때문에 객관적이고 냉정하게 그 능력과 한계를 정리할 기회를 갖는 것은 매우 중요합니다. 7과에서는 역사적으로 동양 최대의 종교문화권을 형성해 온 불교의 특징과 한계를 알아봅니다. 8과에서는 불교와 기독교의 구원 차이를 비교하며 알아봅니다. 그리고 9과에서는 불교와 함께 동양인들에게 가장 큰 정신문화적 유산을 남긴 유교 가르침의 핵심요지와 그 구원의 길이 기독교의 것과 비교해서 어떤 공통점과 한계를 갖는 것인지를 정리해볼 기회를 갖습니다.

제 7과

불교에 대해 알고 싶어요

학습 목표 | 동양 최대 종교문화유산인 불교의 특징과 한계를 이해한다.

중심 진리 | 불교의 도전을 경계하는 삶

본문 말씀 | "스스로 지혜롭게 여기지 말지어다 여호와를 경외하며 악을 떠날지어다"(잠 3:7).

본과를 소개합니다

세상에는 인간 자체의 구원의 능력을 추구하는 여러 종교들이 있습니다. 그 중에 불교는 인간 스스로의 지혜로움에 기대를 거는 가장 대표적인 종교입니다. 그러나 성경은 우리 인간이 스스로 진리를 추구해서 구원을 이루어낼 만한 능력이 없음을 경고하고, 오직 여호와를 떠나 추구하는 모든 것이 본래의 의도와 목적과는 다르게 악으로 귀결되고 만다는 것을 가르치고 있습니다. 여호와 외에 다른 것을 통해서 구원을 추구하는 길은 결국 모두 우상숭배를 극복할 수 없게 되기 때문입니다. 이번 과는 청소년들로 하여금 동양 최대 종교문화 유산의 원천일 뿐 아니라 오늘날 세계에서 가장 인기 있는 종교 중 하나로 급부상하고 있는 불교의 특징과 한계를 알아보는 기회를 제공하는 데 있습니다. 불교 인구는 우리나라 1천200만, 전 세계 약 3억 6천만 명 정도입니다. 그러나 불교는 최근 유럽과 미국 사람들에게 매력 있는 종교로 급부상하고 있습니다. 선불교를 중심으로 불교의 가르침이 이 시대 물질만능주의와 생태계 위기를 극복할 대안으로 주목받게 된 것입니다. 서점에 나가보면 불교 승려들이 쓴 책들이 종교에 상관없이 인기를 끌고 있는 상황을 확인합니다. 이번 과는 이러한 불교의 도전에 기독교인들이 자신의 역할을 제대로 감당해 왔는지에 대한 반성의 기회가 될 수도 있습니다. 정녕 이 시대 물질만능주의에 대한 불교의 하나님 없는 대안은 결코 우리의 답이 아닙니다. 하나님 없는 휴머니즘은 항상 결국 스스로의 한계에 부딪칩니다. 우리는 이 과에서 불교의 가르침의 요지와 그 어떤 부분들이 이 시대 기독교인들에 대한 도전이 될 수 있는지, 그 한계는 무엇인지에 대해 살펴보도록 지도합니다.

Story of Life

세계적 농구스타인 마이클 조던, 영화배우인 리처드 기어, 키아누 리브스, 해리슨 포드, 톰 행크스, 브래드 피트, 윌리엄 데포, 맥 라이언, 스티븐 시걸, 에디 머피, 우피 골드버그, 우마 서먼, 가수 마돈나, 티나 터너, 레너드 코헨, 영화감독 올리버 스톤….

이들은 하나같이 참선수행과 불교에 심취해있는 세계적 스타들이다. 마이클 조던이 참선수행을 열심히 한다는 것은 유명한 이야기다. 〈타임〉지는 1999년 1월 그의 은퇴를 다룬 커버스토리 기사에서 조던이 선수시절 매일 참선수행을 해왔는데 그로 인해 경기에서 더 기량을 발휘할 수 있었던 것 같다고 소개했다.

〈타임〉지는 참선수행이 개인플레이가 강하던 조단을 팀플레이를 중시하는 선수로 변모시켰다고 덧붙였다. 조던의 시카고 불스가 1997, 1998년 연속 유타 재즈를 이기고 우승했을 때였다. 그의 옆에 몰려든 수백 명의 기자 중 한 기자가 "상대편 유타 재즈 선수들은 시카고 불스 선수들보다 젊고 빠른데 어떻게 이길 수가 있었느냐"고 비결을 물었다. 그러자 조던은 "참선수행의 힘"이라고 잘라 말했다. "참선수행이 우리 팀을 한마음으로 만들었다.

필 잭슨 감독은 지난 28년 동안 일본 선사 밑에서 참선수행을 해왔다. 그는 시카고 불스에 신인선수가 들어올 때마다 스즈키 로쉬의 《선의 마음 ,초발심》이라는 책을 권한다. 참선은 나의 급한 성격을 열정과 자신감으로 뒤바꿔놓았다"(현각, 《만행. 하버드에서 화계사까지》, 열림원, 2000).

Talk Talk about Life

1. 불교하면 생각나는 것을 자유롭게 나누어 보세요.

절, 스님(승려), 불국사, 경주, 부처님(석가모니), 보살(菩薩)….

"경주의 불국사, 석굴암, 다보탑, 목탁, 승복을 입은 중들, 팔만대장경, 에밀레종…. 요즘으로 말하자면, 여름불자학교, 찬불가, 참선특강, 법정스님, 영화 〈동승〉, 〈보리울의 여름〉… 그 외에도 많을 것입니다. 개념적으로는 윤회, 업보, 나무아미타불관세음보살, 색즉시공공즉시색, 미륵불, 영겁, 전생….

우리나라의 경우 4세기 말부터 고구려, 백제, 신라를 통해서 들어와서 1500년 이상의 역사가 되었기 때문에, 불교가 한국인들에게 미친 문화적, 정신적 유산은 우리가 생각하는 것 이상으로 깊숙이 우리의 삶의 현장에 영향을 미치고 있습니다. 비근한 예로 우리나라 국보급 문화재의 70-80% 이상은 불교문화재인 것을 보게 됩니다"(최준식, 《한국의 종교, 문화로 읽는다》, 사계절, 1999).

2. 불교는 우리나라에 오래전부터 있던 종교로서 우리가 사용하는 말에도 영향을 미쳤습니다. 어떤 것들이 있을지 예를 들어 나누어 봅시다.

① 이심전심(以心傳心) : 석가모니의 제자 중 "가섭"과 관련된 대목에 나오는 말입니다. 석가는 가르침을 위해 제자들을 불러 모았습니다. 그리고 그들 앞에서 손가락으로 "연꽃 한 송이를 집어 들고 말없이 약간 비틀어보였습니다." 다른 제자들은 왜 그러는지 그 뜻을 알 수 없었으나 가섭만은 그 뜻을 깨닫고 빙긋이 웃었습니다. 그제야 석가는 가섭에게 말했습니다. "진리는 마음에 의해서만 전해지고 받아들여지는 것이다. 이것을 너에게 전해주마." 요즘은 서로를 너무도 잘 알고 이해하는 사람 사이의 언어를 넘어선 마음의 일치상황을 의미하는 말이 되었습니다.

② 야단법석(野檀法席) : 불교에서 큰 법회를 대웅전 앞마당에 법석을 마련해서 열었던 것에서 유래되었습니다. 요즘은 흔히 많은 사람이 모여 떠들썩하고 시끄러운 곳이라는 의미로 많이 사용되고 있습니다.

③ 이판사판(理判事判) : 불교에서는 승려를 크게 이판승과 사판승으로 나눕니다. 이판승은 주로 불교의 공부와 도를 깨우치는데 전념하는 길이고, 사판승은 절이나 불교단체의 업무를 맡은 승려를 말합니다. 이 두 길 중에 결국 한 길을 택하는 시점이 있습니다. 그런데 특별히 조선시대에 승려는 어느 길을 택하든 억압받는 마지막 신분계층이 되는 것을 의미해서, 절에 들어가 승려가 된다는 것은 끝장이라는 의미로 사용되었습니다. 요즘은 모든 일에 막다른 골목에 몰린 사람의 죽음을 각오한 선택의 상황에 적용하는 말이 되었습니다.

④ 늦깎이 : 본래 "늦게 머리 깎은 사람"을 일컫는 말로, 나이가 들어서 머리 깎고 중이 된 사람을 가리키는 말이었습니다. 요즘은 무엇에 늦게 입문한 사람을 가리키는 말로 더 많이 쓰이고 있습니다.

⑤ 다반사(茶飯事) : 원래 불교에서 차를 마시거나 밥을 먹는 일을 의미합니다. 하지만 현재는 차를 마시거나 밥을 먹듯이 자주 일어나는 일에 대해 쓰입니다.

불교 개요

1. 불교의 창시자 석가모니(Sakyamuni: B.C. 563~483)는 누구일까요?

① 이름에 대하여 : 우선 석가모니는 본명이 아닙니다. "샤카"(Sakya) 족 출신의 "성자"(muni)라는 의미입니다. 그의 본명은 고타마 싯다르타(Gautama Siddhartha)였습니다. 그는 인도 북부 한 왕국의 왕자 출신으로 출가하여 구도자가 되었습니다. 또 우리가 "부처"(Buddha)라는 말을 쓰는데, 이 말 역시 고유명사가 아니라 "깨달음을 얻은 자"(覺者)라는 의미입니다.

② 출가와 깨달음에 대하여 : 불교는 석가모니가 29세 때, 왕궁을 나와서 35세 때 깨달음을 얻었다고 가르칩니다.
"그는 출가한 후 6년 동안 정신의 자유를 얻기 위해 심한 육체적 고행을 하였으나, 어느 날 문득 자기에게 남은 것은 초췌한 몸과 피로한 마음뿐임을 깨달았다. 그는 오랜 고행으로 지친 몸을 네란자라는 강물로 씻고, 마침 그곳을 지나가던 난다발라(Nandabala) 또는 수자타(Sujata)라는 소녀에게 우유공양을 받고 기력을 회복하였다. 그리고 곧 서늘한 나무 그늘을 찾아 정좌하고, 완전히 깨달음을 얻기 전까지는 결코 자리에서 일어나지 않겠다고 결심하였다. 그는 자신의 전생(前生)을 관(觀)하고, 일체 중생의 죽음과 윤회(輪回)를 관하였으며, 무명이나 탐욕 등의 불순물을 제거하였고 마지막으로 대각(大覺)을 성취하였다. 이 때 그의 나이 35세였다"(송현주, "불교의 역사", 《세계 종교사 입문》, 청년사, 2000).

③ 가르침(포교)에 대하여 :
"붓다는 최초의 설법을 한 이래 80세 입적할 때까지 45년간을 갠지스강 유역의 각지를 유행하면서 많은 사람들을 교화하였다. 붓다는 제자의 수가 늘어 60명이 되었을 때 제자들에게 '너희는 중생의 유익을 위하여 유행(遊行)하라' 고 일렀다. 초기 불교의 사문을 釋子沙門(석가족 출신의 사문)이라 하고 한 것은 불교가 당시 유행자의 일파로 간주되었음을 나타낸다"(송현주, "불교의 역사", 《세계 종교사 입문》, 청년사, 2000).

2. 석가모니가 가르친 인간의 문제와 구원은 무엇을 말할까요?

① 사성제(四聖諦) : 석가모니는 인생의 근본 문제와 구원을 자신이 출가한지 6년 만에 깨달음을 얻고 처음 제자들을 만나 가르쳤다는 "고집멸도"(苦集滅道)의 원리로 설명합니다.

② 고(苦, Suffering) : 석가모니는 모든 인생이 나면서부터 8가지 고통(苦)을 겪는 삶이라고 가르칩니다. 첫째부터 넷째까지, 생로병사(生老病死)로서 나고 늙고 병들고 죽는 4가지 고통입니다. 다섯째, 애별리고(愛別離苦)로서 사랑하는 사람과 헤어지는 고통입니다. 여섯째, 원증회고(怨憎會苦)로서 싫어하는 사람들과 함께 있어야 하는 고통입니다. 일곱째, 구부득고(求不得苦)로서 원하는 것을 얻지 못하는 고통입니다. 여덟째, 오온(五蘊)에 대한 무지로서, "나" 혹은 "마음"이라는 것이 일시적으로 뭉친 찰나적 존재임을 깨닫지 못하는데서 오는 고통입니다.

③ 집(集, Origination) : 석가모니는 인간의 모든 고통이 반복되는 것은 다음 다섯 가지 욕심, 즉, 財(재물), 色(색욕), 名(명예욕), 食(식욕), 睡(수면욕)에 자유롭지 못하기 때문이라고 가르칩니다.

④ 멸(滅, Stoping) : 석가모니는 인간이 만일 이 '집(集, Origination)'의 다섯 가지 욕심을 없애는 것(滅)이 바로 불교에서 말하는 "구원", 즉 "열반"(涅槃, Nirvana)이라고 가르칩니다.

⑤ 도(道, The Path): 석가모니는 그 열반을 외부의 도움 없이 깨달음을 얻은 인간 스스로 성취가능하며, 다음 여덟 가지 길, 즉 팔정도(八正道, The Eightfold Path)에서 찾습니다. 첫째, 정견(正見, Right View)으로서 어떤 관점도 갖지 않고 세상을 있는 그대로 보는 것입니다. 둘째, 정사(正思, Right Thought)로서 어떤 상황에서도 생각 이전의 마음, 편견 없는 마음을 간직하는 것입니다. 셋째, 정어(正語, Right Speech)로서 순간순간 혀(말)를 바로 사용하여 덕을 쌓는 것입니다. 넷째, 정업(正業, Right Action)으로서 착한 일로 대보살의 업을 쌓는 것입니다. 다섯째, 정명(正命, Right Livelihood)으로서 직업을 가지되 남을 고통스럽게 하지 않는 것을 택하는 것입니다. 여섯째, 정정진(正精進, Right Effort)으로서 자신을 점검하는 참선수행을 열심히 하라는 것입니다. 일곱째, 정념(正念, Right Mindfulness)으로서 순간순간 깨어있는 마음을 유지하는 것입니다. 여덟째, 정정(正定, Right Meditation)으로서 순간순간 흔들리지 않는 마음을 유지하는 것입니다.(숭산, 《선의 나침반1》, 현각 엮음, 열림원, 2001).

결론적으로 불교는 인간의 근본 문제를 고통에 대한 해결에 있다고 보고, 이것은 깨달음을 통한 여덟 가지 수행방법으로 다섯 가지 인간의 욕심을 벗어나는 열반 성취로 스스로 해결할 수 있다는 휴머니즘의 종교입니다. 문제는 하나님 없는 인간 스스로의 구원이 이론으로서가 아니라 실제상황에서 가능한가 하는 문제인데, 기독교는 휴머니즘의 가치를 인정하면서도 그 한계를 명료하게 선언합니다. “모든 사람이 죄를 범하였으매 하나님의 영광에 이르지 못하더니”(롬 3:23). 인간의 죄로 인하여 인간 스스로의 힘만으로는 불가능하다는 것이 성경의 선언인 것입니다.

3. 불교인들의 경전에는 어떤 것들이 있을까요?

불교의 경전은 경장(經藏), 율장(律藏), 논장(論藏)이라는 삼장경(三藏經)으로 분류할 수 있습니다.

(1) 경장(經藏)은 석가모니의 직접적인 가르침과 삶을 전하고 있습니다.

(2) 율장(律藏)은 석가모니 제자들이 지켜야 할 계율을 설명하고 있습니다.

(3) 논장(論藏)은 경장(經藏), 율장(律藏)에 대한 주석(설명서)이라고 할 수 있습니다.

어떤 분들은 기독교 성경보다 팔만대장경 같은 불교경전이 양이 훨씬 많다고 하는데, 이 불교 경전에는 경장, 율장 뿐 아니라 논장(설명서)이 모두 포함된 것입니다. 같은 논리라면 기독교에 존재한 수많은 주석서들이 포함되어야 할 것이고, 포함될 경우 불교의 경전보다 훨씬 더 양이 많아질 수 있습니다.

Change of Life

생활 속 불교의 도전

오늘날 세계적으로 특히 서구인들이 불교에 많은 관심을 보이고 있는 이유는 무엇일까요?

(1) 기독교의 세속화 : 서구 세계는 역사적으로 오랫동안 기독교의 위대한 유산을 잘 지켜왔습니다. 즉 오랫동안 기독교인들은 성경의 가르침대로 물질을 배척하지는 않되, 나 자신과 물질의 주인이 내가 아닌 창조주 하나님께 소유권을 돌림으로써 물질만능주의 또는 천박한 자본주의를 극복해온 것입니다. 그러나 오늘날 많은 사람들은 성경의 가르침보다 자본주의 이데올로기에 희생양이 되어 모든 것을 경제논리로만 평가하려는 유혹을 받았습니다. 이러한 시대적 배경 속에 2008년 미국 금융 사태와 오늘날 서방 국가

들의 금융위기는 많은 교훈을 줍니다. 많은 사람들이 세속화한 기독교 문화권에 기대를 접고 현실을 도피시키는 불교의 사상에 영향을 받는 것입니다. 우리는 다시 성경의 가르침으로 돌아가서 물질의 노예가 아닌 하나님의 청지기로서의 자신의 정체성을 회복함으로써 불교의 도전에 맞서야 하겠습니다.

⑵ 생태계의 위기 : 많은 사람들이 이 시대 불교에 관심을 갖고 그 사상에 유혹을 받는 요인으로 지구촌에 몰아닥친 생태계 위기의 현실을 지적합니다. 불교는 이 시대 생태계 문제와 관련해서 잘 맞는 "아힘사"(不殺生) 교리가 있습니다. 즉 모든 살아있는 것들에 대한 존중과 사랑(자비)을 강조합니다. 얼마 전 우리나라에서 있었던 새만금 갯벌에 대한 보존 운동과 한 여승려(지율)의 천성산 터널공사반대 단식투쟁운동 등이 많은 이들의 호응을 받은 것은 상징적입니다. 그러나 기독교의 성경 말씀 역시 제대로 배운다면 불교 이상의 생태계 보존에 대한 방안을 얻을 수 있습니다. 가령 창세기 1장 28절 "하나님이 그들에게 복을 주시며 하나님이 그들에게 이르시되 생육하고 번성하여 땅에 충만하라, 땅을 정복하라…"는 말씀은 인간이 세상의 것을 자신을 위해 이기적으로 사용하라는 것이 아니라 보존하고 지키는 청지기의 사명을 다하라는 말씀입니다. 지구촌 환경의 시대에 성경에 대한 바른 배움을 통한 청지기 사명의 회복이야말로 불교의 도전에 대처하는 좋은 방안이 될 것입니다.

Tip of Bible

불교는 인간이 하나님 없이 인간 구원의 진리를 추구하는 가장 수준 높은 종교입니다. 석가모니가 가르친 사성제 인생원리는 이성적, 논리적 차원에서 평가하자면 놀라울 정도의 깊은 통찰을 포함하고 있습니다. 문제는 불교가 제시하는 구원이 실제 인간 스스로의 힘으로 성취 가능하냐는 문제입니다. 그 가능성의 긍정을 주장한다는 점에서 불교는 가장 강력한 인본주의 또는 휴머니즘의 종교입니다. 그러나 성경은 우리 인간은 아담과 하와의 타락 이래 본질적으로 하나님과의 관계가 끊어진 죄인으로서, 스스로 그 회복을 성취할 수 없음을 선언합니다. 우리는 하나님의 은혜, 즉 예수 그리스도의 십자가 복음에 대한 믿음을 통하지 않고서는 구원을 얻을 수 없습니다(행 4:12). 우리는 선택해야 합니다. 나 자신의 구원의 능력을 믿고 휴머니즘에 자신의 인생을 맡길 것인가? 아니면 하나님의 말씀인 성경의 인간을 향한 죄인 됨의 선언과 그 치명적인 상황을 인정하고 예수 그리스도를 통한 은혜의 길을 선택할 것인가?(엡 2:8~9)

제 8과

불교와 기독교의 차이를 알고 싶어요

학습 목표 | 동양 최대 종교문화유산인 불교와 기독교의 차이를 이해한다.

중심 진리 | 불교와의 차이점 비교를 통하여 기독교 진리의 가치를 더 잘 이해할 수 있다.

본문 말씀 | "스스로 지혜 있다 하나 어리석게 되어 썩어지지 아니하는 하나님의 영광을 썩어질 사람과 새와 짐승과 기어다니는 동물 모양의 우상으로 바꾸었느니라"(롬 1:22~23).

본과를 소개합니다

이번 과는 청소년들로 하여금 불교와 기독교의 몇 가지 주제들을 비교를 통해 확인함으로써, 불교가 가지고 있는 고등사상으로서의 가치와 한계를 정리하는데 목표가 있습니다. 불교는 인류가 스스로 진리를 탐구하는 가운데 만들어낸 가장 수준 높은 철학체계이자 사상이라고 볼 수 있습니다. 그러나 불교는 안타깝게도 하나님 없는 휴머니즘의 한계가 무엇인지를 적나라하게 드러내고 있습니다.

Story of Life

서재생 목사는 사춘기 때부터 인생의 문제를 사색하는 가운데 4번이나 자살시도를 하기도 했다. 결국 불교의 무의 사상과 해탈사상에 빠져 고등학교를 그만두고 18세 때 승려로 입문했다. 20세 때 장종양으로 사형선고를 받았다. 병원에 있을 때 간호사의 전도를 받았으며, 형 친구의 권유로 처음으로 성경을 접했다. 부흥회에 참가하여 기도하는 도중 병이 치유되는 기적을 얻었다. 그 후 개종하고 신학대에 입학했으나 기독교에 대한 회의로 힘들어 하는 가운데 군대에 가게 됐다. 군대 생활도중 교통사고를 당해 장파열로 3개월밖에 살지 못한다는 시한부 인생을 선고받았다. 하지만 역시 하나님의 은혜로 치유되는 경험을 하게 되고 목사가 되었다.

서 목사는 불교와 기독교의 차이에 대해 언급하며 "불교는 무로 없어지지만, 기독교는 영원히 영생하는 것"이라고 말했다. 또 "불교는 수학공식같이 1+1=2이지만, 기독교는 믿음으로 받아들이면 천도 만도 될 수 있다"고 말했다. 서재생 목사는 불교권 전도에 대해서도 언급했다. 병원에서 사경을 헤메고 있을 때 간호사가 승려임을 알면서도 전도를 했으며, 심지어 그녀는 아무리 욕을 해도 전도를 멈추지 않았으며, 결국 간호사의 기도로 구원의 역사를 받았다고 간증했다. 또 자신도 택시에 합승한 불교도를 전도하다 욕을 먹었지만 기도하는 가운데 개종하여 남서울중앙교회 여전도회장이 되었다고 말했다.

(승려출신 목회자가 된 서울대현교회 서재생 목사 간증 중에서)

Talk Talk about Life

1. 불교는 한국의 전통 종교일까요? 외래 종교일까요? 서로 자유롭게 생각을 나누어 보세요.

많은 한국인들은 불교가 본래부터 이 땅에 있었던 한국의 종교라는 생각을 무의식적으로 하고 있습니다. 그러나 불교는 중국을 거쳐 4세기경 처음 한국 땅에 들어온 인도의 종교입니다. 기록에 따르면 고구려 소수림왕(372년), 백제 침류왕(384년), 신라 눌지왕(417년경)때에 공식적으로 유입되었습니다. 물론 불교는 한국에서 지난 1천6백년 이상의 역사를 지니고 있기 때문에 수많은 유형, 무형 문화재를 유산으로 남겼습니다. 그러므로 불교는 기독교보다 먼저 들어왔을 뿐 본래 한국에서 생겨난 것이 아닙니다. 따라서 어떤 사람들이 생각하는 것처럼 불교는 전통 종교이고 기독교는 외국에서 들어온 종교라는 생각은 틀린 것입니다.

2. 불교와 기독교 중에 어느 종교가 다른 종교에 대해 더 너그러운 입장을 갖는다고 생각하는지, 그렇다면 그 이유는 무엇 때문인지에 대해 나누어 보세요.

불교는 구원을 인간 스스로 성취할 수 있다고 가르치는 휴머니즘의 종교입니다. 따라서 불교는 자신들의 가르침에 모순되지 않는 수준 높은 도덕과 사상을 지니고 있는 종교들에 대해 우호적입니다. 반면에 정통 기독교의 가르침은 불교에 비해서 배타적이고 속 좁은 종교로 보일 가능성이 많습니다. 왜냐하면 기독교는 예수 십자가의 은혜를 경험한 사람들에 의해 예수 그리스도라는 유일의 구원 방편을 복음으로 전하는 종교이기 때문입니다. 다시 말해서 양궁에 비유하자면 기독교는 과녁이 너무 분명해서 관용적이지 못한 종교로 종종 오해를 받습니다. 그러나 그리스도인들이 예수 그리스도의 사랑을 받은 그대로 세상을 향해 전할 수 있다면 그 배타성은 전혀 문제가 되지 않을 것입니다. 진정한 복음은 원수도 사랑하는 능력을 지니고 있기 때문입니다.

불교와 기독교 비교

1. 석가모니와 예수의 공통점과 차이점을 서로 비교해볼 때, 석가모니의 한계는 어디에 있을까요?

석가모니는 위대한 인류의 사상적 유산을 남긴 위인입니다. 그는 한 왕국의 왕위를 물려받을 자리에 있었지만 진리를 향한 구도의 열정으로 그 자리를 버렸습니다. 또한 그는 지난 2천500년 동안 인간의 정욕과 욕심에 대한 극복을 인간 스스로 성취할 수 있다는 낙관론에 입각한 자신의 사상을 통하여, 수준 높은 철학적이고 윤리적 가르침의 시초가 되었습니다. 그는 인류가 낳은 가장 위대한 휴머니스트 중의 한 사람일 것입니다. 그러나 석가모니와 예수님의 차이는 분명합니다. 석가모니는 위대한 인간이지만 결코 하나님이신 예수가 주실 수 있는 구원의 메시아는 될 수가 없다는 사실입니다. 우리 모든 인간의 죄 문제가 해결되기 위해서는 거룩한 하나님의 공의를 만족시킬 완전한 인간의 희생이 필요하며, 이는 성육신으로 오신 예수 그리스도의 십자가 희생을 통하지 않고서는 성취될 수 없는 구원의 은혜이기 때문입니다.

2. 불교에서 가르치는 인간의 모습은 기독교와 어떤 차이점이 있을까요?

불교에서의 인간은 일생동안 고통에 신음하는 존재입니다. 자신이 지닌 5가지 욕심(재물, 명예, 정욕, 수면, 식욕)에 대한 집착을 계속 작동시켜서 업(業)을 낳고 그것으로 끝없는 윤회(輪廻)를 반복할 수밖에 없는 존재이기 때문입니다. 석가모니는 이 고통의 굴레에서 벗어날 길이 인간 스스로의 깨달음을 통해 가능하다고 가르쳤습니다. 그것이 바로 열반(涅槃)에 이르는 8정도의 길이었습니다. 그러나 기독교는 고통을 낳는 인간의 근본문제가 죄(罪)에 있다는 것과 그 죄가 결코 인간 스스로에 의해 극복될 수 없다는 것을 선언합니다. 성경은 인간이 모두 죄인일 뿐 아니라, 하나님의 특별한 은혜를 입지 않는 이상 어떤 인간도 극복할 수 없다고 가르칩니다(롬 3:23).

3. 불교에서 말하는 구원과 기독교의 구원이 근본적으로 다른 까닭은 무엇일까요?

Standard of Life

불교 · · 타력구원

기독교 · · 자력구원

불교는 한마디로 인간 스스로의 자력구원을 가르칩니다. 반면에 기독교는 인간의 구원이 오직 예수 그리스도의 십자가 보혈에 힘입어 가능하다는 것을 가르칩니다. 예수 그리스도의 은혜를 통한 타력구원인 셈입니다. 얼핏 보면 불교의 자력구원론이 기독교의 타력구원론보다 훨씬 멋져 보입니다. 인간 스스로의 능력을 높이 평가하기 때문입니다. 반면에 기독교의 예수 그리스도를 통한 타력구원론은 연약해보입니다. 인간 자체 능력의 한계를 명료하게 규정하기 때문입니다. 문제는 어느 것이 멋져 보이느냐가 아니라 어느 것이 더 우리의 적나라한 정체성을 반영하고 있느냐 하는데 있습니다. 우리 모든 인간은 이미 하나님이 하라고 한 것을 못했고, 하지 말라고 한 것을 해버린 죄인이라는 것입니다. 이 죄는 결코 인간 스스로는 해결할 수 없는 난제입니다. 오직 우리의 대속물 되시는 예수 그리스도의 희생을 통해서만 극복될 문제인 것입니다(막 10:45).

Change of Life

생활 속 불교의 도전

1. 예수님의 "십자가 사랑"은 석가모니의 "자비"에 비해 어떤 면에서 더 크고 깊은 사랑일까요?

석가모니의 "자비"(大慈大悲心)는 풀 한포기의 생명도 소홀히 여기지 않는 큰 가르침입니다. 모두가 석가모니 가르침을 실천한다면 세상은 엄청난 변화가 있을 것입니다. 그러나 석가모니의 자비는 고통으로부터 인간 스스로의 구원을 성취하는데 관련이 있는 지식 또는 지혜의 가르침인 반면에, 예수님의 십자가 사랑은 우리 인간을 위해 당신이 몸소 죽기까지 순종하신 희생의 가르침이라는 점입니다.

석가모니의 자비는 분명 자신의 욕심을 넘어 남을 위해 자신을 베푸는 사랑으로 인도합니다. 그러나 예수님의 십자가 사랑은 그 가르침을 말로써가 아니라 삶으로써 우리를 위해 친히 베푸신 사건이라는 차이를 보입니다.

2. 우리는 기독교인으로서 이 시대 불교의 어떤 도전들을 가장 경계해야 할까요?

불교인들은 이 시대 생태계보존과 자기를 비우는 마음의 수련을 통해 환경의 위기와 자본주의적 물질관에 대한 대안을 제공한다는 명분을 내세웁니다. 그리고 실제로 이러한 주장은 나름 영향력을 확대해나가는데 도움이 되고 있는듯합니다. 그렇다면 이에 대한 이 시대 기독교인들의 대안은 무엇일까요? 그것은 바로 이 시대 그리스도인들이 세속화된 자신의 정체성을 회개하고 성경의 가르침으로 돌아가는데 근본적인 해결책이 있다는 것입니다. 정녕 그리스도인들이 세상에서 영향을 받기보다 세상에 영향을 강력히 미치는 사람들이 되려면 성경으로의 복귀가 필요합니다. 만일 우리가 세상의 모든 만물에 대한 정복자가 아닌 청지기로서의 정체성을 회복하고, "자기를 낮추시고 죽기까지 복종하신"(빌 2:6~8) 예수님의 겸손과 제자도 실현을 통한 성령의 열매 맺는 삶의 주인공들이 된다면, 불교의 사상적 도전은 결코 기독교를 위협하는 요인이 될 수 없을 것입니다.

Tip of Bible

이 시대 불교는 세계인들에게 매력을 끌고 있는 종교로서 기독교의 가장 큰 도전 중의 하나입니다. 특별히 불교의 아힘사(不殺生) 사상, 그리고 물질 추구보다 마음을 공부의 핵심영역으로 간주하는 사상 등은 자본주의 시대 한 복판에서 세속화 되어가는 기독교에 부담스러운 상대로까지 여겨지기도 합니다. 따라서 우리는 이 시대 불교가 도전하는 주제들을 진지하게 검토하고 인정할 것은 인정하며, 기독교인으로서 성경이 가르치는 본래의 자리를 회복함으로써 강력히 맞설 필요가 있습니다. 우리는 이것이 왜 불교와 같은 휴머니즘 종교에 대한 가장 강력하고 중요한 대처가 될 수 있는지를 파악해야 합니다. 많은 종교학자들이 인정하듯이 불교는 하나님이 주신 이성으로 인간이 도달할 수 있는 가장 정교하고 심오한 철학적 체계입니다. 이 도전을 물리칠 수 있으려면 우리는 정녕 성경이 가르치고 성령님이 인도하시기를 원하는 본래의 자리로 돌아가야 합니다. 그 자리에서 모든 그리스도인들은 "내가 곧 길이요 진리요 생명이니 나로 말미암지 않고는 아버지께로 올 자가 없느니라"(요 14:6)는 예수 그리스도의 복음, 각자가 경험한 십자가의 복음을 용기 있게 전해야 합니다.

제 9과

유교에 대해 알고 싶어요

학습 목표 | 동양 최대 종교문화유산인 유교와 기독교의 차이를 이해한다.

중심 진리 | 기독교 진리의 가치를 유교와의 차이 비교를 통하여 더 잘 이해할 수 있다.

본문 말씀 | "자녀들아 주 안에서 너희 부모에게 순종하라 이것이 옳으니라 네 아버지와 어머니를 공경하라 이것은 약속이 있는 첫 계명이니 이로써 네가 잘되고 땅에서 장수하리라"(엡 6:1~3).

본과를 소개합니다

이번 과는 청소년들로 하여금 유교와 기독교의 비교를 통해, 유교 사상이 가지고 있는 가치와 능력을 정리하고, 그 한계를 확인하는데 목표가 있습니다. 유교는 불교와 함께 인류가 스스로 진리를 탐구하는 가운데 만들어낸 가장 수준 높은 철학체계이자 사상 중 하나입니다. 특별히 유교의 핵심 사상인 효(孝)는 기독교의 부모공경 사상에 부합한다는 점에서 그 가치를 확인합니다. 다만 우리는 이 과에서도 불교에서와 마찬가지로 유교의 하나님 없는 휴머니즘의 한계가 무엇인지를 적나라하게 확인할 수 있습니다.

Story of Life

옛날 조선시대에 어떤 임금님이 한양을 떠나 개성을 방문하게 되었습니다. 그 소식을 들은 병든 어머니가 말했습니다. "내가 이 나라의 백성으로 태어났으니 죽기 전 임금님 얼굴을 한 번 보는 것이 소원이지만 어렵지 않겠느냐?" 효심이 많은 아들은 그날에 어머니를 업고 잘 보이는 장소를 찾아가 기다렸다가 지나가는 임금님 행차를 보여드렸습니다. 이와 같은 효자이야기를 전해들은 임금님이 효심 많은 아들을 대궐로 불러서 자초지종을 듣고 "과연 효자로다!"하고 금 100량과 쌀 한 섬을 내려주었습니다. 그 이야기를 알게 된 고약한 불효자가 상금이 탐나서 원하지도 않는 어머니를 업고 나가서 똑같이 행동하고 금 100냥을 받았습니다. 신하들이 불효자의 잘못을 고해바치며 상 대신 큰 벌을 주라고 고했지만 임금님은 꿈쩍도 하지 않았습니다. "효도는 흉내만 내어도 좋은 것이니라!" 불효자는 상 받은 이후 크게 뉘우치고 효자가 되었다 합니다.

Talk Talk about Life

1. 유교하면 생각나는 것에 대해 함께 자유롭게 나누어 보세요.

* 성균관, 유림, 당파싸움, 공자, 권위주의. 사단칠정론(四端七情論) 등.

"현란한 수식어에도 불구하고 공자의 도덕은 사람을 위한 도덕이 아닌 정치를 위한 도덕이었고, 남성을 위한 도덕이었고, 어른을 위한 도덕이었고, 기득권자를 위한 도덕이었고 심지어 주검을 위한 도덕이었다. 그리고 그것은 사농공상으로 대표되는 신분사회와 토론의 부재를 낳은 가부장 의식, 위선을 부추기는 군자의 논리, 끼리끼리의 협잡을 부르는 혈연적 폐쇄성과 그로 인한 분열의 본질, 여성차별을 부른 남성의 우월의식, 스승의 권위 강조로 인한 창의성 말살 교육의 문제점들을 오늘날까지 지속시키고 있다. 유교의 유효기간은 이제 끝난 것이다"(김경일, 《공자가 죽어야 나라가 산다》, 바다출판사, 1999).

2. 유교 문화가 한국사회에 미친 긍정적인 유산들에는 어떤 것들이 있을지 나누어 보세요.

첫째, 유교는 부모를 공경하는 효(孝) 사상이다.

효는 유교의 핵심인 사람과 사람 사이의 사랑을 의미하는, 즉 인(仁) 사상에서 가장 기본이 되는 덕목입니다. 공자는 효를 가리켜 "부모의 마음을 즐겁게 하고 뜻을 거역하지 않고, 부모의 눈과 귀를 즐겁게 하고 그 잠자리를 편안하게 하고 음식으로 잘 대접한다"(《논어》, 위정 편)고 하였습니다. 이것은 기독교 십계명의 제5계명 "네 부모를 공경하라"는 가르침과 연결되는 귀한 유산입니다.

둘째, 한국인의 배움에 대한 열정의 밑거름이 된 향학열이다.

공자는 "배우고 때로 익히면 또한 기쁘지 아니한가?"(《논어》, 학이 편)라고 한 유명한 말은 오늘날 한국이 한강의 기적을 일으킨 밑거름이 되었습니다. 세계적 천연자원이 거의 없는 한국이 오늘날 세계 경제 10위권 안의 대국이 된 것은 배움을 중시하는 유교 유산의 열매 중 하나입니다. 이것은 어느 나라보다도 활발한 성경공부가 많은 기독교의 독특성으로 이어졌습니다.

셋째, 웃어른 공경 사상, 이른바 장유유서(長幼有序)도 빼놓을 수 없는 값진 유산이다.

장유유서는 유교 윤리의 기본이 되는 삼강오륜의 핵심 덕목 중의 하나입니다. 가령 지하철이나 버스에서 연장자에게 자리를 자연스럽게 양보하는 것은 이러한 유교가 물려준 문화유산의 흔적입니다.

기본개요

1. 유교의 창시자로 알려진 공자(孔子, B.C. 551~479)는 어떤 사람일까요?

공자는 사마천(司馬遷)의 《사기》(史記)에 따르면 춘추시대(春秋時代) 말기에 지위가 높지 않는 무사계급 아버지와 나이 어린 어머니 사이에서 태어나 전국시대(戰國時代) 초기까지 삶을 살다가 간 위대한 철학자입니다. 그의 인(仁)을 중심으로 한 사상과 삶의 지혜는 《논어》(論語)에 잘 나타나 있습니다. 그는 15세 때부터 인생의 뜻을 학문에 두고 열심히 공부했습니다(吾十有五而志于學). 30세가 되었을 때 학자의 반열에 올랐고(三十而立), 50세가 되었을 때는 하늘이 자신을 왜 이 세상에 보내어 학문의 길을 가게 했는지에 대한 하늘의 뜻, 즉 소명을 알았다고 했습니다(五十而知天命). 이때쯤 노나라의 장관 자리에까지 올랐으나, 소신을 굽히지 않아 물러났고, 이후 제자들에게 자신이 공부를 통해 깨달은 지혜를 전하는 삶을 살았습니다. 공자의 사상은 전국시대 말기에 맹자(孟子)와 순자(荀子)를 거치면서 사상적 영향력이 크게 발전되었고, 마침내 한(漢)나라 때 이르러 신(神)의 지위를 획득한 이래, 지금까지 석가모니의 불교와 함께 동양의 정신문화 유산을 양분하는 종교사상체계의 설립자로 존경받고 있습니다.

2. 유교에서 말하는 신(神)은 기독교의 하나님과 어떤 차이가 있을까요?

유교에서 신(神)은 인격적인 존재가 아니라 곧 하늘(天)입니다. 중국에서는 황제(왕)를 하늘의 아들(天子)라고 합니다. 또 모든 인간은 하늘의 뜻을 잘 따르는 것(天人合一)을 추구해야 한다고 가르칩니다. 공자는 "하늘에 죄를 얻으면(지으면) 빌 곳이 없느니라"(子曰 獲罪於天이면 無所禱也라)고 하였습니다(《논어》, 팔일 편). 반면에 기독교의 하나님은 인간을 당신의 모양과 형상대로 지으신 창조주이자(창 1:26), 우리를 친히 보호하시고 지켜주시는 인격적인 분이십니다(시 23:1~6). 따라서 유교의 비인격적인 신은 기독교의 인격적인 하나님과 완전히 다른 존재입니다.

3. 이상적 인간에 대한 유교와 기독교의 차이는 무엇일까요?

유교에서는 모든 인간이 부모로부터 "인의예지"(仁義禮智)라는 네 가지 하늘의 마음(四端)과 "희노애락애오욕"(喜怒哀樂愛惡慾)이라는 일곱 가지 인간의 마음(七情)을 동시에 가지고 태어난다고 가르칩니다. 이것이 바로 조선시대 대표적인 유학자 퇴계 이황(李滉, 1501~1570)에 의해 다듬어진 유명한 사단칠정론(四端七情論)입니다. 그리고 유교에서 이상적인 인간은 "군자"(君子)라고 하는데, 좋은 군자란 하늘의 마음(四端)으로 인간의 마음(七情)을 쉽게 다스리는 능력을 가진 사람을 말합니다. 유교에서 공부는 이 군자가 되기 위한 노력입니다.

반면에 기독교의 모든 인간은 본래 하나님의 형상과 모양대로 창조된 복된 존재였으나, 하나님이 하라고 한 것을 하지 못하고, 하지 말라고 한 것을 이미 해버린 죄를 범한 본질상 죄인들입니다. 그런데 인간은 스스로의 노력으로 거룩한 하나님의 공의를 만족시킬 수 없고, 따라서 하나님의 심판 아래 멸망할 수밖에 없습니다. 하나님은 인간을 사랑하셔서 구원하시기 위해 독생자 예수 그리스도를 보내시고 십자가 형벌로 우리 죄를 대신하게 하셨습니다. 기독교의 이상적 인간은 자신의 죄 문제를 예수 십자가 보혈의 은혜로 해결하고, 이 복음을 전하며, 예수님을 닮아가는 삶을 사는 사람입니다. 이러한 사람을 "성도"(聖道)라고 부릅니다.

4. 기독교인으로서 유교의 제사는 어떻게 이해하는 것이 바람직할까요?

유교에서 제사는 효(孝)의 한 부분에 해당합니다. 유교에서 효란 첫째, 부모가 살아 계실 때 잘 받들고, 둘째, 돌아가셨을 때는 장례를 잘 지내 드리며, 셋째, 매년 그 날이 오면 제사를 잘 지내드리는 것까지를 포함하는 개념이기 때문입니다(《논어》, 위정 편). 공자는 "제사를 드릴 때는 조상신이 앞에 있는 것처럼 정성을 다하라"(祭如在, 祭神如神在, 《논어》, 팔일 편)고 했는데, 이는 조상신을 섬겨서 복을 받으라는 의미보다는 조상신이 앞에 있다고 생각하고 정성을 다해 돌아가신 부모에게 예를 갖추라는 의미입니다. 이것이 유학자들의 해석입니다.

따라서 우리는 기독교인의 입장에서 제사 행위 자체를 무조건 매도할 필요가 없을지 모릅니다. 다만 문제는 샤머니즘에 영향을 받은 한국인들 중에는 제사를 조상신 잘 모셔서 복 받겠다는 의식을 가지고 드리는 사람이 적지 않다는데 있습니다. 실제 제사 절차에는 차린 음식에 조상신을 초대하는 강신이라는 것이 있습니다. 그리고 조상신에게 음식을 돌리는 초혼이 있고 무릎 꿇고 축문을 읽는 독축이 있습니다. 밥뚜껑을 열고 수저를 꽂고 그 수저 바닥이 동쪽으로 가야한다는 계반삽시가 있고 조상신이 식사할 동안 방문을 열고 나와서 2, 3분 정도 기다리는 합문이라는 절차도 있습니다. 따라서 유교에서 제사가 근본적으로는 효의 연장이라 할지라도 조상신에 대한 샤머니즘적 신앙행위가 결합되어 있다면 우상숭배임을 부인할 수 없다는 것입니다.

Change of Life

생활 속 유교의 도전

1. 왜 기독교인들은 효자(孝子)가 되어야 할까요?

첫째, 성경 말씀에 순종해서 하나님이 약속하신 축복을 누리는 자녀가 되기 위해서입니다. 다음 말씀을 참고하세요. "자녀들아 주 안에서 너희 부모에게 순종하라 이것이 옳으니라 네 아버지와 어머니를 공경하라 이것은 약속이 있는 첫 계명이니 이로써 네가 잘되고 땅에서 장수하리라"(엡 6:1~3). "자녀들아 모든 일에 부모에게 순종하라 이는 주 안에서 기쁘게 하는 것이니라"(골 3:20). "그의 부모를 경홀히 여기는 자는 저주를 받을 것이라 할 것이요 모든 백성은 아멘 할지니라"(신 27:16).

둘째, 그리스도인의 일차적 사명인 예수 그리스도의 복음을 효과적으로 전하기 위해서입니다. 복음을 효과적으로 전하는 전략 중에 하나는 대상자가 공감할 수 있는 접촉점을 활용하는 것입니다. 한국인들은 삼국시대부터 오랜 역사 동안 유교와 그 핵심 요소인 "효" 사상을 칭찬받는 인간의 첫째가는 요소로 인식해왔을 뿐 아니라 효는 국경과 인종을 초월해서 세계 보편적 가치에 부합하는 핵심 덕목입니다. 따라서 효를 발판으로 한 복음 전도는 세계 모든 곳의 문화, 역사, 인종을 초월한 복음전도의 발판이 될 것입니다.

2. 자신이 앞으로 부모님께 구체적으로 실천할 효(孝)의 내용을 소개한다면 무엇이 있을까요?

가령, 부모님께 하루 한 번 이상 감사 표현하기, 집안에서 부모님 일 도와드리기, 자신의 맡겨진 일(공부 등)에 대해 최선을 다하는 모습 보여드리기, 용돈 모아 부모님의 기념일(결혼, 생일 등)에 정성을 담은 깜짝 선물하기 등. 할 수 있다면 인도자가 자신의 효도 사례를 예로 들어 소개하는 것으로 시작을 하면 좋을 것입니다.

Decision of Life

이 시대 많은 사람들은 "효"(孝)가 유교에서 가장 귀중한 가치 중의 하나이며 계속되어야할 덕목으로 생각합니다. 그런데 이 부모를 공경하라는 가르침은 기독교에서도 십계명의 제 5계명에 해당하는 중요한 명령입니다(출 20:12). 우리는 하나님의 자녀로서 부모를 최선을 다해 공경해야 합니다. 만일 그렇게 하지 못한다면, 유교 문화를 정신적 문화유산으로 인식하는 많은 한국인들은 우리가 전하는 복음과 말에 결코 귀를 열지 않을 것입니다. 또한 유교는 제사의 근본정신을 효도의 연장으로서 가르칩니다. 따라서 우리는 이에 대한 무조건적 비판보다는 그 기본정신의 가치를 존중하되, 제사에 분명 조상신을 섬겨서 이득을 보겠다는 샤머니즘 기복신앙(祈福信仰)문화의 어떤 요소들이 결합되어 있는지 분별함으로써, 하나님이 가장 싫어하시는 우상숭배문화로부터 확실히 선을 긋는 신앙적 결단이 필요합니다.

단원 주제

한국 샤머니즘(巫俗)과 기독교의 관계, 그리고 종교다원주의 문제

단원 해설

한국 샤머니즘의 특징과 기독교에 미친 영향, 그리고 종교다원주의의 도전에 대한 정통 기독교신앙인의 대처 방안을 다룹니다.

중심 구절

"사랑하는 자들아 영을 다 믿지 말고 오직 영들이 하나님께 속하였나 분별하라 많은 거짓 선지자가 세상에 나왔음이라"(요일 4:1).

단원학습목표

세상 모든 영들이 하나님으로부터 오는 거룩한 영이 아님을 확실히 알게 됩니다. 또한 오직 예수 그리스도를 통한 구원의 유일성을 지켜야 할 이유를 알게 됩니다.

단원핵심정리

점치고 예언하고 어떤 영들과의 관계를 통해 자신의 삶에 유익을 기대하는 모든 행위를 하나님이 얼마나 싫어하시는지 알고 설명할 수 있습니다. 그리고 모든 인간이 구원을 얻을 만한 이름은 오직 예수 그리스도이심을 확인할 수 있습니다.

신앙편 4단원

다른 영(靈)을 따르는 종교들이 있어요

단원 소개

이 세상에는 사람들을 미혹하는 많은 영들이 있습니다. 샤머니즘은 하나님의 성령이 아닌 그 수많은 영들과의 관계 또는 소통을 통해서 현실 세계에서 잘 먹고, 행복하게 살려는 시도입니다. 우리나라 종교들 중 가장 오래된 전통을 자랑하는 한국 샤머니즘(巫俗)도 예외가 아닙니다. 한국 샤머니즘은 삼국시대 이전부터 한국 사람들의 삶에 큰 영향을 미쳐왔고, 오늘날에는 전통문화유산의 하나로 포장되어 있기도 합니다. 문제는 하나님께서 우리가 이 샤머니즘의 세계에서 관계하는 것을 매우 싫어하신다는 사실입니다. 왜냐하면 그 영들은 하나님으로부터 온 것이 아니기 때문입니다. 더욱이 한국에서 이 샤머니즘의 뿌리와 영향력이 매우 커서 기독교인들에게도 많은 미혹거리를 제공하고 있습니다. 따라서 우리는 한국 샤머니즘이 도대체 무엇이고 얼마나 실제적 영향을 미치고 있는지를 파악합니다. 또한 마지막으로 기독교인으로서 우린 오늘날 다른 종교들과의 관계 속에서 제기된 가장 강력한 도전인 종교다원주의 문제를 정통 복음주의 신앙인 입장에서 정리합니다. 이것을 통해서 정통 기독교인들이 종교다원주의 문제를 정리하는 가장 성경적인 입장과 내용을 소개받게 됩니다. 10과에서는 역사상 가장 뿌리 깊게 한국인들에게 영향을 미치고 있는 샤머니즘의 본질과 기본 내용에 대해 알아봅니다. 11과에서는 한국인들의 뼛속 깊이 자리 잡은 샤머니즘 문화와 기독교의 관계에 대해 알아봅니다. 그리고 마지막으로 12과에서는 이 시대 정통 복음주의 신앙인들에게 가장 강력한 도전인 종교다원주의 문제에 대해 살펴보고, 그 극복의 방향을 함께 나누어 볼 기회를 갖습니다.

제 10과

샤머니즘에 대해 알고 싶어요

학습 목표 | 한국 샤머니즘의 본질과 영향에 대해 이해한다.

중심 진리 | 샤머니즘(巫俗)의 미혹을 경계하는 삶

본문 말씀 | "그의 아들이나 딸을 불 가운데로 지나게 하는 자나 점쟁이나 길흉을 말하는 자나 요술하는 자나 무당이나 진언자나 신접자나 박수나 초혼자를 너희 가운데에 용납하지 말라"(신 18:10-11).

본과를 소개합니다

세상에는 기독교인들을 미혹하는 수많은 영(靈)들이 있습니다. 그 중에서 한국의 샤머니즘은 그 수많은 미혹의 영들의 활동 무대가 됩니다. 우리는 성경을 통해서 이 영들과 그 관계하는 사람들에 대한 하나님의 판단이 무엇인지, 왜 기독교인들은 이 샤머니즘의 미혹을 단호히 이겨내야 하는지, 하나님께서 이 영들과의 관계를 어떻게 여기실지에 대한 정리와 평가의 기회를 가질 필요가 있습니다. 이번 과는 청소년들로 하여금 한국인들의 정신과 의식에 가장 큰 영향을 미치고 있는 샤머니즘(Shamanism, 巫俗信仰)에 대한 특징과 내용을 정리하고 그것이 한국인들에게 어떤 영향을 미쳤는지 알아보게 하는데 있습니다. 정령숭배(精

靈崇拜)에서 기인된 샤머니즘은 삼국시대 이전부터 존재한 한국에서 가장 오래된 종교의 유형입니다. 오래된 만큼 한국인들의 의식에 가장 많은 영향을 미치고 있는 종교이기도 합니다. 한때 단순한 미신으로 치부되었으나 어찌된 일인지 오히려 최근에 방송과 미디어를 타고 더 많은 사람들에게 관심의 초점이 되고 있습니다. 굿판은 전통문화라는 이름으로 전국 도처에서 벌어지고, 무당은 문화예술인으로 대접받고 있습니다. 그러나 샤머니즘은 하나님으로부터 온 성령님(聖靈)과 무관한 다른 영을 믿고 섬기는 우상숭배입니다. 무당이 행하는 굿과 점치는 행위 자체가 귀신과 소통하고 그 귀신의 힘을 빌려서 하는 행위이기 때문입니다. 하나님은 이러한 행위에 대해 분명한 심판을 내려주셨습니다. 인도자는 청소년들에게 이 점을 함께 나눔으로써 하나님이 아닌 다른 미혹의 영들에 대한 성경적 대응이 무엇인지 알게 하고, 성경적 결단을 할 수 있도록 기회를 제공하는데 초점을 둡니다.

Story of Life

무당이 된 하이틴 스타

2007년 6월 4일 오후 7시 25분 방송된 KBS 2TV '인간극장'에서는 무당의 삶을 살고 있는 80년대 스타 박미령의 인생사를 다뤘다. 박미령은 잡지 표지 모델을 시작으로 제과회사 모델은 물론 우리나라 최초 여고생 화장품 CF모델, KBS 2TV '젊음의 행진' MC까지, 활발한 연예활동을 한 전직 연예인이다. 유명가수와 결혼했던 평범한 가정의 아내였다. 그런 어느 날 박미령은 뜻하지 않은 사건을 당했다. 온몸이 부서질 듯 아프고, 어디선가 사람이 걷는 것 같은 환청이 들려오기 시작한 것. 이유모를 고통은 날로 심해졌고 고통의 원인은 다름 아닌 무병이라는 사실을 알게 됐다. 오랜 시간 동안 원인모를 병에 시달리던 그녀는 온갖 방법을 동원해 치료 방법을 모색했지만 소용이 없었다. 고통이 너무 심해 '차라리 죽어버리자'며 과속 운전을 하거나 동맥을 끊는 자살시도까지 했다. 자신을 그토록 고통스럽게 했던 원인이 무병이라는 사실을 알게 된 박미령은 극도로 심한 우울증에 시달렸다. 자연히 남편과의 정상적인 관계도 성립되지 않고 무병을 앓고 있는 자신을 힘겹게 바라보는 남편을 보는 것도 힘들어 사랑하는 남편을 떠나보냈다. 남편 뿐 아니라 친구들, 가족, 가까운 지인 등을 모두 잃었다. 하지만 그녀를 무섭게 만든 건 신내림을 받지 않으면 자신의 아들에게 무병이 되물림 된다는 소름끼치도록 무서운 사실 때문. 결국 그녀는 무당으로서 인정하기 힘든 운명을 인정하고 신내림을 받았다."(《중앙일보》, 2007년 6월 5일 기사)

Talk Talk about Life

1. 눈에 보이지 않는 "영"(靈)들의 세계에 대해 자유롭게 각자의 생각을 말해봅니다.

오늘날 많은 사람들은 과학과 이성의 시대에 눈에 보이지 않는 영의 세계를 인정하지 않습니다. 현대 정신 의학에서는 마음이 허약해져서 또는 뇌신경에 문제가 생겨서 실제 있지도 않은 것을 있는 것으로 착각하는 환청과 환영 현상으로 설명하기도 합니다. 그러나 성경은 영의 세계를 분명히 인정하고 있습니다. 우선 성경은 "하나님이 영"이시라고 했습니다(요 4:24). 하나님은 거룩한 영(성령, Holy Spirit)이십니다.

반면에 성경은 하나님을 대적하는 거룩하지 않은 영, 이른바 "사탄", "마귀"(창 3장, 마 4장, 계 20:2), 또는 더럽고 악한 "귀신"(막 5:1~13)의 실체에 대해서 분명히 다루고 있습니다. 영적 실체로서의 사탄은 인류 조상 아담과 하와를 타락시켰고 욥과 예수님을 시험했습니다. 영적 실체인 귀신은 거라사 광인을 괴롭혔습니다. 다만 차이는 사탄이나 마귀가 성경에 단수로 쓰이는데 반해 귀신은 복수로 쓰인다는 점입니다. 따라서 사탄을 대장이요 귀신을 졸개들로 해석하기도 합니다. 분명한 것은 성경이 오직 거룩한 하나님의 영, 즉 성령뿐 아니라 거룩하지 못한 다른 영적 실체를 인정하고 있다는 것입니다. 그리고 이 영들의 공통점은 인간보다 훨씬 힘이 세다는 점입니다.

2. 마가복음 5장 1-13절에 나오는 거라사 광인 이야기를 읽고서 더러운 "귀신"의 특성에 대해 나누어 보세요.

"예수께서 바다 건너편 거라사인의 지방에 이르러(1) 배에서 나오시매 곧 더러운 귀신 들린 사람이 무덤 사이에서 나와 예수를 만나니라(2) 그 사람은 무덤 사이에 거처하는데 이제는 아무도 그를 쇠사슬로도 맬 수 없게 되었으니(3) 이는 여러 번 고랑과 쇠사슬에 매였어도 쇠사슬을 끊고 고랑을 깨뜨렸음이러라 그리하여 아무도 그를 제어할 힘이 없는지라(4) 밤낮 무덤 사이에서나 산에서나 늘 소리 지르며 돌로 자기의 몸을 해치고 있었더라(5) 그가 멀리서 예수를 보고 달려와 절하며(6) 큰 소리로 부르짖어 이르되 지극히 높으신 하나님의 아들 예수여 나와 당신이 무슨 상관이 있나이까 원하건대 하나님 앞에 맹세하고 나를 괴롭히지 마옵소서 하니(7) 이는 예수께서 이미 그에게 이르시기를 더러운 귀신아 그 사람에게서 나오라 하셨음이라(8) 이에 물으시되 네 이름이 무엇이냐 이르되 내 이름은 군대니 우리가 많음이니이다 하고(9) 이에 간구하여 이르되 우리를 돼지에게로 보내어 들어가게 하소서 하니(12) 허락하신대 더러운 귀신들이 나와서 돼지에게로 들어가매 거의 이천 마리 되는 떼가 바다를 향하여 비탈로 내리달아 바다에서 몰사하거늘(13)"

(1) 귀신은 인간보다 훨씬 힘이 센 존재입니다(4절).

이는 여러 번 고랑과 쇠사슬에 매였어도 쇠사슬을 끊고 고랑을 깨뜨렸음이러라 그리하여 아무도 그를 제어할 힘이 없는지라(4)

(2) 귀신은 예수님을 두려워하는 존재입니다(6~7절).

그가 멀리서 예수를 보고 달려와 절하며(6) 큰 소리로 부르짖어 이르되 지극히 높으신 하나님의 아들 예수여 나와 당신이 무슨 상관이 있나이까 원하건대 하나님 앞에 맹세하고 나를 괴롭히지 마옵소서 하니(7)

(3) 예수님은 귀신을 명령하고 순종하게 할 수 있는 분입니다(8절).

이는 예수께서 이미 그에게 이르시기를 더러운 귀신아 그 사람에게서 나오라 하셨음이라(8)

Standard of Life

무속 개요

1. 무당(Shaman, 巫堂)하면 떠오르는 생각은 무엇인가요?

(1) 무당이란?

"무당은 신과 교통하여 신의 의사를 인간에게 전하고 또 인간의 의사나 소망을 신에게 고하는 영통한 존재이다"(심진송, 《신이 선택한 여자》, 백송, 1995).

(2) 무당이 되는 과정은?

"무당 후보자는 무병(無病) 혹은 신병(神病)을 앓는다. 이 병은 일반적인 병과는 전혀 다르다. 우선 별다른 이유가 없고 고통의 정도나 그 기간이 일반적인 병보다 더한 것이 보통이다. 사지가 뒤틀리고, 찬물을 자꾸 마시고 싶고, 고기류를 멀리하게 되고, 돌발적인 발작을 하고, 이상한 소리가 들리기도 하고, 환시(幻視)가 생기기도 하고, 몇 날 며칠을 미음 한 숟가락을 못 먹고 보내기도 하고, 혈변을 보기도 하고, 꿈속에서 신령과 같은 존재를 만나 계시를 받기도 하는 등 병원에 가보아도 전혀 해결되지 않는 증상을 겪게 된다. 하다하다 결국 가족들은 이 후보자를 무당에게 데려가게 되고 곧 신이 지폈으니 내림굿을 받아야 한다는 선고를 받는다. 이때 만약 후보자가 이 신령을 거부하고 버티려고 하면 '인다리'와 같은 현상이 생긴다고 한다. 인다리 현상이라 함은 신을 거부하는 후보자가 가깝게 지내거나 특히 사랑하는 인척들의 목숨을 몸주가 될 신령이 앗아가는 현상을 말한다. 그래서 결국 대부분의 경우 신내림을 승낙하게 된다"(최준식, 《한국 종교 이야기》, 한울, 1995).

(3) 무당이 되면 하는 일은?

"신출내기 무당은 내림굿을 주재한 무당을 신아버지 혹은 신 어머니로 모시고 여러 가지를 배워야 한다. 복잡한 굿의 내용을 이루고 있는 각 거리마다 그에 맞는 춤을 배워야 하고, 또 어떤 옷을 입어야 하는지, 노래는 어떻게 어떤 악기를 치면서 해야 하는지, 점은 어떻게 쳐주는지, 점괘가 나오지 않을 때는 어떻게 임기응변을 해야 할지, 제상은 굿의 종류와 내는 금액에 따라, 무엇을 놓고 빼야 하는지 등을 배워야 한다. 일정한 신령을 몸주로 모시고 살아야 하는 무당은 그 신령을 부모 섬기듯 해야 한다. 보통 자신의 집 방 한 칸에 신당을 마련하고 그 신령에 해당하는 그림이나 물건을 걸어놓고 매일 아침에, 또 매월 초하루나 보름날에, 또 각각의 필요한 상황의 때 신령에게 정성을 다하고 도움을 청한다"(최준식, 《한국 종교 이야기》, 한울, 1995).

2. 무당이 섬기는 신령(神靈)들에는 어떤 것들이 있을까요?

한국 샤머니즘(무속)의 세계에서 무당들이 섬기는 신의 범주는 크게 네 가지이다. 1) 하늘 신(天神)으로서 하나님(ᄒᆞ늘님, 옥황상제 등)과 해달별의 신령을 말하는 이른바 일월성신(一月星辰)이 있다. 2) 땅 신(地神)으로서 크게 산신(山神)과 물신(水神)이 있다. 3) 죽은 사람의 귀신들이 있다. 4) 잡귀류들로서 오래된 동물, 나무의 정령, 비범한 물건 등에 신령들이 깃들어 있을 수 있다고 본다.(최준식, 《한국 종교 이야기》, 한울, 1995.)

3. 굿이란 무엇일까요?

⑴ 정의 : 국어사전에 찾아보면 굿이란 "무당이 신에게 제물을 바치고 노래와 춤으로 길흉화복 등의 인간의 운명을 조절해 달라고 비는 원시적인 종교 의식"이라고 되어 있습니다.

⑵ 굿의 종류 : 크게 재수굿과 오구굿으로 나눕니다. 우선 재수굿은 한마디로 이 세상에서 귀신의 도움을 받아서 잘 먹고 잘 살기 위해 비는 것을 말합니다. 또한 오구굿은 죽은 자들의 영혼을 달래는 것입니다. 지역에 따라 진오기, 지노귀, 씻김굿이라는 이름으로도 불립니다.

Change of Life

생활 속 무속의 도전 극복하기

과학과 이성이 고도로 발달한 이 시대에 왜 샤머니즘(무속)이 더 유행하고 있을까요?

오늘 날 한국의 무속인 수가 20만 명을 넘어선다는 얘기가 있습니다. 오늘날은 인터넷에 접속하여 굿, 무당, 점 등에 대한 검색을 하면 곧바로 확인할 수 있듯이 과학과 이성의 시대에 오히려 비과학적이고 비이성적인 문화가 더 유행하는 상황입니다. 과학과 학문이 발달할수록 종교의 영역이 줄어들 것이라는 생각은 전혀 현실과 맞지 않습니다. 이것은 과학과 학문의 발전이 결코 무속의 영향력을 약화시키지 못했다는 것의 반증이기도 합니다. 우리는 우선 영의 세계가 있음을 인정해야 합니다. 영의 세계는 인간의 이성과 과학이 전혀 접근할 수 없는 영역을 포함합니다. 또한 성경에서 확인하듯 귀신은 우리 인간의 힘만으로 대적해서 이길 수 있는 존재가 아닙니다. 오직 하나님의 거룩한 영과 예수 그리스도만이 더럽고 악한 영들의 인간에 대한 농간을 물리칠 수 있습니다.

Decision of Life

우리는 다음과 같이 하나님이 성경에서 샤머니즘 행위를 단호히 심판하시는 말씀을 다시 한 번 명심하고 붙잡아야 합니다. "네 하나님 여호와께서 네게 주시는 땅에 들어가거든 너는 그 민족들의 가증한 행위를 본받지 말 것이니 그의 아들이나 딸을 불 가운데로 지나게 하는 자나 점쟁이나 길흉을 말하는 자나 요술하는 자나 무당이나 진언자나 신접자나 박수나 초혼자를 너희 가운데에 용납하지 말라 이런 일을 행하는 모든 자를 여호와께서 가증히 여기시나니 이런 가증한 일로 말미암아 네 하나님 여호와께서 그들을 네 앞에서 쫓아내시느니라 너는 네 하나님 여호와 앞에서 완전하라 네가 쫓아낼 이 민족들은 길흉을 말하는 자나 점쟁이의 말을 듣거니와 네게는 네 하나님 여호와께서 이런 일을 용납하지 아니하시느니라"(신 18:9-14).

제 11과

한국 샤머니즘과 기독교의 관계를 알고 싶어요

학습 목표 | 한국 샤머니즘과 기독교의 관계를 이해한다.

중심 진리 | 샤머니즘의 미혹을 경계하는 삶

본문 말씀 | "또 그리하여 네가 하늘을 향하여 눈을 들어 해와 달과 별들, 하늘 위의 모든 천체 곧 너희의 하나님 여호와께서 천하 만민을 위하여 배정하신 것을 보고 미혹하여 그것에 경배하며 섬기지 말라"(신 4:19).

본과를 소개합니다

인간 지식의 발전은 샤머니즘의 영향력을 전혀 감소시키지 못했습니다. 한국 기독교는 무속의 영향으로 성경의 가르침을 순수하게 따라가기보다 오히려 극복해야 할 많은 과제들을 여전히 안고 있습니다. 특히 한국 샤머니즘이 한국 기독교에 미친 영향력의 실체를 파악하고 그 대처 방안을 적극적으로 모색할 필요가 있습니다. 이번 과는 청소년들로 하여금 한국인들의 정신과 의식에 가장 큰 영향을 미치고 있는 샤머니즘(Shamanism, 巫俗信仰)과 기독교의 관계를 정리하고 평가하며 적절한 대응방안을 모색하는 일입니다. 특별히 한국 기독교인들 중에는 신앙생활을 무의식적으로 무속문화의 연장선상에서 하고 있는 사람들이 많습니다. 그러나 복음주의적인 기독교인의 신앙생활은 하나님 안에서 항상 자신을 점검하고 순전한 성경의 자리로 돌아가는 것입니다. 대표적으로 우리 기독교인들이 이 세상에서 잘 먹고 잘 살기 위해 신앙생활을 하는 것에 지나친 관심을 갖는 것은 무속의 영향이라고 할 수 있습니다. 인도자는 청소년들에게 이번 과를 통해서 한국 기독교가 무속 문화에 영향을 받은 요소들을 정리하고 성경적으로 평가하게 함으로써 정통 복음주의 기독교인의 정체성을 확립하는데 도움을 주도록 합니다.

Story of Life

한국 기독교에서 현저하게 나타나는 무속적 요소는 현실 이익 추구의 공리적 신앙관을 먼저 들 수 있다. 교회에 출석해서 예배보는 신도들이 기독교의 교리나 복음의 참 뜻을 알기 전에 타산관념을 앞세우고 교회에 출석하여 그들의 온갖 소망을 소원하는 것이다. 그 소원의 내용이 대개 치병, 부귀, 사후천당의 것으로 이와 같은 소망을 하나님을 믿음으로써 달성해보려는 것이니, 공리에 매인 신앙관이 아닐 수 없다. 물론 한국의 기독교 신도가 전부 앞서 전술한 공리 신앙을 가졌다는 것이 아니며 신도들에게 그런 신앙의식을 불어 넣은 전도자에게 그 책임이 있는 것이지만 그것은 어쩔 수 없는 한국의 종교풍토의 색채인 것이다. (김태곤, 《무속과 영의 세계》, 한울, 1993).

Talk Talk about Life

한국 샤머니즘(무속) 문화가 기독교에 미친 대표적인 부정적 영향들에 대해 나누어 보세요.

"종교가 천당의 세계나 강조하고 개인의 물질적인 소원이나 빌어줄 때, 그것은 기복종교라고 평가받는 샤머니즘과 다를 바가 없으며 사회에 대한 비판의식과 참여의식이 묵살될 때, 역사의식이 없어 고등종교가 못된다고 비판받던 샤머니즘과 다를 바가 없다. 다른 한편으로 자기의 교세와 재산을 유지하기 위하여 기성질서와 타협할 때 사회악과 손을 잡는 사이비 종교와도 다를 바가 없다. 기독교 치병집단은 각 개인의 사회의식 역사의식을 마비시키고 있는 것과 동시에 기독교 자체의 비판의식, 즉 예언자적 의식을 마비시키고 있다는 사실, 더 나아가 사회악과 부조리를 조장하는데 일익을 담당하고 있을 것이라는 사실이 우리가 최종적으로 문제시해야 할 점이라고 생각된다" (서광선 외, 《한국교회 성령운동의 현상과 구조》, 크리스찬아카데미, 1981).

Standard of Life

무속문화와 기독교

1. 예배는 보는 것일까요? 드리는 것일까요?

많은 한국 기독교인들은 무의식적으로 예배 보러 간다는 말을 자주하는 경향이 있습니다. 옛 속담 중에 "굿이나 보고 떡이나 먹자"는 말과 무관하지 않을 것입니다. 그러나 예배는 보는 것이 아니라 드리는 것입니다(롬 12:1~2). 구경꾼으로서의 예배가 아닌 자신이 산 제물 됨으로서의 예배의 의미를 확실히 알게 할 필요가 있습니다.

2. 헌금은 복채일까요? 신앙고백일까요?

성경적인 의미에서 헌금은 신앙고백입니다. 자신의 모든 것의 주인을 하나님으로 고백하는 창조론적 신앙고백의 가장 상징적인 행위 중 하나가 헌금입니다. 그런데 한국 기독교인 중에는 헌금을 무당한테 가서 점칠 때 복채를 내고 현실적인 축복을 기대하는 방향에서 적용하는 사람들이 적지 않습니다. 수입의 십일조를 바치는 행위 역시 내 것의 십분의 일을 하나님께 바치고 나머지는 내 것이라는 의미가 아니라 내가 받은 모든 것이 하나님의 것임을 고백하는 신앙행위인 것입니다.

3. 한국 기독교인들의 지나친 목회자 의존 경향의 뿌리는 어디에 있을까요?

"무당은 한 달에 몇 차례씩 자기 단골 가정을 순회한다. 그리고 어떤 가정에 환난이나 질병을 앓는 이가 있으면 굿을 하여 선한 신은 달래고 악한 신은 물리쳐주고 대가를 받아가며, 또 사업을 하려는 사람이나 자녀가 시험을 치르는 일을 앞두고 불안해할 때 길흉을 점쳐주는 일을 해주고 복채를 받아가곤 한다. 이 같은 풍조가 기독교인의 몸에 배어 있어서 아이를 출산하거나 심지어 새끼돼지만 낳아도 많은 신도가 와서 찬송도 큰소리로 몇 장씩 불러주고 기도도 큰 소리로 우렁차게 해주어야 시원하다고 한다. 그뿐 아니라 마치 점쟁이를 찾아다니는 사람들처럼 무슨 일을 시작하거나 불길한 예감이 있을 때는 소위 은혜 받았다고 하는 권사나 목사에게 예언기도를 받아서 그 예언을 하나님의 음성처럼 믿고 살아가는 샤머니즘이 아닌 기독교 신자가 많다고 한다"(최기채, "특집: 샤머니즘을 어떻게 볼 것인가" 〈월간목회〉, 2001년 7월호).

Change of Life

생활 속 무속문화에 대한 대처

1. 왜 사람들은 하나님의 성령이 아닌 다른 영들에 미혹될까요?
   (1) 하나님의 성령과 다른 영들을 (구별)하지 못하기 때문입니다.
   (2) 인간보다 강한 영적 존재들이 다 (같은 수준)이라고 착각하기 때문입니다.
   (3) (하나님) 이외의 모든 영들은 거룩하지도 전능하지도 참되지도 않은 존재임을 깨닫지 못하기 때문입니다.
   (4) 우리 인간의 진정한 주인은 오직 (창조주 하나님)뿐이심을 망각하기 때문입니다.

2. 한국의 기독교인들이 무속의 영향력에서 벗어나려면 어떤 방법이 필요할까요?

하나님이 세상에 존재하는 물질적인 것과 영적인 것에 대한 궁극적인 통치자, 주권자, 심판자이심을 알아야 합니다. 이에 대해 시편 97편 1~7절은 다음과 같이 말씀합니다. "여호와께서 다스리시나니 땅은 즐거워하며 허다한 섬은 기뻐할지어다 구름과 흑암이 그를 둘렀고 의와 공평이 그의 보좌의 기초로다 불이 그의 앞에서 나와 사방의 대적들을 불사르시는도다 그의 번개가 세계를 비추니 땅이 보고 떨었도다 산들이 여호와의 앞 곧 온 땅의 주 앞에서 밀랍 같이 녹았도다 하늘이 그의 의를 선포하니 모든 백성이 그의 영광을 보았도다 조각한 신상을 섬기며 허무한 것으로 자랑하는 자는 다 수치를 당할 것이라 너희 신들아 여호와께 경배할지어다"

Tip of Bible

하나님은 세상 모든 만물의 창조주이십니다. 그리고 세상 모든 만물을 다스리고 심판하십니다. 능력대결(power encounter)의 관점에서 사탄이나 귀신의 힘보다 하나님의 힘이 비교도 안 될 정도로 크고 절대적이라는 것을 확실히 알아야 합니다. 성경은 하나님 이외의 다른 영들의 존재나 역사가 있음을 부인하지는 않습니다. 다만 하나님은 당신 이외의 그 모든 것들을 섬기거나 관계하는 것을 매우 싫어하시고 가증히 여기심을 강조합니다. 따라서 하나님의 자녀들은 미혹하는 모든 다른 영들, 즉 오직 하나님 이외의 모든 것에 대한 우상숭배의 마음을 일체 단호히 거부하는 결단을 보여야 할 것입니다.

제 12과

복음주의 신앙과 종교 다원주의 신앙의 차이를 알고 싶어요

학습 목표 | 종교다원주의를 대처하는 정통 복음주의 신앙의 원리를 배우고 실천한다.

중심 진리 | 종교다원주의의 도전을 극복하는 신앙

본문 말씀 | "예수께서 이르시되 내가 곧 길이요 진리요 생명이니 나로 말미암지 않고는 아버지께로 올 자가 없느니라"(요 14:6).

본과를 소개합니다

이번 과는 청소년들로 하여금 복음주의 신앙의 핵심 조건이 무엇이고, 이 시대 복음주의 신앙을 위협하는 종교다원주의를 어떻게 극복할 것인지 도움을 주기 위한 장입니다. 사실 이 시대 청소년들은 다원주의적 사회에 살고 있습니다. 다원주의적인 사회는 다양한 문화들, 종교관들, 가치관들이 다양하게 공존하고 있고, 어느 것도 절대화되고 유일한 진리의 기준이 되는 것을 용납하기 어려운 사회입니다. 이러한 시대적 사회 속에서 우리 청소년들이 기독교 진리의 절대성을 확고한 복음주의 신앙의 토대 위해서 끝까지 붙잡고, 종교다원주의를 극복할 수 있는 분명한 기준을 갖는 것은 매우 중요합니다.

Story of Life

수많은 다른 종교들이 지구촌의 문 앞에서 북적댄다는 이유 때문에 오늘날 사람들이 기독교 복음의 선포를 반대하는 것은 참으로 아이러니한 일이다. 도대체 새로운 것이 무엇인가? 고대에 있어서 종교의 다양성은 오늘날보다 훨씬 더 복잡하였다. 또한 초대교회 그리스도인들은 예수를 궁극적인 진리로 주장함에 있어서 처음부터 다른 종교들과의 갈등에 직면하였다. 그들의 태도는 자못 흥미로웠다. 우리가 아는 한 그들은 대화하지 않았다. 그들은 다른 종교들을 비난하지도 않았다. 그들은 다만 가능한 모든 힘과 설득력을 동원해서 예수를 선포하였던 것이다. (Micheal Green. Acts for Today: First Century Christianity for Twentieth Century Christian. London: Hodder & Stoughton, 1993).

Talk Talk about Life

정통 복음주의 기독교는 장로교회, 감리교회, 침례교회, 성결교회, 순복음교회 등 다양한 기독교 전통에도 불구하고, 어느 시대나 다음 4가지 주제들에 대한 일치된 신앙의 입장을 가지고 있습니다. 다음 주제에 대한 복음적 신앙고백을 서로 나누어 보세요.

1. 성경이란? 정통 복음주의 신앙은 성경을 오류 없는 하나님의 계시이자 진리의 말씀으로 믿습니다.

"진실로 너희에게 이르노니 천지가 없어지기 전에는 율법의 일점 일획도 결코 없어지지 아니하고 다 이루리라"(마 5:18).
"그들을 진리로 거룩하게 하옵소서 아버지의 말씀은 진리니이다"(요 17:17).
"모든 성경은 하나님의 감동으로 된 것으로 교훈과 책망과 바르게 함과 의로 교육하기에 유익하니 이는 하나님의 사람으로 온전하게 하며 모든 선한 일을 행할 능력을 갖추게 하려 함이라"(딤후 3:16~17).

복음주의 신앙인들은 성경을 일차적으로 인간의 책이 아닌 하나님의 책으로 간주합니다. 그리고 현재 주어진 구약 39권, 신약 27권의 최종적 특별계시로서의 성경의 완전성과 충분성을 믿습니다.

2. 예수님은? 정통 복음주의 신앙은 예수 그리스도를 모든 인간의 궁극적 과제인 죄 문제를 해결할 유일의 길임을 믿습니다.

"예수께서 이르시되 내가 곧 길이요 진리요 생명이니 나로 말미암지 않고는 아버지께로 올 자가 없느니라"(요 14:6).
"오직 이것을 기록함은 너희로 예수께서 하나님의 아들 그리스도이심을 믿게 하려 함이요 또 너희로 믿고 그 이름을 힘입어 생명을 얻게 하려 함이니라"(요 20:31).
"다른 이로써는 구원을 받을 수 없나니 천하 사람 중에 구원을 받을 만한 다른 이름을 우리에게 주신 일이 없음이라 하였더라"(행 4:12).

복음주의 신앙인들에게 구원은 오직 예수님의 십자가 보혈의 은혜뿐입니다. 다른 종교들의 철학적, 도덕적, 사회 기능적 가치를 충분히 존중함에도 불구하고 성경이 제시한 길을 절대적으로 믿기 때문입니다,

3. 성령님은? : 정통 복음주의 신앙은 모든 인간의 본질적 삶의 변화는 오직 성령님을 통해서만 일어날 수 있다는 것을 믿습니다.

"예수께서 대답하시되 진실로 진실로 네게 이르노니 사람이 물과 성령으로 나지 아니하면 하나님의 나라에 들어갈 수 없느니라"(요 3:5).
"육신에 있는 자들은 하나님을 기쁘시게 할 수 없느니라 만일 너희 속에 하나님의 영이 거하시면 너희가 육신에 있지 아니하고 영에 있나니 누구든지 그리스도의 영이 없으면 그리스도의 사람이 아니라 또 그리스도께서 너희 안에 계시면 몸은 죄

로 말미암아 죽은 것이나 영은 의로 말미암아 살아 있는 것이니라"(롬 8:8~10).
"우리가 세상의 영을 받지 아니하고 오직 하나님으로부터 온 영을 받았으니 이는 우리로 하여금 하나님께서 우리에게 은혜로 주신 것들을 알게 하려 하심이라"(고전 2:12).

요한복음 3장의 니고데모와 예수님과의 유명한 대화는 우리에게 성령으로 거듭나지 않은 인간의 한계를 확인해줍니다. 니고데모는 존경받는 유대인 지도자로서 밤에 예수님을 찾아올 정도로 겸손하고 학식과 사회적 지위가 높은 사람이었습니다. 그럼에도 불구하고 예수님은 그 니고데모에게 육으로 난 것이 아닌 영으로 다시 태어나는 사건의 필요성을 도전하고 있습니다. "육으로 난 것은 육이요 영으로 난 것은 영이니 내가 네게 거듭나야 하겠다 하는 말을 놀랍게 여기지 말라라"(요 3:6~7).

4. 선교란? 복음주의 신앙인은 복음전도가 장사한지 사흘 만에 부활하신 예수님이 교회와 모든 그리스도인들에게 주신 일차적 사명이라고 믿습니다.

"그러므로 너희는 가서 모든 민족을 제자로 삼아 아버지와 아들과 성령의 이름으로 침례(세례)를 베풀고 내가 너희에게 분부한 모든 것을 가르쳐 지키게 하라 볼지어다 내가 세상 끝날까지 너희와 항상 함께 있으리라 하시니라"(마 28:19~20).
"또 이르시되 너희는 온 천하에 다니며 만민에게 복음을 전파하라"(막 16:15).
"오직 성령이 너희에게 임하시면 너희가 권능을 받고 예루살렘과 온 유대와 사마리아와 땅 끝까지 이르러 내 증인이 되리라 하시니라"(행 1:8).

청개구리도 엄마의 유언은 들었다는 이솝 우화의 교훈이 있습니다. 하물며 공생애를 마치고 십자가 희생을 당하신 예수께서 부활 후 지상사역을 마무리하는 마지막 당부의 명령인 복음전도 사명을 온 교회와 기독교인들이 일차적 사명으로 간주한다는 것은 너무나 당연한 것입니다.

종교다원주의적 질문들

1. 기독교 이외의 다른 종교들도 수준 높은 가르침을 전하고 있지 않나요?

높은 수준의 가르침을 전하고 있기는 하지만 인간의 죄의 문제와 구원에 대한 해결책은 제시하지 못합니다.

맞습니다. 기독교 이외의 다른 종교들도 인간의 기준으로 볼 때는 훌륭한 부분이 많습니다. 인간의 동물적 욕망을 극복하도록 안내하는 이른바 고등종교들입니다. 가령, 석가모니의 가르침을 따르는 불교는 모든 생명을 향한 "자비"(慈悲)의 사랑을 강조하는 철학적으로 가장 정교한 종교로 평가됩니다. 공자의 가르침을 따르는 유교는 "인"(仁)의 사랑을 강조하는데 인류역사상 가장 세밀한 윤리체계 중 하나로 평가됩니다. 고아 출신의 창시자 무하마드의 가르침을 따르는 이슬람교는 약자에 대한 배려, 평등과 평화를 어느 종교보다 강조합니다. 이 모든 종교들, 즉 인간적 욕망을 넘어서서 자신의 희생과 헌신, 남을 향한 배려를 강조하는 종교들은 본래 그 가르침대로만 세상에서 실천된다면 훌륭한 사회적 기능을 감당할 수 있습니다. 인간의 최선의 노력을 통한 구원의 가능성을 주장하는 휴머니즘을 강조합니다.

그러나 이 모든 종교들의 한계는 인간 영혼의 구원의 일차적 조건인 죄 해결에 대한 어떤 근본적인 대책을 지니고 있지 못하다는 것입니다. 즉 기독교의 가르침은 다른 고등종교들처럼 철학과 윤리를 포함하지만 그 이상의 것입니다. 인간의 죄에 대한 구원의 길을 안내하는 유일의 종교이기 때문입니다. 성경은 "모든 사람이 죄를 범하였으매 하나님의 영광에 이르지 못하더니"(롬 3:23). "한번 죽는 것은 사람에게 정해진 것이요 그 후에는 심판이 있으리니"(히 9:27)고 말씀합니다.
우리 인간은 누구도 하나님의 도움 없이 자신의 죄 문제를 스스로 해결할 수 없습니다. 그리고 완전한 죄 해결 없이는 거룩한 하나님의 공의로운 심판을 면할 길이 없습니다. 그런데 하나님은 우리를 구원하시기 위한 신비한 길을 예비해 놓으셨습니다. "하나님이 세상을 이처럼 사랑하사 독생자를 주셨으니 이는 그를 믿는 자마다 멸망하지 않고 영생을 얻게 하려 하심이라"(요 3:16). 하나님은 우리를 멸망에서 구하기 위해 하나님이 독생자 예수님을 죽게 하셨다고 말씀합니다. "예수는 우리가 범죄한 것 때문에 내줌이 되고 또한 우리를 의롭다 하시기 위하여 살아나셨느니라"(롬 4:25). 정녕 세상의 다른 고등종교와 기독교의 공통점은 철학적, 윤리적, 사회 기능적 차원에서 인간의 욕망을 극복하도록 안내하는 고등종교라는 것입니다. 그럼에도 불구하고 기독교와 다른 고등종교들의 차별성은 오직 기독교만이 인간의 죄 문제를 해결하고 구원받을 확실한 방안과 대책을 가지고 있다는 점입니다.

2. 다른 종교에도 구원이 있다고 믿는 이른바 종교다원주의는 세계 평화에 기여하지 않을까요?

종교다원주의는 세계 평화에 기여할 수 없습니다

종교다원주의의 필요성을 주장하는 한 유명 신학자는 다음과 같이 주장을 한 적이 있습니다: "그러므로 나의 논제는 이것이다. 종교들 사이에 평화가 없이는 세계 평화가 없다. 종교들 사이에 대화가 없이는 종교들 사이에 평화가 없다. 서로에 대한 정확한 지식이 없이는 종교들 사이에 대화는 불가능하다."(Hans Küng, "Christianity and World Religion: Dialogue with Islam," Toward a Universal Theology of Religion, ed. Leonard Swidler . Maryknoll: Orbis Books, 1987).

이것은 현재 세계에서 벌어지고 있는 전쟁 70~80% 이상이 종교가 서로 다른 나라들 사이에서 발생했다는 통계학적 우려를 반영한 입장입니다. 실제 현대 전쟁에서 각 진영은 자신들의 종교적 가치를 명분으로 내세우는 경우가 많습니다. 이스라엘과 아랍, 미국과 이라크, 미국과 아프카니스탄, 북아일랜드와 영국, 보스니아 내전 등. 이슬람 테러조직 알카에다는 알라의 이름으로 9.11테러를 저지르고, 부시 미대통령은 하나님의 이름으로 이라크, 아프카니스탄에 대한 무차별 보복으로 대응합니다. 9.11테러로 일시에 수천 명의 미국 엘리트 인재들이 사망했고, 미국의 이라크 공격으로 사망한 민간인이 수만 명에 이릅니다. 따라서 일부 신학자들은 종교다원주의로 세계 평화에 기여해야 한다는 주장을 하게 됩니다. 전쟁이 일어나는 것은 기독교인들이 종교다원주의를 지향하지 않기 때문이 아니라 정치인들이 종교를 내세워 자신의 정치적 목적을 이루려는 경우가 더 많기 때문입니다.
또한 각 종교의 구원은 완전히 다른 유형을 지니고 있습니다. 즉 기독교의 구원은 죄 문제를 예수님의 대속적 죽음을 통해 해결하는 것이고, 불교의 구원은 고통의 문제 해결을 인간의 사물에 대한 집착을 내려놓음으로 인해 인간 스스로 해결하는 것이며, 유교의 구원은 사단인 인의예지(仁義禮智)와 칠정인 희노애락애오욕(喜怒哀樂愛惡慾)을 잘 다스리는데 있는 것입니다. 그러므로 여러 종교가 같은 구원에 이를 수 있다는 전제로 출발하는 종교다원주의는 결코 정당화 될 수 없습니다. 오히려 각 종교의 가르침을 적당히 얼버무려 공통분모를 산출하는 종교혼합주의(syncretism)를 낳을 뿐입니다. 세계의 평화는 오히려 각 종교의 가르침을 그대로 실천하는데서 더 기대할 수 있습니다.

3. 오직 예수 그리스도를 통해서만 구원을 받을 수 있다는 정통 복음주의 기독교 입장은 너무 독선적인 것이 아닐까요?

기독교는 독선적이라기보다 예수 그리스도에 대한 확실한 인격적 만남을 기본으로 하는 체험적 종교입니다.

모든 진정한 기독교인들은 예수 그리스도에 대한 인격적 만남을 정체성으로 하는 구원의 체험을 가지고 있습니다. 기독교가 보기에 따라서 독선적으로 보일 수 있는 이유는 바로 이점 때문입니다. 기독교를 제외한 여러 많은 고등종교들은 각각의 수준 높은 윤리와 철학을 제공하고 있습니다. 이 고등종교들의 가르침을 충실히 따른다면 대부분 세상에서 수준 높은 윤리의식과 사회 기능적 측면에서 유익한 인생의 주인공들이 될 가능성이 많습니다. 그런데 기독교에서 말하는 구원은 그러한 윤리, 철학만으로는 얻기가 불가능합니다.

예를 들어 설명해보면 이렇습니다. 양궁은 올림픽 때 한국의 가장 확실한 금메달 종목입니다. 올림픽에서 세계 국가대표 양궁선수들은 한국 양궁선수들 못지않은 훌륭한 자세로 활시위를 당깁니다. 물론 같은 방향의 과녁을 향해서입니다. 모든 선수들의 활이 힘 있게 날아가 과녁 대를 맞춥니다. 그런데 금메달은 한국 선수가 가져옵니다. 이유는 무엇일까요? 과녁의 가장 가운데 핵심부분인 골드에 가장 많은 화살을 꽂았기 때문입니다. 이 골드가 바로 예수 그리스도입니다. 다른 고등종교들도 수준 높은 윤리와 인생철학을 제공합니다. 만약 기독교인도 예수 그리스도라는 골드의 과녁을 바라볼 수 없고 또 만나지 못했다면 윤리와 인생철학을 얻는데 그칠 것입니다. 그 정도 차원에서 보자면 기독교는 다른 고등종교들과 수준에 있어서 구분이 되지 않습니다. 그런데 문제는 기독교인은 예수 그리스도라는 골드를 인격적으로 만나고 경험한 사람들의 종교라는 것입니다. 이것이 바로 기독교가 단순한 인생윤리와 인생철학의 가르침을 넘어서는 이유입니다. 다른 종교와 불가피하게 차별되어 예수 그리스도라는 골드를 강조하다가 독선적이라는 오해를 받는 이유가 됩니다.

4. 카톨릭과 기독교(개신교)의 사이보다 카톨릭과 불교의 사이가 더 좋아 보이는 이유는 무엇일까요?

카톨릭은 예수 그리스도를 구세주로 영접하지 않았다고 하더라도 한 영혼의 구원은 오직 하나님의 주권에 달렸다는 입장으로 구원의 교리를 가르칩니다. 오직 예수 그리스도를 통한 구원의 길을 포기하고 불교 등 다른 종교들과 대화를 시작했기 때문입니다.

기독교인들이 일반인들에게 종종 듣는 질문 중 하나는 카톨릭과 기독교를 비교하는 것입니다. "똑같이 하나님을 믿는 종교인데 왜 기독교인은 카톨릭교인들보다 융통성이 없고, 불교와 같은 다른 종교인들과 사이가 멀어져 보이냐?"하는 질문입니다. 그 내막은 이렇습니다. 사실 카톨릭은 1960년대 중반까지 "(카톨릭) 교회 밖에는 구원이 전혀 없다"(extra ecclesiam nulla salus)는 철저한 배타적 입장을 취했습니다. 그러나 이른바 제2차 바티칸 공의회(1962~65)를 통해서 예수 그리스도를 구세주로 영접하지 않았다고 하더라도 한 영혼의 구원은 오직 하나님의 주권에 달렸다는 입장으로 교리를 수정합니다. 이것이 논란이 많은 "익명의 그리스도인"(Anonymous Christian) 이론입니다. 이것은 성경에 근거한 결정이라기보다 카톨릭이 당시 기독교에 비해 점점 위축되어가고 있는 상황에서 선교 전략적 차원의 반전을 위한 선택이었습니다. 이때부터 카톨릭은 오직 예수 그리스도를 통한 구원의 길을 포기하고 불교 등 다른 종교들과 대화를 시작했습니다. 따라서 우리는 "부처님 오신날"에 카톨릭 성당에서 내걸은 축하 플래카드를 목격하기도 합니다.

그러나 복음주의 기독교인들은 여전히 오직 예수 그리스도를 통한 구원의 유일성을 주장합니다. 왜냐하면 초대교회 신앙의 유산을 지키기 위해서입니다. 초대교회 기독교인들은 극심한 탄압과 핍박 속에서도 오직 예수를 통한 구원의 유일성을 주장하다가 순교했습니다. 우리가 만일 세상을 향한 여론이나 전도의 효율성을 위해서 오직 예수 그리스도를 통한 구원의 길을 포기한다면 일시적 호응은 얻게 될 수 있을지 몰라도 결코 초대교회 순교자들의 순수한 신앙을 계승

Change of Life

종교다원주의 시대에 복음주의 신앙인의 점검

1. 종교다원주의 시대에 "오직 예수 그리스도"를 붙잡는 것은 왜 중요할까요?(롬 1:16)

"내가 복음을 부끄러워하지 아니하노니 이 복음은 모든 믿는 자에게 구원을 주시는 하나님의 능력이 됨이라 먼저는 유대인에게요 그리고 헬라인에게로다"(롬 1:16).
"누구든지 이 음란하고 죄 많은 세대에서 나와 내 말을 부끄러워하면 인자도 아버지의 영광으로 거룩한 천사들과 함께 올 때에 그 사람을 부끄러워하리라"(막 8:38).
인간의 구원은 오직 죄 문제에 대한 완전한 해결로서만 가능하며, 예수 그리스도 이외에 인간이 구원을 얻을 방안이 없기 때문입니다. 따라서 예수님을 인격적으로 만난 진정한 기독교인들은 종교다원주의 시대에 세상이 아무리 예수 그리스도를 유일의 구세주로 붙잡는 것을 이해하지 못하고 조롱한다고 해도 그 신앙을 양보해서는 안됩니다.

2. 종교다원주의 시대에 기독교인들이 왜 초대교회 신앙을 충실하게 따르는 것이 중요할까요?(막 8:34)

기독교인들이 이 시대를 향하여 오직 예수 그리스도에 대한 신앙을 붙잡는 것과 예수님을 성경대로 잘 믿고 있는 것과는 다소 구분이 필요합니다. 만일 예수님에 대한 절대적 신앙을 선포하면서도 우리의 삶이 예수님을 믿는 자답지 못한다면 세상은 우리의 신앙고백을 전혀 믿지 못할 것입니다.

"무리와 제자들을 불러 이르시되 누구든지 나를 따라오려거든 자기를 부인하고 자기 십자가를 지고 나를 따를 것이니라"(막 8:34).
초대교회 교인들이 당시 핍박받는 소수의 무리로서 세상에 맞서서 오직 예수님을 구세주로 믿고 전한 방식은 말이나 화려한 교회 시설이나 세상적인 어떤 자랑을 통해서가 아니었습니다. 오직 예수님과의 인격적인 관계 속에서 자신이 받은 은혜와 사랑을 그대로 흘려보내는 제자의 삶을 감당함으로써 세상에 충격을 주고 감동을 주며, 궁극적으로 예수님의 유일한 구주되심을 전하였던 것입니다. 우리는 정녕 예수님을 얼마나 초대교회 신앙의 선배들이 믿는 방식 그대로 믿고 따르고 있는지를 점검해야 합니다.

Decision of Life

기독교인으로서 종교다원주의 시대는 가장 강력한 도전입니다. 내가 인격적으로 만나 유일한 구세주로 고백하는 예수님에 대한 신앙을 세상이 간섭하고 있는 시대이기 때문입니다. 그러나 우리가 세상의 도전 때문에 예수 그리스도의 유일성을 포기한다는 것은 기독교인이기를 포기하는 것입니다. 왜냐하면 "기독교"(Christianity)는 그 의미 자체가 "예수 그리스도를 따르는 공동체"이기 때문입니다. 다만 우리의 오직 예수 신앙은 종교다원주의 시대에서조차 세상을 향한 당당한 선포가 되기 위해서 성경적 가르침을 따라야 할 필요가 있습니다. 초대교회 그리스도인들은 오직 예수 그리스도에 대한 신앙을 말로만 선포한 것이 아니라 철저한 예수 그리스도의 제자가 됨으로써 자신들의 삶 자체가 세상을 향한 가장 강력한 복음 선포가 되었던 것입니다. 그들은 정녕 세상에서 땅을 붙이고서 함께 살되 세상 사람들과 구별되어 더 사랑하고, 더 거룩하고, 더 착한 삶을 살았습니다. 그리고 그 삶의 기반 위에 내가 만난 오직 예수 그리스도의 구주됨을 담대히 전했습니다. 우리의 삶 전체를 통해서 증거되는 우리의 신앙고백이 어느 때보다 필요한 시대인 것입니다.

청소년 핵심공과

생활편

1단원 내면의 공간(나)

제1과 되고 싶은 나

제2과 실제의 나

제3과 그리스도 안에서 구속된 나

2단원 가정의 공간(가정)

제4과 내가 꿈꾸는 가정

제5과 실제 우리의 가정

제6과 그리스도 안에서 구속된 가정

3단원 생활의 공간(학교)

제7과 내가 꿈꾸는 학교

제8과 학교, 우리들의 자화상

제9과 그리스도 안에서 나의 학교생활

4단원 미래의 공간

제10과 내가 꿈꾸는 미래

제11과 미래를 꿈꾸는 나의 오늘

제12과 내가 꿈꾸어야 할 미래

단원 주제

내면의 공간(나)

단원 해설

우리는 자신에 대한 개념을 형성해 나가며 성장합니다. 청소년기는 특별히 자기 존재에 관심을 가지는 '자아 발견'의 시기라 할 수 있습니다. 자기 개념(self-concept)은 개인이 자기 자신에 대해 어떻게 생각하고 느끼는지에 대한 종합적인 견해와 태도라고 말할 수 있습니다. 자기 개념은 여러 가지 차원을 갖는데, 특히 두드러진 두 가지 측면은 되기를 바라는 자신의 모습인 '이상적 자기(ideal self)'와 현재 자신의 실제 모습에 대한 인식인 '현실적 자기(real self)'입니다. 되고 싶은 자신과 실제 자신의 모습, 즉 이상적 자기와 현실적 자기가 불일치하다고 느낄 때 청소년들은 부정적인 정서를 갖게 될 수 있습니다. 그러나 성경이 언급하는 인간 이해인 예수 그리스도 안에서 온전하게 되는 '구속적 자기(redemptive self)'에 대해 바르게 이해함으로써 청소년들은 자기에 대한 바른 개념을 형성하게 됩니다.

중심 구절

"그런즉 누구든지 그리스도 안에 있으면 새로운 피조물이라 이전 것은 지나갔으니 보라 새 것이 되었도다"(고후 5:17).

단원학습목표

예수 그리스도 안에서 온전히 구속된 존재로서의 자기 이해를 확고히 한다.

생활편 | 1단원

내면의 공간(나)

단원핵심정리

이상적 자기와 현실적 자기의 불일치를 확인하고, 그리스도 예수 안에서 구속된 자기에 대한 이해를 바탕으로 이를 극복함으로 건강하고 바른 자기 개념을 형성한다.

단원 소개

청소년기는 인생의 어느 시기보다 자기에 대한 인식과 평가가 활발하게 진행되며, 자기 개념의 내면화가 급속하게 이루어지는 시기입니다. 본 단원은 청소년들로 하여금 자신이 되고 싶은 이상적 자기와 실제 자신의 모습으로 인식하는 현실적 자기에 대해 생각해 봄으로 자신에 관해 어떻게 생각하고 느끼는지 확인하게 하는 데 그 목적이 있습니다. 그리고 예수 그리스도 안에서 구속된 그리스도인으로서 건강하고 바른 자기 개념을 형성하도록 하는 데 목적이 있습니다.

제 1과

되고 싶은 나

'Ideal Self'

학습 목표 | 자신이 되고 싶어 하는 이상적인 모습에 대해 점검한다.

중심 진리 | 사람은 누구나 되고 싶은 자신의 모습이 있으나, 그 모습이 성경의 기준과 일치하는지 점검하고 자신의 목표와 희망을 수정해나가야 한다.

본문 말씀 | 창세기 1:26-31

본과를 소개합니다

이번 과는 사춘기를 거치며 자아정체감을 형성하는 시기에 나타나는 '이상적 자기(ideal self)'에 대해 점검해 보도록 하는 데 목적이 있습니다. 청소년들은 제각기 "이렇게 되고 싶어" 하는 개인적인 견해를 가지고 있으며, 이것을 '이상적 자기(ideal self)'라고 합니다. 즉 '이상적 자기(ideal self)'란 자신이 이상적으로 되기를 원하는 특성들과 관련된 것으로, 자신에 대한 희망, 바램, 목표 등을 포함합니다. 자기 개념을 구성하는 한 요소인 '이상적 자기(ideal self)'를 점검하고, 성경이 말씀하시는 이상적인 상태에 대한 교훈을 탐구해봄으로써 건강하고 바른 자기 개념을 형성해 나가는 데 도움이 되리라 기대합니다.

Story of Life

내가 되고 싶은 나?
얼굴은 작고 갸름한 달걀형에,
얼굴색은 조금은 하얗게 보호본
능을 일으켰으면 좋겠고.
팔뚝은 꼭 얇아야 하고,
종아리와 허벅지도 가늘고,
다리는 길어야 해.
머리는 길었으면 좋겠어.
찰랑찰랑 생머리도 좋고,
아니면 자연스러운 웨이브머리
도 너무 사랑스러울 것 같고.
포용력과 친화력을 가진
성격이면 좋겠고.
말도 예쁘게 하고 항상 밝은
성격과 표정으로 부모님과
잘 지내면 좋겠고.
패션 감각도 뛰어나고,
친구들 사이에서도 인기가
있었으면 좋겠고.
성적도 잘 나왔으면 좋겠고.
참 많네.
아직도 다 말하려면
멀었는데….

Talk Talk about Life

***되고 싶은 내 모습은요….**

청소년들로 하여금 자신이 원하고 바라는 자신의 모습을 다각적으로 점검해보고 함께 이야기를 나누어 보도록 합니다.

- 나에게 있었으면 하는 능력은 무엇입니까?
  사람들과 잘 지낼 수 있는 능력, 대화로 상대방을 설득할 수 있는 능력, 친구들을 휘어잡을 수 있는 리더십, 학업을 잘 수행할 수 있는 능력, 노래를 기가 막히게 잘 부를 수 있는 능력, 농구를 누구보다 더 잘 할 수 있는 능력 등등

- 내가 갖고 싶은 신체와 외모는?
  여드름 없는 깨끗하고 하얀 피부, 쌍꺼풀이 있는 큰 눈, 긴 다리, 날씬한 몸, s라인, v라인의 주먹만 한 얼굴, 윤기 나는 머릿결, 큰 키 등등

- 내가 바라는 내 가족의 이상적인 모습은?
  화목한 가정, 다정한 부모님, 민주적인 대화와 의논, 함께하는 여행, 안정된 경제, 기념일 축하 등등

- 내가 갖고 싶은 성격은?
  대범함, 적극성, 유쾌함, 부드러움, 사교성, 침착함, 당당함, 배려심, 포용성, 친절함, 정다움, 추진력 등등

*말씀탐구

(1) 하나님께서 사람을 만드셨을 때의 상태는 어떠했습니까?

창 1:26-31 "하나님이 이르시되 우리의 형상 을 따라 우리의 모양 대로 우리가 사람을 만들고… 하나님이 자기 형상 곧 하나님의 형상 대로 사람을 창조하시되 남자와 여자를 창조하시고 하나님이 그들에게 복을 주시며… 하나님이 지으신 그 모든 것을 보시니 보시기에 심히 좋았더라 …"

* 하나님의 형상을 따라 창조된 사람은 하나님 보시기에 참 좋은 상태, 가장 이상적인 상태였습니다!

"하나님께서 만물을 창조하시던 때에 개는 개처럼 지으시고 소는 소처럼 지으셨다. 그러나 사람을 지으실 때는 다르다. 사람을 사람처럼 지으신 것이 아니라 하나님처럼 지으셨다. 이를 "하나님의 형상"이라 부르고 라틴어로는 IMAGO DEI라 쓰고 영어로는 IMAGE of GOD이라 쓴다. 우리가 하나님의 형상을 따라 지음 받았기에 하나님의 형상을 많이 지니고 있을 때에는 하나님에 가까운 영적인 사람이 되는 것이고 하나님의 형상에서 멀어질 때에 하나님과 멀어지는 육적인 사람이 된다."
〈김진홍의 아침묵상〉, 크리스천투데이 2012. 1. 24.

(2) 하나님의 형상대로 지음 받은 우리가 지니고 싶어 해야 할 성품은 무엇일까요?

갈 5:22-23 "오직 성령의 열매는 사랑 과 희락 과 화평 과 오래참음 과 자비 와 양선 과 충성 과 온유 와 절제 니 이같은 것을 금지할 법이 없느니라"

* 하나님의 형상을 따라 창조된 사람이 지녀야 할 성품은 성령의 열매로 표현되는 예수 그리스도의 성품입니다!

우리들이 바라고 희망하는 성품은 정직하고, 너그럽고, 관대하고, 차분하고, 책임감 있고, 독립적이고 등 여러 가지 좋은 말로 표현할 수 있습니다. 그러나 하나님의 자녀인 우리들이 바라고 희망해야 할 성품은 (물론 이런 모든 바람직한 성품을 포함하여) 바로 성령의 열매로 표현되는 사랑과 희락과 화평과 오래 참음과 자비와 양선과 충성과 온유와 절제의 성품입니다. 하나님의 형상대로 지음 받은 그리스도인들은 예수 그리스도의 제자로서 예수님을 닮아가는 삶을 살아가야 합니다. 그리고 예수님을 닮아가는 성화의 삶을 사는 그리스도인은 결국 성령의 열매를 맺게 되며, 하나님이 기뻐하시는 성품으로 변화됩니다.

(3) 하나님의 형상대로 지음 받은 우리는 무엇을 아름답게 가꾸려 해야 할까요?

딤전 2:9-10 "또 이와 같이 여자들도 단정하게 옷을 입으며 소박함 과 정절 로써 자기를 단장하고 땋은 머리와 금이나 진주나 값진 옷으로 하지 말고 오직 선행 으로 하기를 원하노라 이것이 하나님을 경외한다 하는 자들에게 마땅한 것이니라."

*** 하나님의 형상을 따라 창조된 사람은 겉모양이 아니라 속사람을 아름답게 가꾸기 위해 노력해야 합니다!**

우리들이 바라고 희망하는 나의 모습은 남들보다 멋있고, 예쁘고, 날씬하고, 키가 크고, 큰 눈에 오뚝한 코, 하얗고 깨끗한 피부 등을 비롯해 사람마다 다양합니다. 그리고 보다 더 자신의 모습을 돋보이도록 연출하기 위해 갖가지 노력을 마다하지 않습니다. 남녀를 가리지 않고 사용하는 화장품의 가짓수가 늘고 있고, 청소년들도 자신을 치장하는 데 많은 돈을 들이고 있는 실정입니다. 그러나 그리스도인의 단장은 "머리를 꾸미고 금을 차고 아름다운 옷을 입는 외모로 하는"(벧전 3:3) 것이 아닙니다. 소박함과 정절, 선행으로 자신의 속사람을 아름답게 가꾸는 것이 그리스도인이 힘써야 할 단장입니다.

Change of Life

＊나는 ______ 사람이고 싶다!

청소년들이 지금껏 되고 싶어 했던 모습과 희망사항을 말씀의 기준에 비추어 보았을 때 진정으로 추구해야 할 자신의 모습은 어떠해야 하는지 함께 나누어 보도록 합니다.

□ 나는 예수님의 (**사랑과 희락과 화평과 오래 참음과 자비와 양선과 충성과 온유와 절제의**)성품을 닮아가는 사람이고 싶다!

□ 나는 (**나의 겉모습도 단정하게 가꾸어야 하겠지만, 그에 못지않게 하나님을 경외하는 경건하고 거룩한 하나님의 자녀가 되기 위해 속사람**) 을 아름답게 가꾸도록 노력하는 사람이고 싶다!

□ 나는 하나님의 형상대로 지음 받은 하나님의 자녀로서 하나님이 보시기에 참 좋다고 기뻐하시는 사람이고 싶다!

Decision of Life

우리는 제각기 "이렇게 되고 싶어"하는 개인적인 생각을 가지고 있습니다. 이것을 '이상적 자기(ideal self)' 라고 합니다. '이상적 자기(ideal self)' 란 자신이 이상적으로 되기를 원하는 어떤 특성들과 관련된 것입니다. 자신에 대한 희망, 바람, 목표 등을 의미하지요. 성장하면서 부모님이나 선생님 또는 친구들로부터 받은 영향과 사회의 기준에 의해 우리의 희망과 목표는 만들어져갑니다. 내가 가지고 싶은 능력도, 외모와 신체도, 성격도, 인생의 목적도 사람들의 영향과 경험 속에서 만들어진 것입니다. 그런데 내가 되고 싶은 내 모습을 성경에 비추어 보았을 때 성경의 기준과도 일치하고 있나요? 성경 역시 그것이 이상적이니까 그것을 희망하고 목표 삼으라고 말씀하나요? 그렇지 않은 부분을 발견했다면 내가 가지고 싶고 되고 싶은 것들이 아니라 성경이 되라고 하는 사람이 되기 위해 나의 목표와 희망을 수정하는 우리가 되기로 해요! 하나님의 형상대로 지음 받은 하나님의 자녀로서 하나님이 보시기에 참 좋다고 기뻐하시는 우리가 되기로 해요!

제 2과

실제의 나
'Real Self'

학습 목표 | 현재 자신의 모습에 대해 어떻게 인식하고 있는지 점검한다.

중심 진리 | 되고 싶은 자신과 실제의 자신이 다를 수 있지만, 실제 자신의 모습을 있는 그대로 인정하고 수용하며 주님의 은혜를 소망해야 한다.

본문 말씀 | 로마서 7:18-24

본과를 소개합니다

이번 과는 청소년의 자기 개념(self-concept)의 중요한 차원인 '현실적 자기(real self)'에 대해 점검해보도록 하는 데 목적이 있습니다. 되고 싶은 자신의 모습이 '이상적 자기(ideal self)'라면, '현실적 자기(real self)'는 실제로 자신이 가지고 있다고 믿는 속성들의 표상을 의미합니다. 자신의 장 · 단점을 포함하여 성격이나 능력, 태도 등에 대해 자신의 모습이라고 인식하는 측면을 '현실적 자기(real self)'라 합니다. 그런데 되고 싶은 자신의 모습과 실제 자신의 모습은 일치하지 않는 경우가 많아 청소년들로 하여금 슬픔이나 낙담과 같은 우울 정서를 갖게 할 수도 있습니다. 이번 과를 통해 '현실적 자기(real self)'에 대해 점검하고, '이상적 자기(ideal self)'와 '현실적 자기(real self)'의 불일치를 진단하며, 성경의 교훈에 기초하여 '현실적 자기(real self)'를 수용함으로써 건강하고 바른 자기 개념을 형성해 나가는 데 도움이 되리라 기대합니다.

Story of Life

내가 갖고 싶은 몸매는 누구나 휙 다시 돌아보게 만드는 멋지고 날씬한 몸매.
하지만 끓어오르는 식욕과 전쟁을 벌여야 하는 너무나도 건강한 내 몸매.
내가 원하는 얼굴은 V라인에 깨끗하고 맑은 피부.
하지만 내 얼굴은 여드름 빡빡한 턱선 없는 보름달.
자기관리에 철저한 내가 되고 싶지만, 시험기간에도 컴퓨터 앞에만 앉으면 시간가는 줄 모르고, 성적은 하향곡선을 그리고….
친구들 사이에 인기 있는 내가 되고 싶지만,
학급에서 내 존재감은 찾기 힘들고….
화목한 우리 가정의 모습을 꿈꾸지만, 오늘도 엄마와 신경전 중이고….
휴~~~.
되고 싶은 모습대로 될 수는 없는 걸까?

Talk Talk about Life

*되고 싶은 나 vs. 실제의 나

청소년들로 하여금 자신이 되고 싶은 모습인 '이상적 자기(ideal self)'와 실제 자신의 모습이라고 여기는 '현실적 자기(real self)' 간의 불일치 정도에 대해 점검해 볼 수 있는 기회를 갖도록 합니다. 먼저 주어진 항목에 대해 '실제의 자신'(real self)이 어느 정도라고 여기는지 생각하고 표시해 보도록 합니다. 그리고 나서 각 항목에 대해 자신이 어느 정도의 모습이 되기를 원하는지 표시해 보도록 합니다. 일치 정도가 큰 항목은 무엇이고 불일치 정도가 가장 크게 나타나는 항목은 무엇인지 확인해 보도록 함으로써 자신을 낙심시키는 요소가 무엇인지 확인해 볼 수 있습니다.

(1) '현재의 나'에 대해 생각해 봅시다.
: 주어진 항목에 대해 자신이 어느 정도라고 생각하십니까? 해당되는 숫자에 표시하고 선그래프를 그려 보세요.

	매우 부족 0	상당히 부족 1	약간 부족 2	보통 3	약간 우수 4	상당히 우수 5	매우 우수 6
외 모							
체 력							
성 격							
자기조절							
학업수준							
교우관계							
가족관계							
리 더 십							

(2) '되고 싶은 나'에 대해 생각해 봅시다.
: 주어진 항목에 대해 자신이 어느 정도의 모습이 되기를 원하십니까? 해당되는 숫자에 표시하고 선그래프를 그려 보세요.

(3) '되고 싶은 나'와 '현재의 나' 사이에 일치 정도가 큰 항목은?
: (　　　　　), (　　　　　), (　　　　　)

(4) '되고 싶은 나'와 '현재의 나' 사이에 불일치 정도가 큰 항목은?
: (　　　　　), (　　　　　), (　　　　　)

*말씀탐구

(1) 성경은 만족할 수 없는 사람의 모습에 대해 어떻게 표현하고 있을까요?

전 5:10 " 은 을 사랑하는 자는 은으로 만족하지 못하고 풍요 를 사랑하는 자는 소득으로 만족하지 아니하나니 이것도 헛되도다"

전 6:3 "사람이 비록 백 명의 자녀 를 낳고 또 장수 하여 사는 날이 많을지라도 그의 영혼은 그러한 행복으로 만족하지 못하고…"

*** 풍부함도, 장수함도 사람에게 만족을 주는 근원이 될 수 없습니다!**

은은 고대사회에서는 화폐의 역할을 했기 때문에 여러 성경(KJV, RSV, NASB 등)에서는 이를 '돈'(money)으로 번역하고 있습니다. 전도서 5장 10절은 인간이 가지고 있는 가장 보편적인 욕구이며 동시에 가장 강력한 욕구 중 하나인 물욕을 채우려는 시도가 재물을 많이 갖고자 하는 욕망도 결코 만족시킬 수 없음은 물론 설령 재물을 한껏 모았다 해도 재물은 인간이 참으로 희구하는 행복과 영원한 삶을 결코 줄 수 없다는 사실을 각성시키는 교훈입니다. 전도서 6장 3절에서는 비록 자녀를 많이 낳는 것을 하나님의 축복으로 여겼고(창 24:60; 29:31-35; 30:1,2; 욥 27:14; 시 127:3-5), 사람이 이 세상에서 오래 살며 장수하는 것 또한 하나님의 축복으로 간주되었지만(출 20:12; 신 11:9,21; 30:20; 시 34:12; 49:9; 잠 10:27), 그의 영혼은 그러한 행복으로 만족하지 못하다고 말씀하고 있습니다. 풍부함도 장수함도 사람을 영원히 만족시킬 수 없습니다.

이 말씀을 우리에게 적용해 볼까요? 외모, 체력, 성격, 자기조절능력, 학습성취, 교우관계, 가족관계 등에서 내가 바라는 나의 모습과 실제 나의 모습이 불일치하는 것 때문에 우리는 때때로 좌절합니다. 그러나 성경의 가르침대로 하자면 이 모든 것에서 실제 내 모습이 내가 바라는 이상적인 나와 일치한다고 해도 그 만족은 영원히 나를 행복하게 할 수는 없는 것이라 하겠습니다. 죄인 된 속성이 남아있는 우리는 늘 더욱더 높은 이상과 기준을 세우고 그에 못 미치는 자신을 못마땅하게 여기며 우울해질 테니까요.

(2) 사도 바울의 고민은 무엇이었나요?

롬 7:19 "내가 원하는 바 선 은 행하지 아니하고 도리어 원하지 아니하는 바 악 을 행하는도다"

* 바울은 자신이 원하는 것은 행하지 않고 원하지 않는 것을 행하는 자신에 대해 고민하고 있습니다!

"내가 행하는 것을 내가 알지 못하노니"(7:15). 바울은 자기 자신도 자신을 이해하지 못한다고 했습니다. 하고자 하는 것은 하지 못하고 미워하는 것은 행하는, 엉뚱한 삶을 사는 것입니다. 자신의 의지로는 원하는 삶을 살아가지 못하는 것입니다. 원하는 것은 있으나 선을 행함은 없습니다(7:18). 그의 안에는 두 가지 법이 있습니다. 선을 행하기를 원하는 "마음의 법"이 있으나 또 다른 "죄의 법"이 있어서 마음에 원하는 것을 행할 수 없게 하는 것입니다(7:23). 그의 내면에는 끊임없는 긴장과 갈등이 있으며, 현실과 이상 사이에 메울 수 없는 괴리가 있는 것입니다. 바울과 같이 우리 모두는 현실과 이상, 즉 내가 행하기 원하는 것과 실제 행하고 있는 것 사이에서 갈등하며 고민하는 존재입니다.

Change of Life

＊실제의 나 껴안기

말씀에 비추어 보았을 때 우리는 현실(real self)과 이상(ideal self) 사이에서 늘 갈등하며 고민하는 존재이며, 실제 내 모습(real self)이 내가 바라는 이상적인 나(ideal self)와 일치한다고 해도 그 만족은 영원히 나를 행복하게 할 수는 없습니다. 그렇기 때문에 지금의 나, 실제의 나(real self)를 있는 모습 그대로 인정하고 껴안을 필요가 있습니다. 바울처럼 실제 자신의 모습과 그 한계를 직면하고 인정하는 데에서 주님의 은혜를 소망하고 감사하게 되기 때문입니다.

예) 사랑합니다. 만족합니다. 긍정합니다. 칭찬합니다. 자랑스럽습니다. 신뢰합니다. 축복합니다. 소중히 여깁니다. 등

□ 나의 현재 외모를 (사랑합니다.)

□ 나의 현재 체력을 (만족합니다.)

□ 나의 현재 성격을 (긍정합니다.)

□ 나의 현재 자기조절능력을 (신뢰합니다.)

□ 나의 현재 학업수준을 (칭찬합니다.)

□ 나의 현재 교우관계를 (소중히 여깁니다.)

□ 나의 현재 가족관계를 (축복합니다.)

Decision of Life

자신의 장 · 단점을 포함하여 성격이나 능력, 태도 등에 대해 실제 내 모습이라고 여기는 부분이 있습니다. 이것을 '현실적 자기(real self)' 라고 합니다. 그런데 되고 싶은 자신의 모습, 곧 '이상적 자기(ideal self)' 와 실제 내 모습이라고 생각되는 '현실적 자기(real self)' 는 일치하지 않는 경우가 많습니다. 그래서 우리는 때때로 낙담하게 되고 우울해지기도 합니다. 그렇다고 실제 내 모습과 이상적인 내 모습이 일치한다면 우리는 아주 행복할까요? 내 모습이 내가 바라는 이상적인 나와 일치한다고 해도 그 만족은 영원히 나를 행복하게 할 수는 없습니다. 죄인 된 속성이 남아있는 우리는 늘 더욱더 높은 이상과 기준을 세우고 그에 못 미치는 자신을 못마땅하게 여기며 우울해질 테니까요. 그렇기 때문에 지금의 나, 실제의 나(real self)를 있는 모습 그대로 인정하고 껴안는 우리가 되기로 해요. 바울처럼 실제 자신의 모습과 그 한계를 직면하고 인정하는 데에서 주님의 은혜를 소망하고 감사하게 되기 때문이에요.

제 3과

그리스도 안에서 구속된 나 'Redemptive Self'

학습 목표 | 예수 그리스도 안에서 온전히 구속된 존재로서의 자기를 이해한다.

중심 진리 | 그리스도인의 자기 개념은 그리스도 예수 안에서 구속된 자기에 대한 이해를 바탕으로 한다.

본문 말씀 | 고린도후서 5:17

본과를 소개합니다

이번 과는 그리스도 예수 안에서 구속된 자기에 대한 이해를 바탕으로 건강하고 바른 자기 개념을 형성하도록 돕는데 그 목적이 있습니다. 성경은 인간존엄성을 하나님의 형상으로 창조하신 하나님 창조의 은혜 안에서 찾으며 인간 자아가 죄로 타락했으나 예수 그리스도 안에서 보혈의 구속인 사랑으로 다시 새로운 자아가 됨을 보여줍니다. 되고 싶은 자신의 모습과 실제 자신의 모습이 일치하지 않는 데서 오는 부정적인 정서는 성경이 언급하는 인간 이해인 예수 그리스도 안에서 온전하게 되는 '구속적 자기(redemptive self)' 에 대해 바르게 이해함으로써 극복되는 것입니다. 그리고 궁극적으로 건강하고 바른 자기 개념을 형성할 수 있게 됩니다.

Story of Life

클레어라는 여대생이 있었습니다. 이 세상의 기준으로 볼 때 클레어는 좋은 여건이라고는 거의 갖춘 것이 없었습니다. 평균 이하의 외모를 가진 클레어는 술주정뱅이 아버지로부터 버림받았습니다. 가족을 부양해야 하는 어머니는 두 군데서 허드렛일을 했고, 오빠는 집을 나가는 일이 잦았습니다. 처음 클레어를 만났을 때, 솔직히 남학생들이 거들떠보지도 않을 소녀처럼 보였습니다. 그런 그녀가 외면적 아름다움과 물질적 성공을 추구하는 우리 문화 속에서 어떻게 배척당하지 않고 지낼 수 있는지 의아했습니다. 놀랍게도 모든 학생이 클레어를 좋아하고 그녀와 함께 있는 것을 즐거워했습니다. 그녀에겐 친구가 많았고, 나중에는 그 학교의 같은 과에서 제일 멋진 청년과 결혼했습니다. 클레어의 성공비결이 궁금하세요? 그녀는 그저, 하나님의 가르침대로 자신이 누구인지 받아들였고, 그녀의 인생을 향한 하나님의 원대한 계획을 믿고 받아들여 이웃을 사랑하고 그리스도 안에서 자라갔습니다. 그녀는 누구에게도 위협을 느끼게 하지 않았고, 오히려 반대로 긍정적이고 사람들을 돌보는 삶으로 모든 사람의 사랑을 받았습니다.

닐 앤더슨 & 데이브 파크, 《(부정적인 자아상을 극복하기 위한) 내가 누구인지 이제 알았습니다》, 죠이선교회.

Talk Talk about Life

*나를 평가해왔던 기준들

이 세상은 보통 외모와 체력, 성격, 지식, 재능과 능력 등과 같은 기준을 가지고 사람을 평가합니다. 그리고 그리스도인이라고 자처하는 우리들 역시 우리 자신을 평가하는 잣대로 이러한 기준을 사용하고 있습니다.

다음의 질문을 나누면서 청소년들이 얼마나 이런 기준들에서 자유하지 못한 채 영향을 크고 깊게 받고 있는지 확인하는 시간이 되기를 바랍니다. 예로 주어진 문장과 같이 자신을 평가하는 문장을 완성하도록 하면서 자신이 주로 자신을 평가하는 기준이 무엇인지, 어떤 기준을 가장 중요시하고 있는지 생각해보는 기회가 될 것입니다.

(1) 나를 평가하는 문장을 써볼까요?

- □ 나는 나의 큰 키가 매우 만족스러워요.
- □ 나는 나의 까무잡잡한 피부가 맘에 들지 않아요.
- □ 나는 나의 ________________
- □ 나는 나의 ________________
- □ 나는 나의 ________________
- □ 나는 나의 ________________

Standard of Life

*말씀탐구

(1) 사람은 외적인 것으로 영원히 만족할 수 있을까요?

전 1:8 "모든 만물이 피곤하다는 것을 사람이 말로 다 말할 수는 없나니 눈 은 보아도 족함이 없고 귀 는 들어도 가득 차지 아니하도다"

* 사람의 만족은 보고 듣는 것, 즉 외적인 것에서 오는 것이 아닙니다.

'피곤하다' (יגע, 야가)의 원래 의미는 '숨이 차다' (욥 7:15), '기진맥진하다' (렘 48:45) 입니다. 즉 이 말은 '야게아(יגע)' 의 타동사로 '지친', '노고가 많은' 이라는 뜻을 지니고 있습니다. 좀 더 의미를 확대한다면 정신적으로 육체적으로 심히 약해진다는 뜻입니다. 그러면 왜 모두가 피곤함을 느낄까요? 그 심령에 만족이 없기 때문입니다. 그래서 전도자는 "들어도 보아도 족함이 없다"고 말했습니다. 솔로몬은 당대 최고의 부귀영화를 누리며 세상을 살았습니다. 그러나 직접 세상의 이 모든 부와 명예와 쾌락을 다 누렸던 그도 그의 영광이 들에 피는 꽃만 못하다고 했습니다(눅 12:27). 솔로몬은 전도서를 통해서 이 땅에서 눈으로 보이는 모든 것들과 귀로 듣는 모든 것들을 누리고 난 후에 그 모든 것들에 마음을 두어도 만족이 없음을 깨닫고 헛됨을 나타내는 말을 한 것이죠. 이처럼 해 아래 행하는 모든 것이 족함이 없으므로 전도자는 인생이 피곤하다고 고백했던 것입니다. 내 모습이 눈으로 보기에 아름답고 훌륭하다 해도, 또 사람들의 칭찬을 귀로 들을 만큼 나의 성적과 성취가 뛰어나다 해도 영원히 만족할 수는 없습니다.

(2) 우리의 만족의 근원은 무엇입니까?

고후 5:17 "그런즉 누구든지 그리스도 안에 있으면 새로운 피조물 이라 이전 것은 지나갔으니 보라 새것 이 되었도다"

롬 3:24 "그리스도 예수 안에 있는 속량 으로 말미암아 하나님의 은혜로 값 없이 의롭다 하심을 얻은 자 되었느니라"

골 1:14 "그 아들 안에서 우리가 속량 곧 죄 사함 을 얻었도다"

* 우리가 만족하고 기뻐할 수 있는 근원은 그리스도 안에서 우리가 새로운 존재, 새로운 신분이 되었다는 복음에 있습니다! 그리스도 안에서 구속된 우리의 신분을 바로 아는 것이야말로 우리의 만족의 근원입니다!

"그리스도 안에 있다는 것은 새로운 신분을 갖는 것입니다. 그리스도인으로서의 삶을 성공적으로 살아갈 수 있는 유일한 길은 그리스도 안에서 자신이 누구인가를 깨닫는 것입니다. 사단은 우리가 우리의 참 신분을 깨닫고 나서 영적으로 성숙해가며 자유를 누리고 사는 것을 원치 않기 때문에 우리가 그리스도 안에서 누구인가를 깨닫지 못하게 하려 합니다.
하나님의 자녀 된 우리의 신분에 대한 하나님의 말씀을 믿는 것이 온전한 그리스도인의 삶에 이르는 근본이 됩니다."(Nill Anderson, 《이제 시작입니다》, 오진희 역, 죠이선교회출판부, 1995.)
"우리가 아직 죄인 되었을 때에 그리스도께서 우리를 위하여 죽으심으로 하나님께서 우리에 대한 자기의 사랑을 확증하셨느니라."(롬 5:8) 하신 복음, 죄 없으신 예수님께서 죄인인 우리 대신 죽으심으로 하나님의 사랑을 받은 존재, 곧 하나님의 자녀요 성도가 되었다는 말씀이야말로 우리가 기뻐할 수 있고 만족을 누릴 수 있는 근원이 됩니다. 우리는 예수 그리스도와의 은혜로 인해 새로운 신분을 갖게 되었습니다. 그리스도 안에서 우리는 하나님의 자녀로 받아들여진 성도가 되었습니다. 할렐루야! 이러한 자격과 신분을 얻기 위해 우리가 해야 할 일은 아무 것도 없습니다. 그저 단순히 그 사실을 믿고 받아들이면 우리는 가치 있고 열매가 풍성한 삶을 살 수 있게 됩니다.

Change of Life

*그리스도 안에서 구속된 나, 진정한 나를 찾았어요!

* 나는 누구인지 써볼까요?

우리는 외모와 체력, 지식, 재능과 능력, 성취(직업) 등으로 내가 누구인지를 설명하는 데 익숙해 있지만, 그런 것만으로는 진정으로 내가 누구인지를 표현하는데 부족합니다. 외모나 신체적 조건이 곧 나 자신은 아니며, 내가 가진 직업이나 내가 이룬 성취 역시 나 자신은 아닙니다. 내가 누구인가 하는 것은 겉으로 드러나는 것 그 이상인 것입니다. 우리가 그리스도인으로서 성장하고, 성취감을 누리며 생활하기 위해서는 내가 누구인가를 바로 이해해야 합니다. 그리스도 안에서 하나님의 자녀가 된 자신의 신분을 확실하게 인식해야 하는 것입니다. 우리가 우리 자신의 신분, 우리의 진정한 자아를 확고히 할수록 신분에 맞게 행동하게 될 것입니다.(참고, 글 1)

□ 나는 (**하나님의 자녀, 하나님의 아들, 하나님의 유업을 받을 자**)이다!

(요 1:12) "영접하는 자 곧 그 이름을 믿는 자들에게는 하나님의 자녀가 되는 권세를 주셨으니"

(갈 4:6,7) "너희가 아들이므로 하나님이 그 아들의 영을 우리 마음 가운데 보내사 아빠 아버지라 부르게 하셨느니라 그러므로 네가 이 후로는 종이 아니요 아들이니 아들이면 하나님으로 말미암아 유업을 받을 자니라"

□ 나는 (**그리스도 예수 안에서 선한 일을 위하여 지으심을 받은 사람**)이다!

(엡 2:10) "우리는 그가 만드신 바라 그리스도 예수 안에서 선한 일을 위하여 지으심을 받은 자니 이 일은 하나님이 전에 예비하사 우리로 그 가운데서 행하게 하려 하심이니라"

□ 나는 (**그리스도 안에서 모든 것을 할 수 있는 사람**)이다!

(빌 4:13) "내게 능력 주시는 자 안에서 내가 모든 것을 할 수 있느니라"

□ 나는 (**하나님이 거하시는 성전**)이다!

(고전 3:16) "너희는 너희가 하나님의 성전인 것과 하나님의 성령이 너희 안에 계시는 것을 알지 못하느냐"

(고전 6:19) "너희 몸은 너희가 하나님께로부터 받은 바 너희 가운데 계신 성령의 전인 줄을 알지 못하느냐 너희는 너희 자신의 것이 아니라"

〈참고〉 (Nill Anderson, 《이제 시작입니다》, 오진희 역, 죠이선교회출판부, 1995, 36-37)
직업, 취미, 교회활동 등은 자신의 신분이 될 수 없습니다. 그러한 것은 단지 그가 하는 일들일 뿐입니다. 예를 들어 다음과 같은 것은 하는 일과는 별도로 우리의 신분을 나타내 줍니다. "나는 예수님을 사랑하는 사람이다", "나는 부모님을 존경하는 자녀이다", "나는 감정이 풍부한 사람이다", "나는 파란색을 좋아하는 사람이다", "나는 백합 향기를 좋아한다", "나는 그리스도 안에서 새로운 피조물

이다" 등. 우리가 무엇을 생산해내거나 무슨 일을 한다는 것을 제외하고 자신의 신분을 나타내는 것은 때때로 어려운 일이 됩니다.

나는 사람들에게 "당신은 누구입니까?"라는 질문을 하기 좋아한다. 그것은 아주 간단한 대답을 요구하는 질문처럼 들린다. 그러나 그 질문은 간단한 것이 아니다. 예를 들면, 만약 누가 나에게 "당신은 누구입니까?"라고 묻는다면, "닐 앤더슨입니다"라고 대답할 수 있다. "아니오, 그것은 당신 이름입니다. 당신은 누구입니까?"

"오, 나는 신학교 교수입니다." "아니오, 그것은 당신 직업입니다."

"나는 미국사람입니다." "그것은 당신의 국적입니다."

"나는 침례교인입니다." "그것은 당신의 교파입니다."

나는 또 키가 173센티미터이고, 몸무게는 약 68킬로그램이다. 그러나 나의 신체적 조건이나 외모 역시 나 자신은 아니다. 만일 나의 팔이나 다리가 절단된다면 그래도 나일 수 있을까? 만일 당신이 나에게 심장이나 신장, 간을 이식해준다면 그래도 나일 수 있을까? 물론이다! 내가 누구인가 하는 것은 당신이 겉으로 보는 것 그 이상이다.

우리는 바울이 말한 것처럼, "그러므로 우리가 이제부터는 아무 사람도 육체대로 알지 아니하노라"(고후 5:16)고 말한다. 그러나 우리는 자기 자신이나 다른 사람을 무엇보다도 겉모습에 따라 판단하는 경향이 있고(키가 작다, 크다, 뚱뚱하다, 날씬하다 등), 또 직업에 따라 평가하는 경향이 있다(배관공, 목수, 교사, 간호원, 엔지니어, 비서 등). 더 나아가 그리스도인으로서 우리가 자신의 신분에 대하여 질문을 받을 때, 대개 자신의 교리적인 입장(개신교, 복음주의, 칼빈주의 등)에 대해 말하거나 자기의 교파(침례교, 장로교, 감리교, 독립교회 등), 또 교회에서의 직분(주일학교 교사, 성가대원, 집사 등)에 대해 말을 한다.

그러나 당신이 누구인가 하는 것이 당신의 직업에 따라 결정되며, 당신의 직업은 당신이 누구인가를 결정하는가? 당신이 누구인가 하는 것은 특별히 그것이 그리스도인의 성숙과 관계될 때에 더욱 중요한 질문이다. 당신이 그리스도인으로서 성장하고, 의미를 찾고, 성취감을 누리며 살기 위해서는 기본적으로 당신이 누구인가를 이해해야 한다. 구체적으로 그리스도 안에서 하나님의 자녀로서의 신분을 확인해야 하는 것이다. 자신의 신분 확인은 당신의 믿음과 그리스도인으로서의 행위에 절대 기준이 된다.

Decision of Life

우리가 그리스도인으로서 성장하고, 성취감을 누리며 생활하기 위해서는 내가 누구인가를 바로 이해해야 합니다. 그러기 위해서는 내가 되고 싶은 자신(ideal self)도, 실제의 내 모습(real self)도 바로 이해해야 할 필요가 있습니다. 하지만 그리스도 안에서 구속된 하나님의 자녀로서의 자신의 모습에 대해 깨달을 때에야 비로소 우리는 자신이 누구인지를 바로 알게 됩니다. "정당한 자아존중감은 재능이나 타고난 능력 또는 지식이나 외모에 의해 생길 수 있는 것이 아닙니다. 자신의 가치에 대한 자아 평가는 신분에 관한 문제입니다. 자아 가치에 대한 평가는 자신이 누구인지를 바르게 아는 데서부터 옵니다. 곧 자신이 예수 그리스도의 은혜로 구속된 하나님의 자녀라는 사실을 알 때입니다(Nill Anderson)." 자, 이제 나 자신이 누구인지 바로 알게 되었나요? 변함없는 하나님의 사랑을 입은 자녀로서 당당하고 자신 있게 살아가는 우리가 되기로 해요!

단원 주제

가정의 공간(가정)

단원 해설

가정은 청소년들이 성장하고 발달하는데 가장 친밀하고 영향력 있는 사회 환경입니다. 청소년들은 저마다 이상적인 가정의 모습을 그리며 성장해 갑니다. 그런 이상적인 가정상(像)에는 청소년 각자의 경험뿐 아니라 자신이 속해 있는 현재 가정에 대한 불만과 결핍이 반영되어 있기도 합니다. 그렇기 때문에 이상적으로 꿈꾸는 가정의 모습과 실제 가정의 모습은 다를 수가 있습니다. 청소년들로 하여금 여러 가지 문제와 상처를 가지고 있는 실제 자신의 가정을 있는 그대로 사랑하고 받아들이도록 돕는 일은 매우 중요하다고 할 수 있습니다. 나아가 그리스도 예수 안에서 구속된 가정에 대한 이해를 바탕으로 하나님이 가정을 창조하신 본래의 목적을 깨닫고, 우리 가정을 향한 하나님의 뜻을 바로 이루어가기를 힘쓰는 청소년이 되도록 인도해야 하겠습니다.

중심 구절

"그리스도를 경외함으로 피차 복종하라"(엡 5:21).

단원학습목표

그리스도 예수 안에서 구속된 가정에 대한 이해를 바탕으로 하나님이 창조하신 본래의 목적을 이루는 가정생활을 할 수 있다.

생활편 | 2단원

가정의 공간(가정)

단원핵심정리

자신이 꿈꾸는 이상적인 가정의 모습과 실제 가정의 모습이 어떤 부분에서 차이가 있는지 확인하고, 그리스도 예수 안에서 구속된 가정에 대한 이해를 바탕으로 하나님이 창조하신 본래의 목적을 이루는 가정생활을 위해 노력한다.

단원 소개

본 단원은 청소년들로 하여금 자신이 꿈꾸는 이상적인 가정의 모습을 점검하고, 성경에서 찾아볼 수 있는 아름다운 가정의 모습에 비추어 이상적 가정을 만들기 위해 청소년 자신이 기울여야 할 노력이 무엇인지 발견하도록 하는 데 목적이 있습니다. 그리고 현재 자신의 가정에 대해 어떻게 인식하고 있는지 점검해 보고, 청소년들이 자신의 가정의 실제 모습을 있는 그대로 직시하고, 수용하며, 나아가 자신의 가정을 통해 하나님께서 일하실 것을 기대하도록 합니다. 또한 하나님께서 가정을 창조하실 때 의도하셨던 본래의 목적이 무엇인지를 깨닫고, 우리 가정을 향한 하나님의 뜻을 바로 이루어가기를 힘쓰는 청소년이 되도록 하는 데 목적이 있습니다.

제 4과

내가 꿈꾸는 가정

학습 목표 | 자신이 꿈꾸는 이상적인 가정의 모습에 대해 점검한다.

중심 진리 | 이상적인 가정의 모습을 꿈꾸는 데 그치는 것이 아니라 자신이 할 수 있는 노력을 다함으로써 아름다운 가정을 만들어 나가야 한다.

본문 말씀 | 사도행전 10:1-2

본과를 소개합니다

이번 과는 청소년들이 제각기 꿈꾸는 이상적인 가정의 모습을 점검해 보도록 하는 데 목적이 있습니다. 청소년들은 각자가 처해 있는 상황에서 나름대로 이상적인 가정에 대한 견해를 형성하게 되고 그림을 그리게 됩니다. 이상적인 가정에 대한 견해와 그림에는 청소년 각자의 경험뿐 아니라 자신이 속해 있는 현재 가정에 대한 불만과 결핍이 반영되어 있기도 합니다. 청소년들이 가지고 있는 이상적인 가정상(像)에 대해 점검해 보는 것은 가정에 대한 그들의 희망과 바람, 갈망 등을 확인해보는 기회가 될 것이며, 지도하는 학생 개개인을 보다 깊이 이해하는 계기가 될 것입니다. 그리고 성경에서 찾아볼 수 있는 아름다운 가정의 모습에 비추어 이상적 가정을 만들기 위해 청소년 자신이 기울여야 할 노력이 무엇인지 발견하는 시간이 될 것입니다.

Story of Life

친구 집에 놀러갔다 함께
예배를 드리게 되었습니다.
매일 가정예배를 드린다고 하면
서 함께 하기를 원하기에….
"사철에 봄바람 불어 잇고
하나님 아버지 모셨으니…
우리 집 즐거운 동산이라…
고마워라 임마누엘 복되고 즐거
운 하루하루…"
찬양을 부르는데,
나도 모르게 볼을 타고 눈물이
흘러내렸습니다.
부모님과 자녀들이 둘러앉아 찬
양하고 기도하며 아버지가 성경
말씀을 읽고 설명해주는 모습이
부럽기 그지없었기 때문입니다.
언제부턴지 기억도 가물가물한
아주 오래전부터 내가 그렇게도
소원하고 기도하던 가정의 모습
이 내 눈앞에 있었습니다.
언제쯤이나 되어야 내 기도는
이루어질까요?
언제쯤이나 되어야 우리 집도
화목하게 가정예배를 드리며
기뻐할 수 있을까요?

Talk Talk about Life

*내가 바라는 우리 가정은요….

청소년들로 하여금 자신이 원하고 바라는 가정의 모습에 대해 함께 이야기를 나누어 보도록 합니다.

- 우리 가정에 있었으면 하고 바라는 것은 무엇입니까? ☑ 표시해 봅시다.

  □ 가족에 대한 책임감과 헌신

  □ 활발한 애정표현

  □ 함께 시간을 보냄

  □ 즐거운 대화

  □ 함께하는 신앙생활

  □ 갈등을 극복하는 능력

  □ 기타 (________________________)

*말씀탐구

(1) 성경에서 찾아볼 수 있는 아름다운 가정의 모습은?

행 10:1-2 "가이사랴에 고넬료라 하는 사람이 있으니 이달리야 부대라 하는 군대의 백부장이라 그가 경건하여 온 집안과 더불어 하나님 을 경외 하며 백성을 많이 구제하고 하나님께 항상 기도하더니"

* 온 가족이 하나님을 경외하는 것이야말로 아름다운 가정의 모습입니다!

'경건' 이란 헬라어로 '유세베스' (εὐσεβής)인데, 이는 '신앙이 독실함' 을 지칭하는 말입니다. 유대인이 아닌 이방인으로서 하나님 앞에 경건한 고넬료는 자신뿐만 아니라 온 가족과 함께 하나님을 경외하였습니다. 성경은 "누구든지 자기 친족 특히 자기 가족을 돌보지 아니하면 믿음을 배반한 자요 불신자보다 더 악한 자니라"(딤전 5:8)고 가르치고 있습니다. 그러므로 고넬료의 경건함이 진실하였다는 것은 그가 자기 가족을 돌아보아 함께 신앙생활에 힘썼다는 데서 증명됩니다. 온 가족이 함께 하나님을 경외하는 삶을 사는 것이야말로 아름다운 가정의 모습이라 할 수 있습니다.

잠 31:27 "자기의 집안 일을 보살피고 게을리 얻은 양식을 먹지 아니하나니"

* 부지런히 일하여 소득을 얻고 집안을 돌보는 것이 아름다운 가정의 모습입니다!

성경에 나타난 아름다운 가정의 모습 중 하나는 게을리 얻은 양식을 먹지 않고 성실과 근면으로 자기 생활에 최선을 다하는 자세라 할 수 있습니다. 열심히 일하고 노력한 대가로 얻은 양식을 기뻐하는 가정의 모습, 노동의 참된 의미를 깨닫고 정직과 진실에 기초한 경제활동을 수행하는 가정의 모습은 매우 아름답다고 할 수 있습니다.

시 133:1 "보라 형제가 연합 하여 동거함이 어찌 그리 선하고 아름다운고"

* 형제가 다투지 않고 연합하는 생활을 하는 것이 아름다운 가정의 모습입니다!

형제간의 우애와 연합이 있는 가정은 참으로 아름답습니다. 물론 시편 133편에서 '형제'는 혈통으로 묶여진 관계를 말하는 협의적인 개념을 넘어 모든 이스라엘 백성을 총칭하는 단어입니다. 하지만 하나님 자녀들 사이의 하나 됨의 중요성, 증오와 질투 속에서의 비생산적인 대립을 극복하고 한 형제로서 피차간 화목과 사랑을 회복함의 소중함이라는 교훈을 우리들의 가정에도 적용해 볼 수 있습니다. 형제가 하나 되어 동거하는 일처럼 선하고 아름다운 것은 없습니다.

창 50:17-21 "너희는 이같이 요셉에게 이르라 네 형들이 네게 악을 행하였을지라도 이제 바라건대 그들의 허물과 죄를 용서 하라 하셨나니 당신 아버지의 하나님의 종들인 우리 죄를 이제 용서 하소서 하매 요셉이 그들이 그에게 하는 말을 들을 때에 울었더라 … 요셉이 그들에게 이르되 … 당신들은 나를 해하려 하였으나 하나님은 그것을 선으로 바꾸사 오늘과 같이 많은 백성의 생명을 구원하게 하시려 하셨나니 당신들은 두려워하지 마소서 내가 당신들과 당신들의 자녀를 기르리이다 하고 그들을 간곡한 말로 위로 하였더라"

* 가족의 잘못을 용서하는 것이 아름다운 가정의 모습입니다!

본문은 아버지 야곱이 죽은 후 과거에 저지른 죄악으로 인해 요셉으로부터 보복당할 것을 두려워하는 형들을 요셉이 간곡히 위로함으로써 이스라엘 공동체가 용서와 화해 속에 새롭게 결속되는 장면입니다. 요셉은 형제들의 간절한 용서의 간청을 눈물로 받아들이면서 자기 앞에 엎드려 있는 형제들을 오히려 위로하고, 자신이 이렇게 된 것은 모두 자신을 통해서 만민의 생명을 구원하도록 하나님께서 하신 것이라고 설명하고 있습니다. 가정을 하나 되게 하고 아름답게 하는 원동력 역시 가족 상호간의 이해와 사랑, 용서와 화해에 있습니다. "서로 친절하게 하며 불쌍히 여기며 서로 용서하기를 하나님이 그리스도 안에서 너희를 용서하심과 같이 하라"(엡 4:32).

Change of Life

＊아름다운 우리 가정을 만들기 위해 내가 할 수 있는 일!

앞에서는 자신이 바라고 원하는 이상적인 가정의 모습이 되기 위해 우리 가정에 있었으면 하고 바라는 사항들을 생각해 보았습니다. 여기에서는 그 이상적인 가정의 모습이 되도록 나 자신이 할 수 있는 일은 무엇이 있을지 생각해 보도록 합니다. 부모님이나 다른 형제자매들이 아닌 가정의 구성원으로서 '내'가 할 수 있는 일을 생각해 보고 함께 나누어 보도록 합니다.

□ 나는 (우리 가족을 구원하기/나 자신이 하나님을 더욱 사랑하기) 위해 노력하겠습니다!

더욱 구체적인 실천 사항을 유도해 주세요. 예를 들어, 가족 구원을 위해 중보기도하기, 말씀 읽고 묵상하기, 찬양의 생활하기 등.

□ 나는 (근면하고 성실한 생활을 하기) 위해 노력하겠습니다!

더욱 구체적인 실천 사항을 유도해 주세요. 예를 들어, 규칙적인 생활 실천하기, 성실하게 학습하기, 가사에 협조하기 등.

□ 나는 (형제와 다투지 않고 화목하기) 위해 노력하겠습니다!

더욱 구체적인 실천 사항을 유도해 주세요. 예를 들어, 양보하기, 부드러운 말 사용하기, 용서구하기 등.

□ 나는 ( ) 위해 노력하겠습니다!

□ 나는 ( ) 위해 노력하겠습니다!

Decision of Life

사람마다 행복하고 이상적인 가정을 꿈꿉니다. 즐거운 대화와 사랑이 넘치고 서로에게 헌신하며 갈등에 성공적으로 대처하는 등 이상적인 가정에 대한 그림은 참으로 아름답습니다. 그렇기 때문에 우리 가정의 부족한 부분이 더 크게 부각되기도 합니다. 또, 우리 가정에 이런 저런 요소가 더 필요하다는 생각에 안타까움이 더 커지기도 합니다. 그러나 여러분, 한숨짓는 자리에 머물러 있지 맙시다! 내가 원하는 이상적이고 아름다운 가정이 되도록 하기 위해 나 자신이 할 수 있는 일이 무엇인지 생각해보기로 합시다! 온 가족이 함께 하나님을 경외하는 아름다운 가정을 만들기 위해 나 자신이 먼저 하나님을 더욱 사랑하기로 합시다! 형제와 다투지 않고 화목하며, 내가 먼저 형제를 용서하도록 합시다! 부모님이나 다른 형제자매들이 해주었으면 하는 일이 아닌, 가정의 구성원으로서 '내'가 할 수 있는 일을 실천하도록 합시다!

제 5과

실제 우리 가정

학습 목표 | 현재 자신의 가정에 대해 어떻게 인식하고 있는지 점검한다.

중심 진리 | 이상적으로 꿈꾸는 가정의 모습과 실제 가정의 모습은 다를 수 있으나, 실제 자신의 가정을 있는 그대로 사랑하고 받아들일 수 있어야 한다.

본문 말씀 | 창세기 27:41-46

본과를 소개합니다

이번 과는 청소년이 현재 자신의 가정에 대해 어떻게 인식하고 있는지 점검해 보도록 하는 데 목적이 있습니다. 실제 가정의 모습은 꿈꾸는 이상적인 가정의 모습과는 달리 여러 가지 결점과 허물로 얼룩져있고, 그로 인해 청소년들은 가정생활 속에서 상처를 받고 또 주게 됩니다. 정도의 차이는 있지만, 청소년시기에 부모님과 자신의 가정에 대해 실망하는 일은 빈번하며, 갈등은 증폭됩니다. 그러나 성경은 완벽한 가정의 모습을 기록하고 있기보다는 매우 다양한 형태의 가정과 여러 가지 결점과 역기능을 가진 가정들을 통해 일하신 하나님의 손길을 보여주고 있음을 발견하게 됩니다. 그러므로 어떤 형편의 가정에 속해있는가 하는 것이 중요한 것이 아님을 알아야 합니다. 어떻게 하면 우리와 우리 가정을 통해 하나님께서 일하시도록 할 것인가 하는 것이 중요하다는 사실을 청소년들로 하여금 깨닫게 해야 합니다. 이번 과를 통해 청소년들이 자신의 가정의 실제 모습을 있는 그대로 직시하고, 수용하며, 나아가 자신의 가정을 통해 하나님께서 일하실 것을 기대하는 시간이 될 것이라 기대합니다.

Story of Life

내아빠하곤 말이 안 통해서 대화 안 한 지 오래고…, 사업 실패 후 부모님 사이도 찬바람만 쌩쌩 불고…, 은근히 엄마는 아빠를 원망하시고…, 오빠는 언제부턴지 며칠씩 집을 나갔다 들어오기 일쑤고…, 겨우 네 명인 우리 가족은 모래알처럼 따로따로 겉돌고…, 아…, 집에 들어가기 참 싫네요(예수님을 믿는다고 하면서 이런 생각하는 게 죄송하지만). 우리 가정은 어쩌다 이 모양이 되었을까요? 어떡해야 부모님과 오빠도 예수님을 믿고, 우리 가정에도 따스한 봄이 올까요?

Talk Talk about Life

***우리 가정 이런 모습, 지우고 싶어요!**

청소년들로 하여금 자신이 기대하고 꿈꾸는 가정의 모습에서 어긋난 실제 자기 가정의 모습은 어떤 것이 있는지 점검해보는 시간을 갖도록 합니다. 지우고 싶은 자기 가정의 모습에는 어떤 것들이 있는지 확인해 보면서 청소년들이 가정생활에서 갈등하고 힘들어 하는 부분에 대해 들여다보는 기회가 될 것입니다.

- □ 부모님의 ____________ 모습, 지우고 싶어요!
- □ 부모님과의 관계에서 _____ 모습, 지우고 싶어요!
- □ 형제자매 관계에서 ________ 모습, 지우고 싶어요!
- □ 우리 가정의 _________ 모습, 지우고 싶어요!

***내가 꿈꾸는 가정 vs. 실제 우리 가정**

청소년들로 하여금 자신이 꿈꾸는 가정의 모습과 실제 가정의 모습 간의 불일치 정도에 대해 점검해 볼 수 있는 기회를 갖도록 합니다. 먼저 주어진 항목에 대해 실제 가신의 가정이 어느 정도라고 여기는지 생각하고 표시해 보도록 합니다. 그리고 나서 각 항목에 대해 자신의 가정이 어느 정도의 모습이 되기를 원하는지 표시해 보도록 합니다. 일치 정도가 큰 항목은 무엇이고 불일치 정도가 가장 크게 나타나는 항목은 무엇인지 확인함으로써 변화되기를 소망하는 가정의 모습이 무엇인지 알아볼 수 있습니다.

(1) 실제 우리 가정에 대해 생각해 봅시다.

: 주어진 항목에 대해 자신의 가정이 어느 정도라고 생각하십니까? 해당되는 숫자에 표시하고 선그래프를 그려 보세요.

	매우 부족 0	상당히 부족 1	약간 부족 2	보통 3	약간 우수 4	상당히 우수 5	매우 우수 6
대 화							
경 제 력							
역할충실							
신앙생활							
갈등대처							
배려/존중							
감사/사랑							
시간공유							

(2) 내가 꿈꾸는 가정에 대해 생각해 봅시다.

: 주어진 항목에 대해 자신의 가정이 어느정도의 모습이 되기를 원하십니까? 해당되는 숫자에 표시하고 선그래프를 그려 보세요.

(3) 꿈꾸는 가정과 실제 자신의 가정 사이에 일치 정도가 큰 항목은?

: (　　　　　), (　　　　　), (　　　　　)

(4) 꿈꾸는 가정과 실제 자신의 가정 사이에 불일치 정도가 큰 항목은?

: (　　　　　), (　　　　　), (　　　　　)

*말씀탐구

(1) 창세기 27장에 나타난 이삭의 가정에서 찾아볼 수 있는 결점들에는 무엇이 있을까요?

창 27:1-10 "이삭이 나이가 많아 눈이 어두워 잘 보지 못하더니 맏아들 에서를 불러 이르되… 내가 즐기는 별미를 만들어 내게로 가져와서 먹게 하여 내가 죽기 전에 내 마음껏 네게 축복하게 하라… 리브가가 그의 아들 야곱에게 말하여 이르되… 네가 그것을 네 아버지께 가져다 드려서 그가 죽기 전에 네게 축복하기 위하여 잡수시게 하라"

편애

본문은 야곱과 에서의 잉태 시 분명히 야곱의 장자권이 하나님의 뜻으로 계시되었음에도 불구하고 이삭이 에서를 편애하여 그에게 장자의 축복을 하고자 한 사실을 보여줍니다. 그리고 이에 맞서 야곱을 편애한 리브가가 그 장자의 축복이 야곱에게 돌아가도록 애쓰는 모습을 보여줍니다. 하나님의 예언적 약속보다 인간적인 장자권에 연연하여 기어코 에서에게 축복하려 한 이삭에게는 아내 리브가와 아들 야곱에게 속임을 당하는 배신감과 허탈감이, 야곱을 편애한 리브가에게는 야곱과 생이별을 해야 하는 쓰라린 아픔이, 각각 그 쓰라린 죄의 열매로서 주어졌습니다. 부모가 어느 한 자녀를 특별히 사랑함으로 인해 갈등과 비극이 빚어짐을 볼 수 있는 것입니다.

창 27:19 "야곱이 아버지에게 대답하되 나는 아버지의 맏아들 에서로소이다 아버지께서 내게 명하신 대로 내가 하였사오니 원하건대 일어나 앉아서 내가 사냥한 고기를 잡수시고 아버지 마음껏 내게 축복하소서"

창 27:35-36 "이삭이 이르되 네 아우가 와서 속여 네 복을 빼앗았도다 에서가 이르되 그의 이름을 야곱이라 함이 합당하지 아니하니이까 그가 나를 속임이 이것이 두 번째니이다 전에는 나의 장자 의 명분을 빼앗고 이제는 내 복 을 빼앗았나이다…"

속임

평소 장자권 상속을 사모해온 야곱은 어머니 리브가의 계략에 따라 연로한 부친 이삭을 속이고 결국 장자권의 축복을 받고야 맙니다. 야곱은 자신이 장자인 에서라고, 또 자기가 고기를 직접 사냥했다고 아버지를 속이고 있습니다. 기왕에 장자의 명분을 경홀히 여김으로 장자권을 팔아넘긴 에서에게는 장자 축복의 박탈이, 그리고 자신에게 돌아올 장자의 축복을 인내로써 기다리지 못하고 형과 부친을 속여 빼앗다시피 장자의 축복을 얻은 야곱에게는 기약 없는 도피 생활이 각각 그 쓰라린 죄의 열매로 주어졌습니다. 믿음의 가정이었지만 이삭의 가정에도 자식이 부모를 속이고, 형제간에 속이는 일이 있었음을 알 수 있습니다.

창 27:41 "그의 아버지가 야곱에게 축복한 그 축복으로 말미암아 에서가 야곱을 미워하여 심중에 이르기를 아버지를 곡할 때가 가까웠은즉 내가 내 아우 야곱을 죽이리라 하였더니"

형제간 대립

장자권 상속의 축복을 받지 못한 에서는 울분에 쌓여 동생 야곱에 대한 살해 계획을 세웁니다. 에서는 형제 살해로 인해 고령의 부친이 슬퍼하고 비통해하는 것을 피하기 위해 부친 이삭의 장례 이후로 야곱에 대한 살해 계획을 미루고 있습니다. 동생 야곱의 장자권 상속이 하나님의 뜻에 의한 것이 아니라 오직 인간적 술수에 의한 것이라고만 생각한 에서는 끓어 오르는 증오로 동생을 죽이려 함으로써 하나님께서 특별히 구속사의 주역으로 택하신 이삭의 가정에 심각한 분열이 야기되고 있는 것입니다. 이처럼 이삭의 가정에는 형이 동생을 죽이고자 하는 형제간의 극단적인 대립이 존재했음을 알 수 있습니다.

「참고」 야곱이 장자 축복권을 받은 사실은 결과론적으로만 보면 리브가의 임신 중 계시된(창 25:22,23) 하나님의 예언이 그대로 성취되었다는 의의를 지닙니다. 그러나 그 성취 과정은 결코 하나님께 영광되지 못했습니다. 왜냐하면 이미 계시된 대로 궁극적으로는 야곱에게 돌아갈 장자의 축복이 하나님의 거룩한 뜻을 좇아 순수하게 된 것이 아니라, 편애, 공모, 속임수 등 온갖 인간의 허물이 뒤섞인 상태에서 되었기 때문입니다. 즉 하나님의 예언은 인간의 온갖 권모술수 및 계략으로 하나님의 거룩한 뜻이 훼손당한 채 성취된 것입니다. 그 결과 하나님의 뜻대로 야곱이 장자권을 상속하기는 했지만 20여 년 동안을 형제간에 원수가 되어 피해 다녀야 했으며, 역사적으로도 야곱의 후손인 이스라엘 민족과 에서의 후손인 에돔 족속 간에는 줄곧 적대관계를 유지하게 되었습니다. 실로 하나님의 거룩한 뜻은 하나님의 방법을 통해 이루어져야 선한 결과를 낳는 법입니다.

Change of Life

*우리 가정 껴안기

믿음의 족장 이삭의 가정에도 문제와 아픔이 많았음을 확인하였습니다. 성경에 기록된 수많은 가정처럼 우리의 가정에도 우리가 원하는 것과는 달리 갈등과 상처가 있습니다. 그러나 이삭의 영적인 어리석음과 야곱의 비열한 계교 등 문제가 많았던 이삭의 가정이었지만, 그 가정을 통해 하나님의 구원의 계획을 선하신 뜻대로 이루어 가신 것처럼 문제의 소지를 품고 있는 우리 가정도 하나님의 선하신 계획과 목적을 이루는 도구로 사용될 수 있습니다. 그러므로 우리에게 요구되는 자세는 현재의 우리 가정을 있는 그대로 인정하고 껴안는 태도입니다. 또한 현재 우리 가정의 모습을 통해 하나님의 선하신 뜻이 이루어지기를 소망하는 태도입니다.

□ 나는 부모님의 (   ) 모습을 더욱 사랑하고 싶어요!

예를 들어, 경제적으로 힘든 가운데서도 우리의 필요를 공급하시기 위해 애쓰시는 모습, 자녀를 위해 기도하시는 모습 등

□ 나는 부모님과의 관계에서 (   ) 부분을 더욱 힘쓰고 싶어요!

예를 들어, 부모님의 물음에 좀 더 친절하게 대답하는 부분, 편지나 선물로 부모님의 수고에 감사를 표현하는 부분, 부모님을 위해 기도하는 부분 등

□ 나는 형제자매 관계에서 (   ) 부분을 더욱 힘쓰고 싶어요!

예를 들어, 감정 상하게 만드는 말이나 상처 입히는 말을 절제하는 부분, 형제자매의 고민에 관심을 갖는 부분, 형제자매를 위해 기도하는 부분 등

□ 나는 우리 가정의 (   ) 모습을 더욱 향상시키고 싶어요!

예를 들어, 생일이나 기념일에 함께 모여 서로 축하하고 기뻐하는 모습, 서로의 고민과 관심사를 알고 (또는 알려주고) 힘이 되어 주는 (또는 위로를 받아들이는) 모습 등

Decision of Life

웃음이 끊이지 않는 화목한 가정, 행복한 가정을 우리는 꿈꿉니다. 그러나 믿음의 족장 이삭의 가정처럼 우리의 가정에도 끊임없이 문제와 갈등, 상처와 아픔이 생겨납니다. 각각 에서와 야곱을 편애한 아버지 이삭과 어머니 리브가, 아버지와 형님을 속인 야곱, 분노로 인해 동생을 죽이고자 했던 에서의 모습이 우리의 가정에도 있습니다. 그렇기 때문에 우리는 우리의 소망을 하나님께 둘 수밖에 없습니다. 하나님은 문제 많은 이삭의 가정을 통해 하나님의 구원의 계획을 선하신 뜻대로 이루어 가셨습니다. 여러 가지 문제와 상처를 가지고 있는 우리 가정도 하나님의 선하신 계획과 목적을 이루는 도구로 사용될 수 있는 것입니다. 그러므로 현재 우리 가정의 모습을 있는 그대로 인정하고 하나님께서 우리 가정을 회복시키셔서 하나님의 선하신 뜻과 사명을 이루는 가정으로 사용하여 주시기를 기대해야 하겠습니다!

제 6과

그리스도 안에서 구속된 가정

학습 목표 | 예수 그리스도 안에서 구속된 가정의 모습에 대해 이해한다.

중심 진리 | 그리스도 예수 안에서 구속된 가정에 대해 바로 이해할 때 하나님이 창조하신 본래의 목적을 이루는 가정생활을 할 수 있다.

본문 말씀 | 에베소서 5:21-6:4

본과를 소개합니다

이번 과는 그리스도께서 십자가에서 이루신 구속은 우리 개개인을 위한 것인 동시에 우리 가정을 구속하시려는 것임을 알도록 하는 데 목적이 있습니다. 청소년들은 나름대로 이상적인 가정의 모습을 꿈꿉니다. 그리고 그 이상적인 가정상(像)에 비추어 실제 자신의 가정에 대해 실망하고 불만을 갖기도 합니다. 그러나 청소년들이 반드시 알아야 할 것은 범죄하고 타락한 우리를 예수 그리스도의 보혈로 구속하여 다시 하나님의 뜻을 제대로 수행하는 사람이 되게 하시듯 갈등과 상처가 있는 우리 가정도 그 본래의 목적을 이룰 수 있는 가정이 되도록 구속해 주신다는 사실입니다. 이번 과를 통해 하나님께서 가정을 창조하실 때 의도하셨던 본래의 목적이 무엇인지를 깨닫고, 우리 가정을 향한 하나님의 뜻을 바로 이루어가기를 힘쓰는 청소년이 되기를 소망합니다.

Story of Life

아버지가 악성 종양으로 진단을 받고 입원하셨다는 소식을 들었다. 아버지는 사람들에게 한 번도 감정이라는 것을 드러낸 적이 없는 냉정하고 쌀쌀맞은 분이다. 엄격한 독일식 훈육방식으로 나를 기른 아버지와의 관계에는 해결이 안 된 숙제들이 쌓여있다.

회복 가능성 없이 병원침대에 누워계신 야윈 아버지를 향해 다가섰다. 진심을 다해 아버지를 향해 "사랑합니다, 아버지"라고 말하며 몸을 구푸려 팔을 뻗어 아버지를 꼭 안아드렸다. 막대기처럼 굳어버린 아버지. 마치 내 사랑을 거절하는 것처럼 느껴져 화가 나도록 슬펐다. 하지만 평생에 걸쳐 형성된 습관이 일순간에 돌변할 수는 없다는 것을 생각하고 나는 아버지를 향한 사랑을 드러내 보여줄 결심을 더욱 든든히 했다. 그리고 아버지께도 포옹하는 방법을 가르치기 시작했다. "자, 아버지, 팔로 저를 꼭 안아보세요. 바로 그거예요. 자, 다시 한 번. 장말 잘하셨어요!" 매일매일 나는 아버지의 침대로 갔고, 매일매일 아버지를 안아드렸다. 아버지의 경직성이 무너지기까지는 한 달이 걸렸다. 거의 이백 번째 포옹을 했을 무렵, 아버지는 처음으로 "사랑한다"는 말을 하셨다. 그 말을 영원히 잊지 못할 것이다. 아버지는 4년 이상 아름답고 행복한 시간을 더 누리실 수 있었다. 그리고 그 4년의 기간은 내 인생을 완전히 바꾸어 놓았다.

— Harold H. Bloomfield, 《Making Peace with Your Parents》

Talk Talk about Life

*우리 가정에 있다! 없다!

모든 가정에는 원하지 않지만 크고 작은 상처들이 있습니다. 우리가 각자의 가정에서 자라나면서 가질 수 있는 마음의 상처는 크게 두 가지로 나눌 수 있습니다. 즉 상처란 크게 볼 때, 살아오는 동안 있어야 하는데 없어서 생기는 것과 없어야 하는데 있음으로 해서 생기는 것, 둘로 나누어 볼 수 있습니다. 다시 말해서 상처는 다른 사람으로부터 사랑과 용납을 받지 못했을 때 생기거나 반대로 다른 사람들에 의한 지나친 기대와 강압과 학대를 받음으로 인해 생길 수 있습니다. 청소년들로 하여금 자신의 가정에 있는 크고 작은 상처들에 대해 확인해 보면서 하나님의 도우심과 회복의 은총이 필요한 부분을 생각해 볼 수 있는 시간이 되기를 바랍니다.

- 우리 가정에 있어야 했는데 없었던 것
  - □ 사랑받는 느낌
  - □ 인정받는 느낌(칭찬)
  - □ 끈끈한 가족관계
  - □ 용납해줌(받아들임)
  - □ ______________________

- 우리 가정에 없어야 했는데 있었던 것
  - □ 상실감
  - □ 슬픔
  - □ 지나친 기대
  - □ 학대
  - □ ______________________

Talk Talk about Life

『참고』 1.

우리가 각자의 가정에서 자라나면서 가질 수 있는 마음의 상처는 크게 두 가지로 나눌 수 있습니다. 상처란 크게 볼 때, 살아오는 동안 있어야 하는데 없어서 생기는 것과 없어야 하는데 있음으로 해서 생기는 것 둘로 나눌 수 있습니다. 즉 상처는 다른 사람으로부터 사랑과 용납을 받지 못했을 때 생기거나 반대로 다른 사람들에 의한 지나친 기대와 강압과 학대로 인해 생길 수도 있습니다.

1. 사랑과 관계의 결핍

: 우리가 자라 오면서 우리의 삶 가운데 반드시 있어야 하는 것인데 없었던 것들

우리 가운데는 내면의 어린아이가 사랑받고 인정받고 관심을 받음으로써 행복해야 할 어린 시절을 그리워하며 사랑받고 싶어 한다는 것입니다. 이런 것이 결여 되었을 때는 거절감이 생기며, 다른 어떤 것으로도 무엇으로도 대체할 수 없는 상실감(슬픔)을 느끼게 됩니다.

- 부모 중 한 분 (또는 가족원 중 한 사람)이 일찍 죽었거나, 부모가 어렸을 때 이혼했거나, 부모 중 한 분이 집에 자주 오지 못했거나, 부부가 서로 싸움으로써 자녀에 대한 관심이 없었거나, 부모가 상처로 인하여 자녀에게 관심을 가지지 않았을 경우
- 거절감, 아무도 원치 않는 존재라는 느낌, 소외되고, 무가치하고, 그룹이나 개인에게 소속되지 못한다는 느낌 가장 보편적인(흔한) 상처입니다. 거절감은 "가슴에 맺힌" 느낌을 남깁니다. 거절은 사람이 받을 수 있는 가장 깊은 상처 중의 하나이며, 인생의 오랜 기간 동안 영향을 미칩니다.

1) 공격적인 반응들

- 반항적 반응들(극단은 살인)/ "날 원치 않는다는 거지, 그렇다면 나도 뭔가를 보여주겠어!"

2) 수동적인 반응들

- 도피적인 반응들(극단은 자살)/ "그들이 날 원하지 않는 건 당연해. 난 그럴만한 가치가 없으니까."

3) 거부당하는 두려움에 대한 반대적인 반응들

- 우월주의적 반응들, 완벽주의적 반응들/ "날 원하지 않는다는 거지, 그렇다면 내가 얼마나 괜찮은 사람인지를 보여주지."
- 지나친 노력, 성취와 경쟁, 이기주의, 질투와 탐욕, 감정적 미숙

『참고』 2.

2. 지나친 기대에 의한 상처 학대

: 우리가 자라오면서 우리의 삶 가운데 있지 말아야 했는데 있었던 것들

1) 지나친 기대에 의한 상처

내면적 자아(현실적 자아)와 외면적 자아(이상적 자아)의 차이가 크면 클수록 심한 분노와 수치심이 생깁니다. 부모님의 기대와 자녀의 현실 차이는 결국 깊은 수치심을 낳게 됩니다. 이 수치심은 자아의 정체성을 어렵게 만듭니다. 결국, 이 수치심은 낮은 자존감, 강한 분노, 완벽주의 혹은 중독을 유발하게 됩니다.

2) 학대

지나친 통제와 징계뿐만 아니라 적절한 자양분을 공급해주지 않는 것은 학대에 속합니다. 우리 모두는 어느 정도의 학대로 고통을 겪었습니다. 학대는 공개적일 수도 있고 비공개적일 수도 있습니다. 학대는 어떠한 부정적인 행동뿐만 아니라 자녀를 부모의 뜻대로 조종하거나 무관심으로 인해 마땅히 해야 할 긍정적인 행동을 하지 않는 것도 포함합니다. 학대는 슬픔과 반항, 분노가 생기게 합니다.

- 신체적 학대
- 성적 학대
- 정서적 학대: 언어적 차원(고함치는 행위, 별명 부르기, 비꼬거나 비웃는 말), 사회적 차원(따돌림, 방임)
- 정신적 학대: 아이들의 생각을 무시함, 스스로 해결할 수 있도록 배우는 기회를 주지 않음, 부모들이 아이들에게 자신의 회의나 신념 및 갈등을 나누지 않거나 부적절하게 나눔
- 영적 학대: 아이의 삶 속에서 하나님의 자리를 대신 차지함, 권위주의적인 가부장적 태도를 취함, 왜곡된 하나님의 이미지를 전수함, 율법주의/비판주의/완고함/과잉지배, 완벽을 요구함, 사랑의 발로보다는 순응이나 영적인 행위를 강조함, 위선적인 모습, 아이들에게 실제 모습보다 더 영적이 되도록 강압함, 부적절한 죄책감과 수치심을 유발시킴, 아이들의 적절한 필요를 부인함

정말 용서하기 어려운 상처는 지나친 기대보다 사랑과 관계의 결핍인 경우가 많습니다. 많은 사람들이 상대방을 용서했음에도 불구하고 온전한 평온함을 가지지 못하는 경우가 많습니다. 이러한 현상은 지나친 기대가 아니라 사랑과 관계 결핍 때문인 것입니다.

*말씀탐구

(1) 하나님께서 세우신 첫 가정의 모습은 어떠했나요?

창 2:18 "여호와 하나님이 이르시되 사람이 혼자 사는 것이 좋지 아니하니 내가 그를 위하여 돕는 배필 을 지으리라 하시니라"

*** 하나님은 동등하고 서로 보완하는 아름다운 남녀관계를 바탕으로 가정을 만드셨습니다!**

하나님은 남자를 위해 여자를 창조하시기로 작정하셨습니다. 하나님은 남녀가 어우러져 더불어 살며, 사랑과 봉사의 공동체를 이루도록 가정을 세우시기로 결심하신 것입니다. "돕는 배필"('ezer kenegdo)이라는 말은 현대어 번역에서 "도우는 자"(a helper; RSV), "배필"(a helpmate; JB), "적절한 도움"(a fitting helper; New Jewish V), "그에게 적합한 도움"(an aid fit for him; AB), "돕는 사람, 곧 그의 짝"(표준새번역) 등으로 번역됩니다.

먼저 "도우는 자"('ezer)는 우리의 문화적 배경에서는 종속적인 개념을 내포한 듯이 보이나, 성경에서는 일반적으로 "돕는 자"는 "도움을 받는 자"보다 더 우월한 위치에 나타나므로, 종속과 열등의 개념을 찾아볼 수 없습니다. 이 용어는 구약성경에서 약 21번 나타나는데 주로 "하나님"을 가리키는데 사용되며(출 18:4; 신 33:29; 시 20:2; 121:1, 2; 124:8; 89:19 등), 세 번에 걸쳐 사람을 가리키는데 이것도 강자가 약자에게 군사적인 도움을 주는데 사용되고 있습니다. 또한 "도우다"(히, 'azar)는 동사 "건지다"(to rescue), "구원하다"(to save)는 뜻뿐 아니라, "강하다"라는 뜻을 가지고 있음을 유의해야 합니다. 그러므로 이 단어는 "돕는 자"뿐 아니라, "힘센 자", 혹은 "강한 자"로도 번역할 수 있습니다. 그리고 "그 맞은편에 있는"(kenegedo)이라는 용어를 직역하면 "그를 마주 보는"이라는 뜻입니다. 이것은 "꼭 같은 자"는 아니지만, "동등하고, 어울리는 자"로서 "그에게 적합한 자" 혹은 "그에게 적절한 자"를 뜻합니다. 특히 미쉬나 히브리어에서 "앞에 있는 것 같은"(keneged)은 "동등한"이란 뜻을 가집니다. 이러한 맥락에서 본다면 여자는 "남자 앞에 있는 동등한 강자"로 볼 수 있습니다. 하나님께서는 남자가 혼자 있지 않고, "그와 동등한 강자"와 함께 살도록 하셨습니다. 여자는 남자에게 어울리는 동역자(partner)입니다. 그들은 서로가 동등한 인격과 힘을 가진자로서 서로에게 힘이 되도록 지음 받은 것입니다. 남녀는 땅을 다스리는 사역을 함께 하는 동료이며 동역자입니다. 따라서 여자가 남자에 비해 존재론적으로 열등하다는 개념은 여기에 나타나지 않습니다. 오히려 남녀 간의 상호 의존성이 명백히 나타나고 있습니다. 그들은 다른 인격이지만 동등하며, 다르지만 상호 보충적인 삶을 살도록 만들어졌습니다. "남녀는 서로를 동등하게 받아야 하며, 그들의 차이는 모든 삶의 영역과 일에서 상호 보충적이어야 합니다."(Jewett) 비록 남녀는 존재론적으로 동등하나, 달리 만들어졌으므로 서로를 보충하고 완성해야 하는 것입니다. 〈김정우(총신대학원 구약학), "구속사적 관점에서 본 가정: 그 근원과 타락과 회복" 중에서〉

(2) 범죄한 후 가정의 질서는 어떻게 변하고 말았나요?

창 3:16 "또 여자에게 이르시되 내가 네게 임신하는 고통을 크게 더하리니 네가 수고하고 자식을 낳을 것이며 너는 남편을 **원하고** 남편은 너를 **다스릴** 것이니라 하시고"

* 원래의 창조질서에 나타난 부부간의 친밀하고 동등하며 상호 의존하는 모습은 서로 분리되고 서로 주도권을 잡으려는 욕심으로 얼룩져 역기능적인 가정으로 변하고 말았습니다!

아담과 하와가 선악과를 따 먹은 후, 하나님의 형상대로 창조된 남녀의 존재론적인 동등성(창 1:26-31)과 사회적 존재로서 남녀의 상호 의존성과 보충성(창 2:18-25)은 상호분리와 주도권 다툼으로 얼룩지며 순기능적인 가정은 역기능적인 가정으로 전도되고 맙니다. 원래의 창조질서에 나타난 부부간의 친밀감과 연대감과 책임감과 사랑은 불화와 책임전가와 불신으로 왜곡됩니다. 하와는 원래 여자는 자녀 생산의 축복을 받았고(창 1:28), 행복한 결혼 생활의 축복을 받았습니다(창 2:18). 이 양면적 축복이 이제 저주로 얼룩지게 됩니다. 하와의 죄에 대한 하나님의 언도는 먼저 그녀의 자식에 대한 것이고, 이어 남편과의 관계가 나옵니다. 자식의 출산에 있어서는 더욱 아픈 고통 가운데 해산을 해야 합니다. 남편과의 관계도 결코 쉽지 않을 것입니다. 이런 배경 속에서, "너는 남편을 원하고 남편은 너를 다스릴 것이니라"는 말씀을 주십니다.

수잔 포(Susan Foh)는 "원하다"는 동사에 대해 진정한 의미에서 무조건적이며 순수한 사랑으로 볼 수 없다고 말합니다. 왜냐하면 이 본문은 아담과 하와의 타락에 대한 하나님의 심판이기 때문입니다. 즉 이것은 성의 전쟁의 시작이라는 것입니다. 타락의 결과로 남자는 더 이상 쉽게 여자를 다스리지 못하며, 자기 머리됨을 위해 싸워야만 한다는 것입니다. 죄는 아내의 자발적 복종심을 부패시켰고, 남편의 자애로운 다스림도 부패시켰기 때문입니다. 따라서 낙원에 세워진 사랑의 통치가 갈등과 폭력과 지배로 대치됩니다. 아내는 부부 관계에서 지도력을 위한 싸움을 남편과 하기를 원한다는 것입니다. 그리고 타락 전에 남자의 "다스림"(mashal)은 죄로 오염되지 않은 통치였으나, 타락 후에는 폭군적이 되었습니다. 즉 창세기 3:16의 "다스리다"는 "억압하다, 지배하려 하다"를 시사하는 것입니다. 이제 타락으로 말미암아 부부관계는 지배와 피지배의 관계로 변하고 있음을 보여줍니다.

정리하자면, "너는 남편을 원하고 남편은 너를 다스릴 것이니라"는 이상적이고 행복한 부부 관계의 규범이 아니며, 타락 후 변화된 부부 관계의 병적인 모습을 보여준다고 볼 수 있습니다. 타락으로 말미암아, 이제는 남편과 아내가 가정에서 서로를 지배하기 위한 치열한 주도권 싸움을 펼칠 것임을 사실적으로 설명하고 있는 것입니다. 원래는 아내와 남편이 완전한 반려자였으나, 이제는 두 관계가 왜곡되어 서로 주도권을 쥐기 위해 싸우는 가정이 되었음을 보여줍니다.

〈김정우(총신대학원 구약학), "구속사적 관점에서 본 가정: 그 근원과 타락과 회복" 중에서〉

(3) 그리스도 안에서 회복되어진 가정의 질서는 어떤 모습일까요?

엡 5:21 "그리스도를 경외함으로 **피차** **복종** 하라"

*** 그리스도를 경외함으로 서로를 향해 순종하려 노력하는 것은 그리스도 안에서 회복되어진 가족관계의 새 질서입니다!**

에베소서 5장 21절에서 6장 4절에 나오는 말씀은 고대 헬라시대와 로마시대에 널리 사용된 "가정 운영"(oikonomia)에 대한 규범에 대한 기독교적 대안을 제시해 주고 있습니다. 이 당시 모든 사회의 가정 규칙들은 부부와 부자와 주종 사이의 질서를 다룹니다. 이 규범들은 한 쌍을 이루는 인간관계에 있어서 종속적인 위치에 있는 자를 먼저 언급하며 이어 권위 있는 자에 대한 권면이 뒤따릅니다. 이런 가정 운영 규칙은 동양사회에서도 같은 패턴을 가집니다. 우리나라의 전통적인 가족 제도인 대가족 제도는 가부장 중심으로, 여필종부와 부부유별, 부자유친, 장유유서라는 철두철미한 위계질서와 종적 인간관계 생활을 사회의 기본생활로 짜고 있습니다. 여기에서 성차별과 자녀에게 맹종을 요구하는 것이 부작용으로 나타나며, 부부 사이에는 부부 일체감 대신에 괴리감과 소외감을 심화시켜왔다고 할 수 있습니다.
바울은 그리스도 안에서 신자들에게 주어진 자유와 평등의 대전제 하에서 가정 안에서 가족 상호간의 질서를 제시하고 있습니다. 그는 신약시대의 넓은 사회적 배경 속에서 기독교적인 가정질서를 구속사적인 관점에서 제시하고 있습니다.

신약성경은 상호 복종의 원리를 인간관계의 일반적 원리로 제시합니다(빌 2:3; 롬 12:10; 빌 2:7; 마 20:28 등). 여기에서 "서로"는 상호성을 띠고 있습니다. 그리스도 안에서 해방된 모든 인간관계는 결코 일방적인 예속이나 강제나 폭력이 아니라, "그리스도를 경외함으로" 이루어지는 상호 순종입니다. 여기에 인간관계의 새로운 "기독론적" 기초가 제시됩니다. 우리는 그리스도를 경외함으로 서로를 향해 순종하기 위해 노력합니다. 이런 새로운 인간관계는 고대 세계의 가부장적인 가정 구조의 배경에서 볼 때 혁명적입니다.

예수 그리스도의 구원은 우리의 가정을 회복하며, 인간관계를 회복하는 것으로 나타납니다. 우리 가정과 가족관계는 그리스도의 희생적인 십자가의 사랑과 교회의 그리스도에 대한 복종에서 그 모델을 찾아야 합니다. 우리는 서로에게 복종하며, 서로를 섬기고, 서로에게 헌신하는 사랑을 실천해야 합니다.

〈김정우(총신대학원 구약학), "구속사적 관점에서 본 가정: 그 근원과 타락과 회복" 중에서〉

↓

〈구체적으로〉

엡 5:22 "아내들이여 자기 남편에게 **복종하기** 를 주께 하듯 하라"

엡 5:25 "남편들아 아내 **사랑하기** 를 그리스도께서 교회를 사랑하시고 그 교회를 위하여 자신을 주심 같이 하라"

엡 6:1 "자녀들아 주 안에서 너희 부모에게 **순종하기** 이것이 옳으니라"

엡 6:4 "아비들아 너희 자녀를 노엽게 하지 말고 오직 주의 교훈과 훈계로 **양육하기** "

Change of Life

*그리스도 안에 있는 우리 가정

그리스도 안에서 우리는 회복되어 하나님의 자녀가 되고 구원을 받았습니다. 마찬가지로 우리의 가정도 그리스도 안에서 회복되고 온전해질 수 있습니다. 그리스도 예수 안에서 회복되었거나, 회복되고 있거나, 회복되기를 소망하며 기도하고 있는 우리 가정의 모습이 있다면 어떤 부분인지 서로 나누는 시간이 되기를 바랍니다.

• 우리 가정에 부족했는데 좋아진 것

□ 사랑받는 느낌

□ 인정받는 느낌(칭찬)

□ 끈끈한 가족관계

□ 용납해줌(받아들임)

□ (순종하기)

□ (인내하기)

• 우리 가정에 있었으나 회복된 것

□ 상실감

□ 슬픔

□ 지나친 기대

□ 학대

□ (   )

□ (   )

Decision of Life

하나님은 동등하고 서로 보완하는 아름다운 남녀관계를 바탕으로 가정을 만드셨습니다. 그러나 원래의 창조질서에 나타난 부부간의 친밀하고 동등하며 상호 의존하는 모습은 서로 분리되고 자신이 주도권을 잡으려는 욕심으로 얼룩져 본래의 모습을 잃어버리게 되고 말았습니다. 우리들의 가정에도 (정도의 차이는 있지만) 사랑하지 못해서 또 서로 용납하지 못해서, 그리고 때로는 상대방을 억압하고 학대하게 됨으로써 하나님이 원래 계획하셨던 가정의 모습에 멀어진 부분들이 있습니다. 그래도 소망이 있는 것은 우리를 구원하신 예수님이 계시기 때문입니다. 십자가에서 흘리신 피로 이루신 예수 그리스도의 구원은 개인뿐 아니라 우리의 가정을 회복시키시기 때문입니다. 이제 우리는 그리스도를 경외함으로 서로를 향해 순종하려 노력함으로써 그리스도 안에서 회복되어진 가족관계의 새 질서를 세워나가야 합니다. 우리는 가정에서 서로에게 복종하며, 서로를 섬기고, 서로에게 헌신하는 사랑을 실천해 나가야 하겠습니다!

단원 주제

생활의 공간(학교)

단원 해설

가장 많은 시간을 학교에서 보내는 청소년들인 만큼 자신의 생활공간인 학교에 대해 나름대로 바라고 원하는 학교의 모습이 있습니다. 그러나 자신이 원하는 학교생활과 실제의 학교생활은 여러 부분에서 다를 수밖에 없고, 실제 학교생활 속에서 갈등하고 힘들어하는 부분이 있을 것입니다. 그렇기 때문에 실제의 학교와 학교생활에서 경험하고 있는 여러 어려움에 대해 공감하고, 학교생활의 개선을 위해 노력해나가는 청소년이 되도록 지도해야 할 필요가 있습니다. 그뿐 아니라 그리스도 예수 안에서 학교생활 하는 바른 목적과 태도에 대해 이해하도록 함으로써 그리스도 예수의 구속을 받은 우리 청소년들이 어떤 목적과 태도를 가지고 학업에 임해야 하는 것인지를 깨닫고 학교생활 속에서도 주님과 동행하면서 하나님의 뜻을 바로 이루어가는 청소년이 되도록 인도해야 합니다.

중심 구절

"너희는 이 세대를 본받지 말고 오직 마음을 새롭게 함으로 변화를 받아 하나님의 선하시고 기뻐하시고 온전하신 뜻이 무엇인지 분별하도록 하라"(롬 12:2).

단원학습목표

그리스도인으로서 학교생활을 하는 바른 목적과 자세를 가지고 학교생활 속에서 주님과 동행하면서 하나님의 뜻을 바로 이루어가는 청소년이 된다.

생활편 | 3단원

생활의 공간(학교)

단원핵심정리

자신이 원하는 학교생활과 실제의 학교생활은 여러 부분에서 다를 수 밖에 없으나, 그리스도 예수 안에서 학교생활 하는 바른 목적과 태도에 대해 이해하고 학교생활 속에서 하나님의 뜻을 이루어가는 청소년이 된다.

단원 소개

본 단원은 청소년들이 제각기 꿈꾸는 이상적인 학교의 모습을 점검해보도록 하고, 자신이 할 수 있는 노력을 다함으로써 아름다운 학교를 만들어 나가도록 하는 데 목적이 있습니다. 또한 현재 자신이 다니고 있는 학교에 대해 어떻게 인식하고 있는지 점검해보고, 청소년들이 학교생활 속에서 갈등하고 힘들어하는 부분에 대해 들여다보며, 하나님의 빛 된 자녀로서 무엇을 하여 우리 학교를 밝힐 수 있을지 생각해보는 기회를 갖도록 합니다. 마지막으로 그리스도인으로서 학교생활을 하는 바른 목적과 자세에 대해 깨닫고 학교생활 속에서도 하나님의 뜻을 이루어가는 청소년이 되도록 하는 데 목적이 있습니다.

제 7과

내가 꿈꾸는 학교

학습 목표 | 자신이 꿈꾸는 이상적인 학교의 모습에 대해 점검한다.

중심 진리 | 이상적인 학교의 모습을 꿈꾸는 데 그치는 것이 아니라 자신이 할 수 있는 노력을 다함으로써 아름다운 학교를 만들어 나가야 한다.

본문 말씀 | 누가복음 2:41-52

본과를 소개합니다

이번 과는 청소년들이 제각기 꿈꾸는 이상적인 학교의 모습을 점검해 보도록 하는 데 목적이 있습니다. 가장 많은 시간을 학교에서 보내는 청소년들인 만큼 자신의 생활공간인 학교에 대해 나름대로 바라고 원하는 학교의 모습이 있을 것입니다. 여러 가지 희망사항들을 열거해보고 서로의 생각을 나누면서 청소년들이 희망하는 학교의 모습과 보다 이상적인 학교를 가능하게 하는 요소들에 대해 점검해 볼 수 있을 것입니다. 그리고 이미 청소년들이 그들의 생활공간이 학교에서 얻고 있는 귀중한 것들에 대해 확인하는 기회를 갖도록 함으로써 자신에게 허락된 학교생활에 대해 감사하는 계기도 될 것입니다. 나아가 보다 더 아름답고 건강한 학교를 만들기 위해 청소년 자신이 실천할 수 있는 일이 무엇인지를 발견하는 시간이 될 것입니다.

Story of Life

아름다운학교운동은 이 시대의 교육위기를 극복하고, 우리 아이들이 즐겁게 다니고 싶고 머물고 싶으며, 행복하게 공부할 수 있도록 학교를 만남과 생활, 환경 모두를 아름다운 학습 공간으로 만들고자 하는 아름다운 자기 변화 운동입니다. 아름다운학교운동을 통해 우리 모두는 우리 학교를 새롭게 하고, 우리 아이들에게 미래의 꿈과 희망을 불어 넣어줘야 합니다. 이 속에서 우리 아이들이 주체적인 삶의 주인으로 자라나고, 자신의 영혼이 타인과 자연 그리고 우주만물과 소중히 이어져 있음을 깨달아야 합니다. 학교와 지역사회는 모든 아이를 진정으로 사랑하고 존중하는 가운데 배움과 가르침, 나눔의 소중함을 깨달아야 합니다. 아름다운학교의 정의를 한 마디로 내릴 수 없습니다. 다만, 우리 학교가 행복한 삶의 공간, 생태 공간, 학습 공간, 모두가 균형과 조화된 아름다운 모습으로 가기 위한, 학교와 지역사회 구성원들의 아름다운 변화, 그 속에서 꿈과 희망을 가지고 자라나는 아이들, 그리고 학교마다 아름다운 빛깔을 내기 위해 학교와 지역사회 구성원이 함께 노력하고, 독특한 전통과 문화가 스며든 행복한 학습공동체를 이루고 있는 모습들, 그런 이미지가 떠오르는 그런 학교는 아름답다 말할 수 있습니다. 아이들의 행복한 삶터인 아름다운학교, 그 곳에서 펼쳐지는 아름다운교육은 지적 창조적 능력을 온전히 하고, 이를 올바르게 쓸 수 있는 어진 마음과 몸을 기르는 것이며, 내면의 지혜가 충만할 수 있게 끊임없이 수련하는 것입니다. 또한 봉사와 헌신의 의미를 충분히 깨닫게 하여 스스로 더불어 나누는 삶의 소중함을 실천하게 하는 것입니다. (중략) 아름다운학교운동은 나부터, 지금부터, 작은 것부터 실천해야 합니다. 우리 아이들이 아름다운 학교에서 아름다운 자신으로 자라날 수 있게, 우리 모두 아름다운학교운동에 함께 참여합시다.

— 아름다운학교 만들기 운동본부, 인사말 중에서

Talk Talk about Life

*우리 학교에 있었으면…

위의 글에서와 같이 우리는 저마다 우리의 학교가 건강하고 아름답기를 희망하면서 아름다운 학교의 모습에 대한 생각들을 가지고 있습니다. 청소년들로 하여금 자신이 원하고 바라는 학교의 모습이 되기 위해 있었으면 하고 바라는 사항에는 어떤 것이 있는지 함께 이야기를 나누어 보도록 합니다.

- 즐겁고 행복한 학교가 되기 위해 우리 학교에 있었으면 하고 바라는 것은 무엇입니까? ☑ 표시해봅시다.

  - □ 21세기 정보화 사회에 대비한 멀티미디어교실
  - □ 이동식 수업을 할 수 있도록 넓게 만든 복도와 교과별로 주어진 교실
  - □ 샤워실과 탈의실이 있는 실내체육관
  - □ 생태공원과 텃밭
  - □ 충분한 점심시간과 영양만점 식사
  - □ 사랑과 존중
  - □ 바른 가르침과 겸손하고 진지한 배움
  - □ ______________ 과목
  - □ 기타 ______________

*말씀탐구

(1) 우리의 학교에 있어야 할 아름다운 모습 한 가지는?

눅 2:46 "사흘 후에 성전에서 만난즉 그 예수 가 선생들 중에 앉으사 그들에게 듣기도 하시며 묻기도 하시니"

* 우리가 많은 시간을 보내는 생활공간인 학교에는 열띤 학습의 모습이 있어야 합니다! 열두 살의 어린 주님 역시 선생들로부터 듣고, 묻고, 배웠습니다!

누가는 다른 복음서에서 다루지 않은 주님의 유년 시절에 관한 내용을 기록해두었습니다. 누가의 이 기록이 있기에 우리는 메시아이신 주님께서 어느 날 홀연히 이스라엘 백성 앞에 나타나신 것이 아니라 정상적인 성장과정을 거친, 우리와 동일한 사람이셨음을 다시 한 번 확인할 수 있습니다. 유월절은 칠칠절, 초막절과 함께 유대인들의 3대 절기 중 하나입니다. 이 유월절이 되면 경건한 유대인들은 예루살렘 성전에 올라가곤 했습니다. 누가는 소년 예수의 부모 역시 해마다 유월절이 되면 예루살렘을 순례했다고 증언하고 있습니다.

탈무드에 따르면 율법을 이행할 수 있는 나이는 만13세입니다. 어쩌면 주님은 그 이전부터 예루살렘 순례에 데려가 달라고 부모에게 졸라댔는지 모릅니다. 예루살렘 순례에 참여할 수 있는 나이는 아니었지만 열두 살의 소년 예수는 처음으로 예루살렘을 방문할 수 있게 되었습니다. 사실 유월절은 3대 절기 중에서도 가장 큰 절기로 해마다 이때가 되면 예루살렘은 유대 전역을 비롯하여 세계 각국에서 성전 축제를 보기 위해 몰려든 사람들로 인산인해를 이루었습니다. 게다가 당시 순례자들이 이웃들과 친지들로 무리를 지어 움직였음을 감안할 때 소년 예수의 부모가 수많은 인파 속에서 아이를 미처 챙기지 못한 것은 그리 이상해보이지 않습니다. 그런데 정작 이상한 사실은 소년 예수가 예루살렘에 남아있었다는 점입니다. 예루살렘에서 사흘이나 부모 없이 홀로 남겨진 소년 예수는 놀랍게도 성전에서 가르치는 선생들, 즉 율법사들과 열띤 공부 중에 있었습니다. 율법사들은 어린 예수의 총명함과 지혜에 놀라워했습니다. 여기서 우리는 어린 예수가 율법사들을 놀라게 했던 지혜에 대해 하나님의 아들이니까 당연한 것이라고, 그리고 어른들의 생각을 압도하고도 남을 만큼 완벽한 것이라고 생각하기 쉽습니다. 그러나 누가는 이렇게 증거합니다. "예수는 지혜와 키가 자라가며 하나님과 사람에게 더욱 사랑스러워 가시더라"(눅 2:52). '자라가며' 로 번역된 헬라어 동사 '프로콥토' 는 원문에서 미완료시제로 쓰였습니다. 즉 '계속해서 성장해갔다' 는 의미입니다. 하나님의 아들이기 때문에 어려서부터 완벽한 지혜를 갖추신 것이 아니라 어린 주님 역시 선생들로부터 듣고, 묻고, 배웠습니다. 열두 살 때 처음 예루살렘을 방문한 이후에도 아마도 주님은 부모님과 함께 예루살렘을 매년 방문했을 것입니다. 그리고 그때마다 성전의 율법사들을 통해 율법에 대해 궁금한 점들을 캐묻곤 했을 것입니다. 우리도 우리가 많은 시간을 보내는 생활공간인 학교, 배움의 터전으로 허락하신 학교에서 예수님처럼 열심히 듣고 묻고 배우며 성장해가야 하겠습니다. (출처: http://blog.naver.com/flower5353/140123173310)

(2) 우리의 학교에 있어야 할 아름다운 모습 또 한 가지는?

단 2:17-18 "이에 다니엘이 자기 집으로 돌아가서 그 **친구** 하나냐와 미사엘과 아사랴에게 그 일을 알리고 하늘에 계신 하나님이 이 은밀한 일에 대하여 불쌍히 여기사 다니엘과 **친구** 들이 바벨론의 다른 지혜자들과 함께 죽임을 당하지 않게 하시기를 그들로 하여금 구하게 하니라"

*** 우리가 많은 시간을 보내는 생활공간인 학교에는 인생을 함께 할 진정한 우정을 나누는 친구와의 사귐의 모습이 있어야 합니다!**

유다의 제 18대왕 여호야김(Jehoiachin, 609-598, B.C.) 재위 3년에 바벨론왕 느부갓네살(Nebuchadnezzar)은 갈그미스 전쟁에서 승리한 여세를 몰아 예루살렘을 침공하여 유다땅을 초토화한 후 유다의 유력한 인물들을 대거 포로로 잡아갔습니다(제1차 바벨론 포로). 이때 그 포로들 가운데 유다의 귀족 출신인 다니엘(Daniel, '하나님은 재판관이시다' 라는 뜻)과 그의 세 친구 즉, 하나냐(Hananiah, '하나님은 자비로우시다' 라는 뜻), 미사엘(Mishael, '하나님 같은 분이 어디 있으랴' 라는 뜻), 아사랴(Azariah, '하나님은 도와주신다' 라는 뜻) 등이 포함되어 있었습니다. "그들 가운데는 유다 자손 곧 다니엘과 하나냐와 미사엘과 아사랴가 있었더니"(단 1: 6). 그 당시에 그들의 나이는 17세가량 되었을 것으로 추정되는데, 한창 성장해야 할 혈기 왕성한 나이에 불행하게도 조국을 잃고 먼 이방에 포로로 끌려가 처량한 신세가 된 것입니다. 그뿐 아니라 바벨론 왕 느부갓네살은 피 정복국가의 백성을 바벨론에 동화시키려는 정책을 적극적으로 펼쳤습니다. 그런 동화정책의 하나로 정복한 나라의 유력한 젊은 인재들에게 바벨론 이방신과 관련이 있는 이름을 쓰게 하고 궁중에서 3년 동안 바벨론 학문을 교육시켰습니다. 그래서 다니엘은 벨드사살(Belteshazzar, '벨이여 그 생명을 보전하소서' 란 뜻), 하나냐는 사드락(Shadrach, 달의 신인 '아쿠아 명령' 이란 뜻), 미사엘은 메삭(Meshach, 달의 신인 '아쿠아 같은 분이 어디 있으랴' 라는 뜻), 아사랴는 아벳느고(Abednego, '느고의 종' 이란 뜻)로 개명시켰습니다. 그리고 그 중에서 탁월한 인물들을 발탁하여 고위 관리로 임명해서 바벨론 제국을 위해 일하도록 했습니다. 이는 A.D.1910년 한일 합방 이후 일본이 강제로 우리의 고유 이름을 일본식 이름으로 바꾸게 하여, 일본 인화 시키려다 세계 제2차 대전에서 패한 후 A.D.1945년에 우리나라를 독립시킨 사건과 유사하다고 볼 수 있습니다. 그러나 다니엘과 하나냐, 미사엘, 아사랴는 바벨론의 고위 관리가 되기 전 바벨론 궁중 학교에서 모세 율법에 따라 바벨론 왕이 제공하는 이방의 궁중 음식을 거절하고 순수하게 채식을 하였으며, 또 고위 관리가 된 이후에 어기면 활활 타오르는 용광로에 던져질 것이라는 지엄한 왕명에도 불구하고 바벨론 왕이 세운 금신상(神像)에게 엎드려 절하기를 끝까지 거부했습니다. 이처럼 그들은 부귀영화와 목숨까지 기꺼이 포기하고 의연하게 여호와 신앙의 길을 선택했습니다. 이에 하나님께서는 그들과 함께 하셨고, 종국에는 그들을 극렬히 타는 풀무에서 구해내시므로 이방인들에게 만군의 여호와이심을 나타내 보이셨습니다.(출처: http://www.bbc.kr/)

다니엘과 세 친구는 함께 하나님의 뜻대로 행하기로 결심하였으며, 죽음의 위기 앞에서도 합심하여 기도하면서 하나님의 응답하심을 받은 것을 볼 수 있습니다. 우리도 많은 시간을 보내는 생활공간인 학교에서 친구들과 더불어 진정한 우정을 나누며 깊은 사귐을 갖는 가운데 바른 인생의 길을 계획해 나가야 하겠습니다.

Change of Life

*학교가 준 선물!

앞에서는 우리 학교에 '좀더' 있었으면 하고 바라는 사항에 대해 생각해 보았습니다. 그런데 이미 우리는 학교로부터 많은 선물을 받고 있다는 사실을 알고 있나요? 지금부터 우리가 학교에서 얻은 것, 학교가 나에게 준 선물은 어떤 것들이 있는지 생각해 봅시다.

학교가 나에게 준 선물, 학교에서 내가 얻은 것은 무엇입니까? ☑ 표시해봅시다.

□ 즐거운 추억들(수학여행, 소풍, 체육대회, 축제 등) □ 다양한 지식들

□ 세상을 살아갈 지혜들 □ 질서나 양보와 같은 미덕들

□ 우정을 나줄 수 있는 친구들 □ 인생의 방향을 찾게 해주신 선생님

□ 기타 ( )

***더욱 즐겁고 행복한 우리 학교를 만들기 위해 내가 힘쓸 수 있는 일!**

앞에서는 자신이 바라고 원하는 학교의 모습이 되기 위해 우리 학교에 있었으면 하고 바라는 사항들을 생각해 보았습니다. 여기에서는 그런 이상적인 학교의 모습이 되도록 나 자신이 할 수 있는 일은 무엇이 있을지 생각해 보도록 합니다. 학교의 구성원으로서 '내' 가 할 수 있는 일을 생각해 보고 함께 나누어 보도록 합니다.

□ 더욱 깨끗한 학교를 만들기 위해 나는 ( ) 할 수 있습니다!

□ 더욱 즐거운 학교를 만들기 위해 나는 ( ) 할 수 있습니다!

□ 더욱 행복한 학교를 만들기 위해 나는 ( ) 할 수 있습니다!

□ 더욱 안전한 학교를 만들기 위해 나는 ( ) 할 수 있습니다!

□ 더욱 신나는 학교를 만들기 위해 나는 ( ) 할 수 있습니다!

Decision of Life

우리는 바랍니다. 즐겁게 다니고 싶은 학교, 행복하게 머물고 싶은 학교, 신나게 공부할 수 있는 학교를. 이런 선생님이 있다면, 이런 친구가 있다면, 이런 교과목이 있다면, 이런 시설이 있다면 보다 더 행복하고 아름다운 학교가 될 거라고 생각해보곤 합니다. 그런데 이미 우리는 학교로부터 많은 선물을 받고 있다는 사실을 알고 있나요? 무엇과도 바꿀 수 없는 수많은 추억들, 인생의 방향을 찾도록 도움을 주는 친구들과 선생님들, 기본적으로 이 세상을 살아가는 데 필요한 지식과 지혜와 미덕들을 우리는 학교에서 얻고 있습니다. 어쩌면 우리는 학교로부터 얻을 수 있는 좋은 혜택들을 간과하고 있는 게 아닐까요? 우리에게 생활과 배움의 공간으로 학교를 허락하셨음에 감사하는 마음을 가져야겠습니다. 그리고 우리도 예수님처럼 열심히 선생님께 듣고 묻고 배우며 성장해가기에 더욱 힘쓰는 우리가 되어야겠습니다. 다니엘과 세 친구처럼 친구들과 더불어 진정한 우정을 나누며 깊은 사귐을 갖는 가운데 바른 인생의 길을 계획해 나가야 하겠습니다. 더 깨끗하고 즐겁고 행복하고 안전하고 신나는 학교를 만들기 위해 내가 실천할 수 있는 일을 찾아 실천해 나가는 우리가 되어야겠습니다.

제 8과

학교, 우리들의 자화상

학습 목표 | 현재 자신의 학교와 학교생활에 대해 어떻게 인식하고 있는지 점검한다.

중심 진리 | 자신이 원하는 학교생활과 실제의 학교생활은 여러 부분에서 다를 수밖에 없으나, 실제의 학교와 학교생활을 직면하고 수용하며 개선의 노력을 기울일 수 있어야 한다.

본문 말씀 | 잠언 1:10-19

본과를 소개합니다

이번 과는 청소년이 현재 자신이 다니고 있는 학교에 대해 어떻게 인식하고 있는지 점검해 보고 청소년들이 학교생활 속에서 갈등하고 힘들어 하는 부분에 대해 들여다보는데 목적이 있습니다. 그리고 하나님의 빛 된 자녀로서 무엇을 하여 우리 학교를 밝힐 수 있을지 생각해보는 기회를 갖는데 목적이 있습니다. 실제 학교의 모습에 대한 생각을 함께 나누는 시간을 통해 하나님의 빛 된 자녀로서 세상 속에 살면서 동시에 세상과 구별된 삶을 산다는 것이 어떤 의미인지를 생각해보는 시간이 되었으면 합니다. 최소한 하나님의 자녀로서 학교생활 속에서 하지 말아야 할 일은 하지 않는 청소년이 되겠다고 결단하는 시간이 되었으면 합니다. 그리고 이상적인 학교의 모습을 기대하기에는 너무나 힘든 현실 속에서 전반적인 학교의 구조적 모순이나 교육 정책을 바꾸지는 못하지만, 지금 여기에서 청소년의 모습으로서 내가 할 수 있는 일을 계획하고 실천해보는 시간이 될 것을 기대합니다.

Story of Life

"2010년 청소년폭력예방재단의 설문조사를 따르면 학교폭력의 피해 경험이 있다고 밝히는 아이들이 20~25%(140~180만 명) 정도이다. 이 중에서 14%(20~25만 명)의 아이들이 자살 충동을 경험했다."

[학교폭력 실태 전수조사 결과]

"'일진 있다' 82%…'고위험군' 관리키로 … 우울증에 시달려 자살하려고 했어요…라고 적은 학생이 있다"고 말했다.

"성폭행까지…" 도 넘은 10대들의 학교폭력
"청소년 흡연, 우리들의 슬픈 자화상"
"맞짱카페 적발, '000 00반 홍길동' 왕따카페까지 충격"
"대구에서 여중생, 교사 폭행 '얼굴 허벅지 수 십 차례 때려'"
"학생 체벌 교사, 학부모가 폭행…맞고소 사태"

〈학교 관련 기사 참고〉

Talk Talk about Life

＊'학교'에 대한 나의 뇌구조

'학교' 하면 어떤 것들이 떠오르나요? 학교와 관련하여 청소년들의 머릿속을 들여다보는 시간을 가져봅니다. 긍정적인 것과 부정적인 것을 가리지 않고 기록하도록 함으로 현재 학교와 학교생활에 대한 청소년의 인식을 확인하는 기회가 될 것입니다.

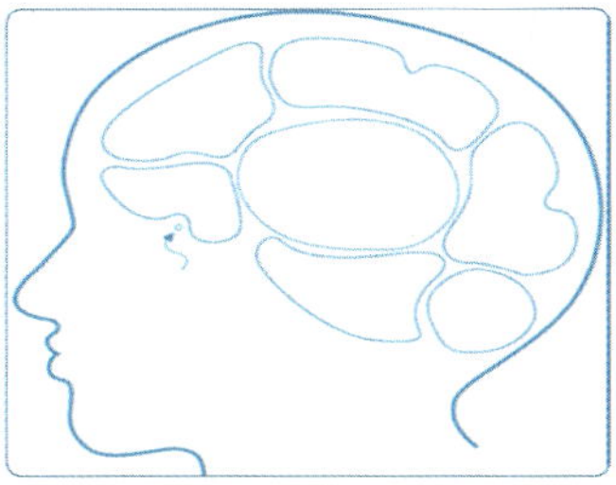

＊우리 학교에서 지워버려야 할 모습들!

청소년들로 하여금 위의 신문기사들의 예처럼 실제 학교생활에서 자신의 경험과 관련하여 지워버려야 할 모습들이 무엇인지 점검하는 시간을 갖도록 합니다. 지우고 싶은 학교생활의 모습에는 어떤 것들이 있는지 확인해 보면서 청소년들이 학교생활 속에서 갈등하고 힘들어 하는 부분에 대해 들여다보는 기회가 될 것입니다.

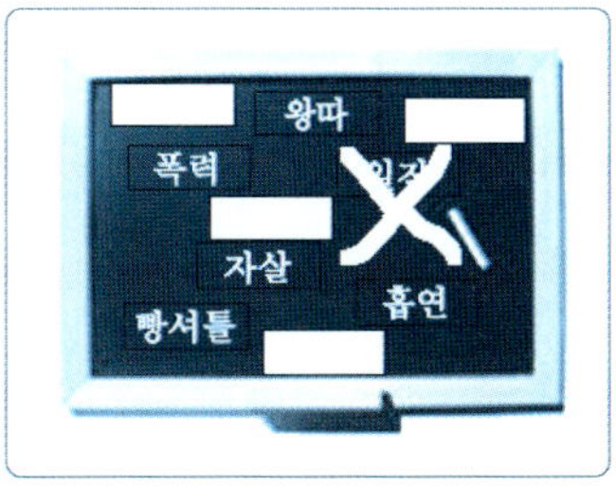

*말씀탐구

(1) 학교생활에서 우리가 하지 말아야 할 행동은 무엇입니까?

잠 1:10-19 "내 아들아 악한 자가 너를 꾈지라도 따르지 말라 그들이 네게 말하기를 우리와 함께 가자 우리가 가만히 엎드렸다가 사람의 피를 흘리자 죄 없는 자를 까닭 없이 숨어 기다리다가 스올 같이 그들을 산 채로 삼키며 무덤에 내려가는 자들 같이 통으로 삼키자 … 내 아들아 그들과 함께 길에 다니지 말라 네 발을 금하여 그 길을 밟지 말라 대저 그 발은 악으로 달려가며 피를 흘리는데 빠름이니라 … 그들이 가만히 엎드림은 자기의 피를 흘릴 뿐이요 숨어 기다림은 자기의 생명을 해할 뿐이니 이익을 탐하는 모든 자의 길은 다 이러하여 자기의 생명을 잃게 하느니라"

* 유혹을 받아 바른 규범을 떠나 잘못된 길로 가서 파당을 만들어(무리를 지어) 죄 없는 친구를 괴롭히는 행동을 해서는 안 됩니다!

잠언 1장 10-19절은 죄인들이 잘못된 길로 유혹할 때 우리가 행해야 할 태도에 대하여 말하고 있습니다. 하나님을 경외하는 데서 출발되는 진정한 지혜와 지식을 따라 사는 삶은 죄인의 유혹에 넘어가지 않는 것입니다. 아직 어린 청소년들은 유혹을 당하기 쉽습니다. 그래서 바른 것에서 떠나자는 유혹을 받으면 미혹되는 어리석음에 빠지는 것입니다. 그러나 하나님을 경외하는 지혜의 삶은 어리석은 유혹에 빠지지 않는 것임을 분명히 알아야 합니다.

여기서 어리석은 유혹이란 "사람의 피를 흘리자", "음부처럼 산채로 삼키자"라는 표현에서 알 수 있듯이 바른데서 떠난 폭력적 수단을 사용하여 "죄 없는 자를 까닭 없이" 해치고 그의 것을 빼앗아 "우리 집에 채우자"는 것입니다. "우리와 함께 제비를 뽑고 우리가 함께 전대 하나만 두자"며 달콤하게 유혹하는 것입니다. 무리를 지어 함께 나쁜 짓을 하고, 그 이익을 함께 공평하게 나누고 부요

해지자는 것입니다. 그러나 파당을 만들고 무리를 지어 약한 친구를 괴롭히고 폭력을 행하며 물건을 갈취하는 일은 결단코 행해서는 안 될 어리석은 행위입니다. 그리고 타인의 생명을 해하려고 하는 자는 결국 자기 생명을 해하게 된다는 성경의 경고를 마음에 새겨야 하겠습니다.

잠 3:29-31 "네 이웃이 네 곁에서 평안히 살거든 그를 해하려고 꾀하지 말며 사람이 네게 악을 행하지 아니하였거든 까닭 없이 더불어 다투지 말며 포악한 자를 부러워하지 말며 그의 어떤 행위도 따르지 말라"

* 친구와 다투지 말고 포학한 친구의 행위를 부러워하며 본받아서는 안 됩니다!

'해하려고(하라쉬)' 는 원래 '긁다', '쟁기질하다' (욥 4:8; 시 129:3)란 뜻으로 농부가 파종을 준비하기 위해 밭을 가는 것처럼 의도적으로 악을 계획하고 조장하는 것을 말합니다. 하나님의 자녀들은 자신의 주위부터 모든 사람이 싸움과 분열 없이 평안할 수 있는 환경을 만들어나가야 합니다. 그러므로 학교생활에서 의도적으로 악한 일을 계획하고 조장하는 일은 하나님의 자녀로서 해서는 안 될 일인 것입니다. 오히려 선한 이웃, 즉 선한 친구의 힘이 되어 주고 용기를 불어넣어 주어야 합니다.

'포악한 자(이쉬 하마스)' 는 '압제자' (oppressor, KJV), '폭력자' (a violent man, NIV)란 뜻(삼하 22:49; 시 140:1,4)을 가진 단어입니다. 청소년의 쓸데없는 호기심은 우리의 발걸음을 죄악으로 옮기는 자극제가 됩니다. 그러므로 하나님의 자녀가 폭력적인 친구들을 대할 때는 무엇보다도 그들의 악에 대하여 호기심을 갖지 말아야 합니다. 부러운 마음을 갖지 말아야 합니다. 그럼으로써 우리는 악에서 멀리 떠날 수 있을 것이며, 그런 만큼 우리는 더욱 선과 가까워질 수 있을 것입니다. 그뿐 아니라 그들의 폭력적인 행위를 따라 해서는 안 됩니다. 아무리 그들의 행위를 따라 하기만 하면 우쭐거릴 수 있고 잘난 체 할 수 있더라도 결코 그래서는 안 됩니다. 왜냐하면 그들의 행동은 불의한 것이기 때문입니다. 바르지 못한 삶의 방법이요, 남을 불행하게 만드는 삶의 방법이기 때문입니다. 그리고 무엇보다도 하나님께서 그것을 미워하시며, 결국은 심판하실 것이기 때문입니다.

Change of Life

*우리 학교 밝히기

앞에서 우리는 실제 학교생활에서 자신의 경험과 관련하여 지워버려야 할 모습들이 무엇인지 점검하는 시간을 통해 지우고 싶은 학교생활의 모습, 청소년들이 학교생활 속에서 갈등하고 힘들어 하는 부분에 대해 들여다보았습니다. 이제 그런 모습을 지우고 사라지게 하기 위해 과연 나 자신은 하나님의 빛 된 자녀로서 무엇을 하여 우리 학교를 밝힐 수 있을지 생각해 보기를 원합니다.

□ 왕따 없는 학교를 만들기 위해
나는 ______________________하여 학교를 밝히겠습니다.

□ 폭력 없는 학교를 만들기 위해
나는 ______________________하여 학교를 밝히겠습니다.

□ 흡연 없는 학교를 만들기 위해
나는 ______________________하여 학교를 밝히겠습니다.

□ 자살 없는 학교를 만들기 위해
나는 ______________________하여 학교를 밝히겠습니다.

□ (   ) 없는 학교를 만들기 위해 나는
나는 ______________________하여 학교를 밝히겠습니다.

□ (   ) 없는 학교를 만들기 위해 나는
나는 ______________________하여 학교를 밝히겠습니다.

Decision of Life

언제부턴가 학교와 관련된 기사는 폭력, 일진, 왕따, 자살 등과 같은 어둡고 무겁고 가슴 아픈 단어들로 얼룩져 있음을 보게 됩니다. 심지어 '학교'로 검색어를 치면, 관련 검색어로 '학교폭력'이 가장 먼저 뜨는 현실입니다. 여러분의 머리에는 어떤 단어들이 떠오르나요? '학교'의 사전적 의미는 "일정한 목적, 설비, 제도 및 법규에 의거하여, 교사가 계속적으로 학생에게 교육을 실시하는 기관"입니다. 그리고 학교에서 실시하는 '교육'이란 "사회생활에 필요한 지식이나 기술 및 바람직한 인성과 체력을 갖도록 가르치는 조직적이고 체계적인 활동"을 의미합니다. 이처럼 바람직한 방향으로 학생을 가르치는 활동을 실시하는 기관인 학교와 위의 여러 단어들은 얼마나 어울리지 않는 것입니까? 하지만 탄식하며 안타까워만 한다고 달라질 것은 아무것도 없습니다. 무엇보다 우리는 무리를 지어 죄 없는 친구를 괴롭히는 행동을 해서는 안 되겠습니다. 또 친구와 다투지 말고 포학한 친구의 행위를 부러워하며 본받아서도 안 되겠습니다. 하나님의 빛 된 자녀로서 무엇을 하여 우리 학교를 밝힐 수 있을지 생각하고 실천하는 우리가 되어야겠습니다.

제 9과

그리스도 안에서 나의 학교생활

학습 목표 | 그리스도 예수 안에서 학교생활 하는 바른 목적과 태도에 대해 이해한다.

중심 진리 | 학교생활 하는 목적과 태도에 대해 바로 이해할 때 학교생활 속에서도 하나님의 뜻을 이루어갈 수 있다.

본문 말씀 | 로마서 12:2

본과를 소개합니다

이번 과는 그리스도인으로서 학교생활을 하는 바른 목적과 자세에 대해 생각해 보는데 목적이 있습니다. 청소년기에는 거의 모든 청소년들이 동일하게 학교생활을 하게 됩니다. 그러나 학교생활을 하는 목적과 자세는 각자 다르다고 할 수 있습니다. 소위 좋은 '스펙'을 갖추고 좋은 직장과 돈, 명예, 안락한 삶을 얻는데 목적을 두고 좋은 성적을 거두기 위해 열심히 공부하는 친구들이 있습니다. 한편 그런 친구들의 이기적인 모습을 비판하면서 자신의 삶에 대한 확고한 목표의식 없이 공부는 소홀히 한 채 친구들과 좋은 관계를 유지하는 것에서 기쁨을 찾으면서 학교생활을 하는 친구들도 있습니다. 그리스도인 청소년들 중에서도 성공을 하나님보다 앞세우고 그것을 성취하기 위해 공부하는 친구들이 있는가 하면, 주님만 바라본다고 하면서 학생으로서 기울여야 할 노력을 게을리 하는 친구들도 있습니다. 이번 과를 통해 그리스도 예수의 구속을 받은 우리 청소년들이 어떤 목적과 태도를 가지고 학업에 임해야 하는 것인지를 깨달음으로써, 학교생활 속에서도 주님과 동행하면서 하나님의 뜻을 바로 이루어가는 청소년이 되기를 소망합니다.

Story of Life

오래된 이야기지만 대학에 들어가면서 나는 무척 혼란스러웠다. 고등학교 때까지 순진하게 믿었던 '사실'들이 흔들렸고, 과연 어디까지가 진짜고 어디까지가 가짜인지를 가늠하는 일에 대학 시절의 절반을 소비했다. 우리나라의 역사가 그랬고 우주의 역사가 그랬고 기독교 신앙이 그랬다. 그때도 남은 거들떠보지 않고 공부만 하는 이기적인 학생들이 있었고, 주님만 바라보고 공부하지 않는 평안하고 게으른 학생들도 있었다. 물론 다수는 그 중간 어디쯤에 있었겠지만, 공부를 열심히 해도 괴로웠고 안 해도 괴로웠다. (중략) 결국 기독교 세계관을 공부하면서 얻은 답은 이것이었다. 신실하게 학업을 하라. 그래, 이기적으로 학업을 하는 것이 아니라, 주님께 하듯, 신실하게 학업을 하라. 정말 주님이 내가 무슨 수업을 듣고 어떻게 공부하는지에 관심이 있으실까? 주님이 하루 대부분을 차지하는 나의 학업에 별 관심이 없으시다면 당장 때려치우고 말지 왜 계속하는가? 그래도 대학은 나와야 밥은 먹고 사니까? 주님은 하늘의 새와 들의 꽃도 먹이고 입히신다. 이 책의 핵심 주장은 "하나님이 우리의 학업에 지극히 관심을 갖고 계시다는 것"이다. 그렇다. 주님은 창조계의 반쪽만 소유하신 분이 아니다. 그래서 세상에서 우리가 어떻게 사는지를 끊임없이 지켜보시고 훈련의 과정인 학교에서의 교육, 즉 학업에 지극한 관심을 갖고 계신다.

– 도널드 오피츠 & 데릭 멜러비, 《공부하는 그리스도인》, IVP.

Talk Talk about Life

*내가 학교에 다니는 이유!!!

(1) 내가 학교에 다니고 있는 이유와 목적은 무엇입니까? ☑ 표시해봅시다.

중학교 교과서에 보면, 학교는 ① 살아가는 데 필요한 것들을 성장과정에 따라 체계적으로 전달받고 학습하는 공간, 즉 기초적인 생활 습관, 사회의 가치와 규범, 인류의 문화와 조상들의 지혜, 전문적인 지식 등을 학습하는 공간, ② 타인과의 상호작용의 중요성과 방법 및 규칙을 학습하는 사회생활의 기초를 닦는 공간, ③ 공동생활에서 다양한 사람들을 접하면서 사고의 폭과 깊이를 키우는 공간, ④ 특정한 능력이 아닌 지적 · 정의적 · 행동적 측면의 전인적인 인격을 기르는 공간, ⑤ 다양한 교과학습을 통해 자신의 적성과 능력 및 흥미를 발견하는 공간이라고 소개되어 있습니다. 우리 반의 청소년들은 어떤 이유와 목적을 가지고 학교에 다니고 있는지 함께 이야기를 나누어 보도록 합니다.

- □ 내 또래 친구들과 함께 지낼 수 있으니까
- □ 대한민국은 학벌주의이기 때문에 학벌로 인한 불이익을 받지 않기 위해서

□ 꿈을 이루고 내가 하고 싶은 것을 하기 위해서

□ 많은 것을 배우기 위해서

□ 부모님을 실망시키지 않기 위해서(부모님이 원하시니까)

□ 나를 무시하고 비아냥거린 사람들에게 앙갚음할 능력을 키우기 위해서

□ 항상 나에게 힘이 되어주는 모든 사람들에게 보답하기 위해서

□ ________________________________

□ ________________________________

「참고」
"산꼭대기에 이르면 나는 자루를 펼쳐. 동생은 자루 안으로 들어가지. 그러면 자루 입구를 단단히 묶어야 해. 끈이 풀리면 아주 위험하거든. 이제 동생이 들어 있는 자루를 케이블에 매달아야 해. 그러고는 건너편 산을 향해 거침없이 출발해." 유격훈련을 보는듯한 이 장면은 콜롬비아 아이들이 학교에 가는 방법입니다. 고산 지역에 사는 아이들은 산 너머 학교에 가기 위해 아침마다 케이블에 매달립니다. 아직 팔에 힘이 없는 아이들은 자루에 들어갑니다. 이렇게 힘들게 학교에 다니는 이유는 한 가지, '우리에겐 꿈이 있기 때문' 입니다.

(2) 내가 학교에 다니는 태도는 어떠합니까? 자신의 태도가 위치하고 있다고 생각되는 지점에 표시해 봅시다.

중학교 교과서에 보면, 학교생활에 필요한 마음가짐이 소개되어 있습니다. 그것은 첫째, 배움의 주체가 되어 즐겁게 배움에 임하는 자세입니다. 둘째, 현재 자신이 하는 일에 최선을 다하는 자세입니다. 셋째, 학문을 파고들어 깊이 연구하고자 하는 탐구의 자세입니다. 넷째, 철저한 자기관리의 자세입니다. 마지막으로 선생님과 다른 친구들이 권리를 존중하는 태도, 즉 역지사지(易地思之)의 태도입니다. 우리 반 청소년들은 어떤 마음가짐과 태도를 가지고 학교에 다니고 있을까요? 청소년 자신의 태도를 점검해봄에 있어서 먼저 현재 목적 없이 게으른 태도나 수동적으로 등 떠밀려서 학교를 다니고 있는 편에 가까운지, 아니면 뚜렷한 목표의식 하에서 능동적으로 최선을 다하고 있는 편에 가까운지, 화살표의 어느 지점에 자신의 태도가 위치하고 있는지 표시해보고 이야기를 나누어 보도록 합니다.

◀───────────────────────────▶

별다른 목적 없이 게으름 | 뚜렷한 목적을 세우고 최선을 다함

*말씀탐구

(1) 학교생활을 할 때, 그리고 공부를 할 때 우리는 어떠한 태도로 임해야 할까요?

전 12:12,13 "내 아들아 또 이것들로부터 경계를 받으라 많은 책들을 짓는 것은 끝이 없고 많이 공부 하는 것은 몸을 피곤하게 하느니라 일의 결국을 다 들었으니 하나님을 경외하고 그의 명령들을 지킬지어다 이것이 모든 사람의 본분이니라"

* 하나님을 경외하지 않는 학문(공부)은 우리의 인생을 피곤하게 하는 헛된 것일 뿐입니다! 공부는 자신의 성공을 위해서가 아니라 생명의 근원이신 하나님을 경외하는 데에서 출발해야 합니다!

본문은 전도서 1장 16-18절("내가 내 마음 속으로 말하여 이르기를 보라 내가 크게 되고 지혜를 더 많이 얻었으므로 나보다 먼저 예루살렘에 있던 모든 사람들보다 낫다 하였나니 내 마음이 지혜와 지식을 많이 만나 보았음이로다 내가 다시 지혜를 알고자 하며 미친 것들과 미련한 것들을 알고자 하여 마음을 썼으나 이것도 바람을 잡으려는 것인 줄을 깨달았도다 지혜가 많으면 번뇌도 많으니 지식을 더하는 자는 근심을 더하느니라")과 유사한 내용이며, 해 아래서 행하는 모든 일이 허무하다는(전 1:2) 전도서의 대주제와 일맥상통하는 말씀으로, 하나님을 떠난 자아의 노력이나 지혜의 허무함을 암시합니다. "일의 결국을 다 들었다"는 말은 전도서에서 말한 대로 세상의 모든 일, 즉 해 아래서 하는 모든 일이 다 헛되며 인간의 모든 수고와 즐거움도 그러하다는 것을 말합니다. 그러면 결론적으로 이 허무한 세상에서 사람의 본분은 무엇입니까? 하나님을 경외하고 그 명령을 지키는 것, 그것이 사람이 행해야 할 본분이며 모든 것입니다("이스라엘아, 네 하나님 여호와께서 네게 요구하시는 것이 무엇이냐 곧 네 하나님 여호와를 경외하여 그 모든 도를 행하고 그를 사랑하며 마음을 다하고 뜻을 다하여 네 하나님 여호와를 섬기고 내가 오늘 네 행복을 위하여 네게 명하는 여호와의 명령과 규례를 지킬 것이 아니냐", 신 10:12-13).

그런데 이 말씀은 공부가 싫은 학생들에게는 복음과도 같이 보입니다. 하지만 이 말씀은 공부하지 말고 책을 쓰지 말라는 말씀이 아닙니다. 공부하고 책을 쓰고 읽되 헛된 방식으로 하지 말고 바르게 하라는 말입니다. 하나님을 경외하는 데는 전혀 관심을 두지 않고 단지 이 세상에서의 삶을 유익하게 하기 위해 지식을 추구해서는 안 된다는 말입니다. 즉 생명의 근원인 하나님을 알고 하나님의 뜻에 공부의 기초를 두라는 말입니다. 무엇을 열심히 하는 것은 중요하지만, 그것이 하나님을 떠난 자신의 성공과 부요함을 위한 것이라면 헛된 것이 되고 만다는 사실을 잊지 말아야 합니다. 바른 목적과 동기를 가져야 하며, 그것은 바로 하나님을 경외하고 그 명령을 지키는 것이어야 합니다.

골 3:23 "무슨 일을 하든지 마음 을 다하여 주께 하듯 하고 사람에게 하듯 하지 말라"

* 우리는 주님께 하듯 신실하게 학교생활과 공부에 임해야 합니다.

'마음을 다하여'는 원어로 에크 푸쉬케스(εκ ψυχής), 즉 '영혼에서부터'입니다. 이 말은 세상에서 일을 하거나 삶을 살아갈 때에 자신의 모든 것을 다하여 진정으로 하라는 의미입니다. 하나님은 세상에서 우리가 맡은 직분이 무엇이냐가 아닌 그 직분을 어떻게 감당했느냐를 중요하게 여기십니다. 그러므로 주 안에 있는 우리는 우리가 현재 위치하고 있는 자리에서 최선을 다해 일해야 합니다. 우리에게 주어진 학업은 하나님의 일입니다. 학생으로서 우리 청소년들은 자신에게 주어진 학업이라는 소명과 학교생활에 온 맘으로 최선을 다해 신실한 자세로 임해야겠습니다.

(2) 우리는 어디에 목적을 두고 학교생활을 해야 할까요?

막 12:29-31 "예수께서 대답하시되 첫째는 이것이니 이스라엘아 들으라 주 곧 우리 하나님은 유일한 주시라 네 마음을 다하고 목숨을 다하고 뜻을 다하고 힘을 다하여 주 너의 하나님 을 사랑하라 하신 것이요 둘째는 이것이니 네 이웃 을 네 자신과 같이 사랑하라 하신 것이라 이보다 더 큰 계명이 없느니라."

* 그리스도인으로서 학교생활을 하는 목적은 하나님을 사랑하고 이웃 사랑을 실천하는 데 있습니다!

본문은 우리 인생의 핵심가치를 담고 있습니다. '하나님 사랑'과 '이웃 사랑', 이것은 구호가 아니라, 우리 삶의 목적이며 삶의 이유입니다. 따라서 우리가 학교생활을 하는 목적 역시 하나님을 사랑하고 이웃을 사랑하기 위한 것입니다. 좋은 성적을 얻고, 좋은 대학에 들어가고, 선생님과 친구들에게 좋은 평가를 받고, 즐거운 시간을 보내는 것이 학교생활의 목적이 아닌 것입니다. 그것은 오히려 하나님과 이웃을 사랑하며 매일 매일을 살아가는 우리에게 때때로 주어질 수 있는 것들입니다. 우리 그리스도인의 삶의 분명한 목적은 하나님과 이웃을 사랑하는 것입니다.

마 25:14-16 "또 어떤 사람이 타국에 갈 때 그 종들을 불러 자기 소유 를 맡김과 같으니 각각 그 재능 대로 한 사람에게는 금 다섯 달란트를, 한 사람에게는 두 달란트를, 한 사람에게는 한 달란트를 주고 떠났더니 다섯 달란트 받은 자는 바로 가서 그것으로 장사하여 또 다섯 달란트를 남기고"

* 그리스도인으로서 학교생활을 하는 목적은 하나님이 주신 달란트를 발견하고 최대한 발휘하기 위해 준비하는 데 있습니다!

달란트 비유는 그리스도의 재림을 기다리는 성도들이 그 맡은 바 사명에 충성하도록 교훈합니다. '달란트' 는 시간과 재능, 은사 등 하나님께로부터 받은 모든 것을 가리킵니다. 하나님께서는 성도 각 사람에게 그의 능력에 맞게 그가 감당할 수 있는 범위 안에서 은사를 주십니다. 각 사람마다 능력과 재능에 따라 소유가 맡겨졌다는 것은 저마다 고유한 인격과 역할이 있다는 말이고, 그것은 각각 소중하고 존귀한 것임을 말합니다. 각 사람마다의 개성과 창조적 능력은 다양하지만 그것은 각각 독특하게 소중한 것입니다. 따라서 각각의 재능에 따라 적합한 소유가 맡겨졌다는 믿음은 각각 자기가 맡은 일에 최선을 다할 수 있다는 근거가 되며, 그 일을 맡긴 주인에 대한 충성의 의무와 책임을 깨닫게 합니다.

하나님께서는 성도들에게 여러 가지 달란트를 맡기신 후 이것을 가지고 예수의 재림 때까지 지혜롭고 충성되게 사용할 것을 요청하고 계십니다. 물론 이 비유에서 중요한 것은 달란트의 많고 적음에 있지 않고 그것을 어떻게 사용했느냐 하는 것입니다. 하나님은 은사의 대소에 관계없이 맡겨진 일에 충성하는 성도에게 동일한 하늘의 상급을 베푸실 것입니다. 그러나 게을러서 하나님이 맡기신 일에 충성스럽지 못했던 사람에게는 형벌이 따르게 됩니다. 그러므로 본문은 그리스도의 재림을 기다리는 성도들은 각각 맡겨진 사명에 충성하는 자들이 되어야 함을 교훈하고 있습니다. 하나님이 허락하신 은사와 재능은 각각 다르며, 다르게 맡겨진 사명을 우리 각자는 충성스럽게 감당해야 합니다. 그러므로 우리 청소년들은 학생시절을 통해 하나님이 나에게 주신 달란트를 발견하고 그 재능을 최대한 발휘하기 위해 성실히 준비하는 것을 학교생활의 목적으로 삼아야 하겠습니다.

Change of Life

*예수 그리스도의 구속을 받은 나의 학교생활

예수 그리스도의 구속을 받은 신실한 그리스도인으로서 우리 학교에 예수 그리스도의 구속의 은혜가 임할 수 있도록 학교생활 속에서 실천할 수 있는 사항들에는 어떤 것이 있을지 생각해 보도록 합니다. 여기서 특히 강조해야 할 것은 열심히 능동적으로 학습과 학교생활에 임하는 것보다 중요한 것은 바른 목적과 목표를 설정하는 데 있다는 사실입니다. 자신의 야망과 성취를 위해 하나님을 수단으로 삼아서는 안 되는 것입니다. 하나님 사랑과 이웃 사랑을 위해, 그리고 우리에게 허락하신 각자의 재능을 발견하기 위해 열심히 학교생활에 임해야 합니다. 하나님을 경외하는 자세로 신실하게 최선을 다하는 태도를 가져야 합니다.

내가 실천할 학교생활 수칙!!!

바른 목표 세우기	하나님 사랑 실천하기
□ 학교생활과 학습에 대한 나의 목표:	□ 신실하게 공부하기 □ 공부하기 전에 기도하기 □ □
이웃 사랑 실천하기	**나의 달란트 발견하기**
□ 양보하기 □ □ □	□ □ □ □

「참고」 수업 전에 드리는 짧은 기도의 예시

"하나님이 저를 이 공부, 이 수업으로 부르셨음을 믿습니다. 거짓을 가려내고, 가치 있는 통찰을 발견하며, 겸손하게 기여할 수 있도록 도와주세요. 하나님의 세상을 배워 가는 동안 지혜를 주시기를 구합니다. 공부하는 동안 저를 지켜봐 주세요. 이곳에서 하는 공부가 하나님 나라를 섬기는 데 준비되는 과정이기를 원합니다."

도널드 오피츠 & 데릭 멜러비, 《공부하는 그리스도인》, IVP.

Decision of Life

이번 과를 통해 그리스도인으로서 학교생활을 하는 바른 목적과 자세에 대해 생각해 보았습니다. 우리는 겉으로 보기에 크게 다를 것 없이 학교생활을 하고 있습니다. 그러나 학교생활을 하는 목적과 자세는 각자 다릅니다. 소위 좋은 '스펙'을 갖추고 좋은 직장과 돈, 명예, 안락한 삶을 얻는데 목적을 두고 좋은 성적을 거두기 위해 열심히 공부하는 친구들이 있는가 하면, 그런 친구들의 이기적인 모습을 비판하면서 자신의 삶에 대한 확고한 목표의식 없이 공부는 소홀히 한 채 주님만 바라본다고 하면서 학생으로서 기울여야 할 노력을 게을리 하는 친구들도 있습니다. 하지만 그리스도 예수의 구속을 받은 우리들은 하나님 사랑과 이웃 사랑을 위해, 그리고 우리에게 허락하신 각자의 재능을 발견하기 위해 열심히 학교생활과 학습에 임해야 합니다. 또한 하나님을 경외하는 자세로, 신실하게 최선을 다하는 태도로 학교생활과 학습에 임해야 합니다. 예수 그리스도의 구속의 은혜를 먼저 받은 우리들이 우리들의 생활공간인 학교에 그 은혜가 임하기를 소망하고 간구하면서 학교를 예수 그리스도의 복음으로 밝히고 치유하며 회복시키는 일을 실천해 나가는 우리가 되어야 하겠습니다.

단원 주제

미래의 공간

단원 해설

청소년기는 미래를 꿈꾸며 선택하고 준비하는 중요한 시기입니다. 이런 저런 미래의 모습을 그리고 꿈꾸는 청소년들이지만 그 어떤 시기보다 혼란스럽고 복잡한 생각으로 힘들어 하기도 합니다. 그렇기 때문에 청소년들로 하여금 자신이 꿈꾸는 이상적인 미래의 모습에 대해 점검해보도록 기회를 부여하는 것은 청소년들의 미래 선택과 준비에 출발점이 될 수 있습니다. 그리고 오늘의 생각과 습관 중 변화시켜 나가야 할 부분에 대해 확인하는 것은 자신이 꿈꾸는 미래를 맞이하기 위해 반드시 필요한 과정이라 할 수 있습니다. 또한 예수 그리스도의 구속을 받은 그리스도인으로서 꿈꾸어야 할 미래는 어떤 것인지를 확고히 하는 것은 진정한 목적의식을 가지고 흔들림 없이 인생을 살아갈 수 있도록 청소년을 붙들어줄 것입니다.

중심 구절

"들으라 너희 중에 말하기를 오늘이나 내일이나 우리가 어떤 도시에 가서 거기서 일 년을 머물며 장사하여 이익을 보리라 하는 자들아 내일 일을 너희가 알지 못하는도다 너희 생명이 무엇이냐 너희는 잠깐 보이다가 없어지는 안개니라 너희가 도리어 말하기를 주의 뜻이면 우리가 살기도 하고 이것이나 저것을 하리라 할 것이거늘"(약 4:13-15).

단원학습목표

예수 그리스도 안에서 구속된 그리스도인으로서 꿈꾸어야 할 미래에 대한 인식을 확고히 한다.

생활편 | 4단원

미래의 공간

단원핵심정리

하나님을 전적으로 의지하는 태도와 부지런히 일하는 삶의 자세를 바탕으로, 생각과 습관 중 잘못된 부분을 점검하고 변화시켜 나가면서, 내가 받은 구원의 복이 나를 통해 흘러가도록 통로의 역할을 감당하는 미래의 모습을 꿈꾸는 그리스도인으로 성장한다.

단원 소개

청소년기는 미래를 꿈꾸고 준비하는 중요한 시기입니다. 본 단원은 청소년들로 하여금 자신이 꿈꾸는 미래의 모습에 대해 점검하고, 내가 꿈꾸고 그리는 미래를 맞이하기 위해 오늘의 삶에서 변화시키고 버려야 할 생각과 습관은 무엇인지 확인하도록 하는 데 목적이 있습니다. 그리고 예수 그리스도의 구속을 받은 그리스도인이 꿈꾸어야 할 미래에 대해 바른 인식을 가짐으로써 청소년들로 하여금 진정한 목적의식을 가지고 흔들림 없이 인생을 살아갈 수 있도록 하는 데 목적이 있습니다.

제 10과

내가 꿈꾸는 미래

학습 목표 | 자신이 꿈꾸는 이상적인 미래의 모습에 대해 점검한다.

중심 진리 | 하나님의 주권을 인정하면서 하나님을 전적으로 의지하는 태도를 가지고 부지런히 일하여 다른 사람들에게 의존하지 않는 삶의 자세를 가진 사람이 되기 위해 미래를 꿈꾸고 노력을 다해야 한다.

본문 말씀 | 데살로니가전서 4:11-12

본과를 소개합니다

이번 과는 청소년기에 갖는 미래에 대한 이상적인 그림을 확인하고, 미래를 꿈꾸는 그리스도인의 자세와 삶의 태도를 바로 정립하는 데 목적이 있습니다. 청소년은 저마다의 미래를 꿈꾸고 그리며 생활하고 있습니다. 그런 자신의 미래에 대한 그림을 점검하는 것은 하나님이 부여하실 미래의 시간에 대해 현실감을 갖게 하고, 자신의 미래를 보다 더 잘 준비하도록 하는 데 도움이 됩니다. 그리고 청소년들로 하여금 그리스도인으로서 어떤 태도와 삶의 자세를 가지고 미래의 시간을 꿈꾸어야 하는지 지도해야 합니다. 청소년들에게 그들의 미래는 하나님의 전능하신 손에 전적으로 달려있으며, 그 하나님의 주권을 인정하고 의지하는 태도를 갖도록 지도해야 합니다. 또한 부지런히 일하여 다른 사람들에게 의존하지 않는 삶의 자세를 가진 사람이 되기 위해 미래를 꿈꾸고 노력을 다해야 한다는 사실을 알려주어야 합니다. 이번 과를 통해 미래를 꿈꾸는 청소년들이 자신의 미래에 대해 하나님 앞에서 어떤 태도를 가져야 하는지, 미래에 어떤 삶의 자세를 가져야 하는지 분명히 하는 기회가 되기를 기대합니다.

Story of Life

어릴 때에는 자주 꿈이 바뀌었다. 해리 포터를 보고 난 뒤에는 마법사가 되고 싶다는 꿈을 갖기도 하였고, 남들을 도와줄 수 있는 의사가 되기를 바랐었던 때도 있다. 하지만, 지금은 그런 쪽과는 거리가 먼, 건축가라는 직업의 꿈을 갖게 되었다. 그 꿈은 미국 뉴욕에 있는 "구겐하임 박물관"에 관한 다큐멘터리를 보고 갖게 되었다. 구겐하임 박물관은 우리가 생각하는 정형화된 박물관을 깨고, 있는 것을 사용하여 만들어진 박물관이다. 이 건물을 지은 프랭크 라이트는 독창적이면서도, 주변과 어우러지고, 건물에 대한 확고한 고정관념을 깨어버릴 건물들을 지어 현재에도 미국에선 천재 건축가라는 칭호를 그에게 부여한다. 나도 건축가라는 꿈을 이루기 위해 해야 할 일들, 배워야 할 것들이 많다. 하지만, 이를 열심히 해서 사회에 꼭 남을 도와주어서 공헌하는 것보다, 도시를 거닐며 건물이라는 생각보단 건물도 예술이라는 생각을 심어주고 싶고, 오감으로 즐기며 마음이 즐거워지고 피로를 풀 수 있게 하고 싶다. 또한, 그의 작품처럼, 실용적이면서도, 고정관념을 깨어버릴 수 있고, 예술성까지 가미된 그런 건물을 짓고 싶다. 그래서 난 오늘도 그 꿈에 한 발짝 가까워진 걸 느낀다.

– 분수네신문, 2010. 1.8

Talk Talk about Life

***나의 미래는요…**

위의 글에서와 같이 우리는 저마다 자신이 되고 싶은 꿈을 가지고 살아갑니다. 청소년들로 하여금 자신이 꿈꾸는 미래의 모습에 대해 20년 후의 상황을 구체적으로 그리면서 인터뷰하는 방식으로 함께 이야기를 나누어 보도록 합니다.

- 20년 후, 인터뷰

□ 어떤 직업을 갖고 있습니까? 어떤 계기로 이 직업을 갖게 되었나요? 이 직업에 만족하고 있나요? 아님, 다른 계획이라도?

□ 결혼은 했나요? 배우자는 어떤 사람인가요? 결혼하지 않았다면 이유는?

□ 자녀는 있나요? 있으면 몇 명인가요?

□ 사는 곳은 어딘가요?

□ 신앙생활의 모습은 어떤가요? 교회에서는 어떤 일로 섬기고 있나요?

□ 50년 후 당신이 자서전을 출간한다면 제목은 무엇인가요?

*말씀탐구

(1) 우리는 우리 자신의 미래에 대해 하나님 앞에서 어떤 태도를 가져야 합니까?

사 64:8 "그러나 여호와여, 이제 주는 우리 아버지시니이다 우리는 진흙 이요 주는 토기장이시니 우리는 다 주의 손으로 지으신 것이니이다"

롬 9:21 " 토기장이 가 진흙 한 덩이로 하나는 귀히 쓸 그릇을, 하나는 천히 쓸 그릇을 만들 권한이 없느냐"

* 우리는 우리의 미래를 하나님의 전능하신 손에 전적으로 의지하는 태도를 가져야 합니다!

토기장의의 예화는 구약의 대표적인 두 선지자 이사야와 예레미야에 의해 사용된 예화로 하나님의 절대주권에 대한 사상이 얼마나 중요한 것인지를 보여줍니다(렘 18:6; 사 45:9). 토기장이는 자신이 원하는 대로 진흙을 주무릅니다. 진흙이 어떤 모양의 용기가 되는 것 혹은 다시 진흙으로 돌아가는 것은 전적으로 토기장이의 손에 달려있습니다. 즉 하나님의 백성에 대한 하나님의 주권은 절대적인 것입니다. 토기장이와 진흙의 관계처럼 우리의 구원은 오직 하나님의 주권적인 손길에 달려 있습니다. 마찬가지로 우리는 우리의 미래를 포함한 모든 것을 하나님의 전능하신 손을 전적으로 의지하고 맡길 수 있어야 합니다.

(2) 미래에 우리는 어떠한 삶의 자세를 가져야 할까요?

살전 4:11,12 "또 너희에게 명한 것 같이 조용히 자기 일을 하고 너희 손 으로 일 하기를 힘쓰라 이는 외인에 대하여 단정히 행하고 품위 있게 살아가야 하고 또한 아무 궁핍함이 없게 아무에게도 신세를 지는 일이 없도록 하려 함이라"

* 우리는 우리의 손으로 열심히 일하여 누구에게도 의존하지 않고, 오히려 존경받는 사람이 되어야 합니다!

데살로니가 교회에 일하지 않으려는 분위기가 있었습니다. 데살로니가 교인들 중에는 그리스도의 재림이 임박했다는 생각으로 일하지 않고 소란을 피우는 자들이 있었던 것입니다. 또한 당시 그리스인들도 노동하는 것을 노예들이나 하는 천한 것으로 여겼습니다. 그러나 사도 바울은 노동의 중요성을 역설하였으며(엡 4:28), 친히 모범을 보였습니다(살전 2:9).

본문에서 말하는 '외인' 이란 복음을 믿지 않는 비그리스도인들을 지칭합니다(고전 5:12,13; 골 4:5; 딤전 3:7). 또한 '단정히' 의 헬라어 '유스케모노스(εὐσχημόνως)' 는 '보기 좋은', '존경할만한' 의 뜻을 갖습니다. 바울은 그리스도인들이 비그리스도인들에 대해서도 존경받을 수 있는 사람들이 되어야 함을 강조하고 있습니다. 성도들은 게으름을 몰아내고 부지런히 일하는 자세를 견지해야 합니다. 그래서 '궁핍함이 없어야' 즉 '누구에게도 의존하지 않아야' 하는 것입니다.

Change of Life

＊내가 그리는 나의 미래

앞에서는 우리 청소년들이 꿈꾸는 미래에 대해 20년 후 인터뷰를 하는 상황을 가정하여 대략적으로 점검해 보았습니다. 이제 청소년들로 하여금 자신의 미래를 마치 집을 짓는 것과 같이 그려보도록 하여 자신이 그리는 미래에 대해 나누어 보도록 합니다.

내 삶의 목적: (하나님을 경배)하는 삶
(이웃을 사랑, 봉사)하는 삶

내 삶의 자원 →	가족	건강	(직업) (전문지식)	(성실) (도전의식)

내 삶의 기초: (예수 그리스도에 대한 나의 신앙고백)

□ 내 삶은 무엇에 기초를 두고 세워져야 합니까?

우리 삶의 흔들리지 않는 기초는 오직 예수 그리스도이시며, 예수 그리스도를 나의 주(Lord)로 고백하는 신앙고백 위에 우리의 삶을 세워야 한다는 사실을 분명하게 알도록 지도해 주시기 바랍니다.

□ 내 삶을 지탱하기 위해 어떤 자원들이 필요할까요?

'직업' 은 삶을 지탱하는 자원이지, 그 자체가 우리가 추구하는 삶의 목적이 될 수 없다는 사실을 분명히 해둘 필요가 있습니다. 예를 들어 요셉의 경우, 그의 삶의 목적은 애굽의 총리가 되는 것이 아니라, 민족을 구하고 세계 사람들을 통치하며 하나님께 크게 사용되는 것이었습니다. 애굽의 총리라는 그의 직책(직업)은 그러한 삶의 목적을 이루는 자원으로서 역할을 하는 것입니다.

□ 내 삶은 어떤 목적을 향해 나아가야 할까요?

모든 그리스도인의 삶의 최종 목적은 하나님을 사랑하고 이웃을 사랑하는 데 있음을 분명히 할 수 있도록 지도해 주시기 바랍니다. "예수께서 이르시되 네 마음을 다하고 목숨을 다하고 뜻을 다하여 주 너의 하나님을 사랑하라 하셨으니 이것이 크고 첫째 되는 계명이요 둘째도 그와 같으니 네 이웃을 네 자신 같이 사랑하라 하셨으니"(마 22:37-39).

Decision of Life

여러분이 꿈꾸는 미래의 모습을 확인해 보셨나요? 20년 후의 여러분은 어떤 모습인가요? 50년 후에 발간될 여러분의 자서전에 담길 내용은 어떤 것들일까요? 예수 그리스도에 대한 신앙을 삶의 기초로 삼고 하나님께서 공급하신 많은 삶의 자원들을 활용하여 여러분이 궁극적으로 이루어야 할 삶의 목적은 분명히 하였나요? 성경이 교훈하시는 그리스도인의 삶의 최종 목적은 어떤 직업을 갖느냐 하는 것이 아니라 하나님의 백성으로서 하나님을 사랑하고 이웃을 사랑하는 삶을 사는 데 있음을 잊지 말아야 하겠습니다(마 22:37-39). 청소년 여러분, 우리 자신의 미래는 하나님의 손에 달려 있음을 인정합시다! 하나님의 절대주권을 인정하고 하나님의 손을 전적으로 의지하는 태도를 갖도록 합시다! 그리고 믿지 않는 사람들에게 존경받을 정도로 부지런히 일하여 누구에게도 의존하지 않을 뿐만 아니라 가난한 자를 구제할 수 있는 삶을 사는 우리 모습을 준비해 나갑시다!

"주님은 토기장이이시며, 우리는 진흙입니다. 주님의 손으로 주의 형상을 닮아갈 때까지 우리를 빚어주십시오. 우리가 예수 그리스도 안에서 주님의 솜씨로 지음 받은 작품임을 알게 해주셔서 감사합니다. 우리의 일생 동안 계속해서 주님의 솜씨로 만들어 가실 줄 믿습니다."

클리프트 리처드, 로이드 힐드브랜드, 《자녀의 미래를 여는 기도》 중에서

제 11과

미래를 꿈꾸는 나의 오늘

학습 목표 | 미래를 꿈꾸는 그리스도인으로서 오늘의 내 모습에 대해 점검한다.

중심 진리 | 내가 꿈꾸는 미래를 맞이하기 위해서는 오늘의 내 생각과 습관 중 잘못된 부분을 점검하고 변화시켜 나가야 한다.

본문 말씀 | 예레미야 22:21

본과를 소개합니다

이번 과는 청소년들로 하여금 미래를 꿈꾸는 그리스도인으로서 오늘의 자기 모습에 대해 점검해보고, 보다 나은 미래를 준비하기 위해 변화시켜야 할 부분이 있는지 들여다보도록 하는데 목적이 있습니다. 미래의 우리 모습은 오늘의 결과물일 뿐이기 때문입니다. 따라서 미래의 변화는 지금의 생각과 습관을 변화시키는 데서부터 찾아야 합니다. 먼저 지금 하고 있는 생각이 바뀌고 그에 따라 지금의 습관이 바뀌어야 미래가 변화됩니다. 이번 과를 통해 자신의 습관에 대해 확인하고 그 습관을 낳은 생각에 대해서도 점검해보면서 버려야 할 것과 더 발전시키고 강화해야 할 부분에 대해 분명히 하는 시간이 되었으면 합니다. 그리스도인으로서 하나님께서 허락하실 미래의 시간을 꿈꿀 뿐 아니라 그 시간을 준비하는 데 걸림돌이 되는 생각과 습관을 오늘, 지금 변화시킴으로써 꿈꾸는 미래를 현실로 맞이할 수 있는 청소년들로 성장하기를 소망해 봅니다.

Story of Life

망하는 회사는 망하는 특징이 있다고 한다. 은행이나 신용평가기관에서는 '망하는 기업 판별법'을 가지고 있다고 한다. "화장실이 지저분하다, 깨진 유리창을 방치한다, 직원들이 불친절하다, 상하 위계질서가 없다, 회의 시간이 길다, 임원 교체가 빈번하다, 낯선 사람의 출입이 잦다, 사장이 역술인에 의지해서 회사를 경영한다…" 등등이다. 신용카드 회사에도 내부적으로 개인 신용불량자를 예측하는 '개인 신용불량 판별법'이 있다는 얘기를 들었다. 자기를 관리하지 못하는 신용불량자는 언행에서 사고방식에 이르기까지 남다른 특징이 있다고 보는 것이다. 이런 모든 접근과 예측의 공통점은 '지금'을 보면 그 사람의 '미래'를 알 수 있다는 것이다. '지금' 걸어가는 그 사람의 발걸음만 보아도, 그 사람이 가야 할 곳을 아는 사람인지, 방황하는 사람인지 금세 구별해낼 수 있다. 바로 지금 걸어가는 그 발걸음만 보고도 말이다. 그러므로 영광스런 미래를 기대하는 사람은 반드시 '지금' 상태를 변화시켜야 한다. 미래는 지금의 결과물일 뿐이다.

— 전병욱, 《지금 미래를 결정하라》 중에서

Talk Talk about Life

***내 이름은 　　　　　 입니다.**

청소년들로 하여금 　　　 안에 들어갈 단어가 무엇인지 생각하고 대답해 보도록 합니다. 그리고 왜 그렇게 생각하는지 이유에 대해서도 나누어 보도록 합니다. 　　　 안에 들어간 단어는 습관이지만, 다른 여러 답들이 나올 수 있고, 그 이유를 함께 나누는 것은 매우 의미가 있으리라 생각합니다. 단, 습관의 막강한 영향력, 특히 부정적인 방향에서의 영향력을 강조하는 것으로 대화를 마무리하도록 해 주시면 좋겠습니다.

"나는 당신의 생애를 무너뜨릴 수 있습니다. 내 억센 틀에 당신을 가두어 당신을 비참하게 영원한 포로로 만들 수 있습니다. 나는 날마다 조금씩만 당신을 좀먹고 있습니다. 머지않아 나의 쇠사슬에 당신은 완전히 얽어매일 것입니다. 나는 당신을 속으로 곪게 하기 때문에 잘 보이지 않습니다. 나는 당신을 쉽게 게으름뱅이로 만들 수 있고 병자로 만들 수도 있습니다. 나는 또한 당신을 쉽게 싸움꾼으로 만들 수도 있고 도둑으로 만들 수도 있습니다. 내 이름은 　 습관 　 입니다."

*** 내가 많이 듣는 말에 ☑ 표!!!**

청소년들로 하여금 자신의 '습관' 중 미래를 준비하는 데 발목을 잡는 부분에 대해 점검하는 기회를 갖도록 하기 위해, 생활 속에서 가장 많이 듣는 말을 확인해 보는 시간을 갖도록 합니다. 가장 가까운 사람들로부터 듣는 말을 점검해보면 자신의 발전을 저해하는 습관의 실체를 분명히 하는 데 도움이 될 것입니다.

- □ "게임 하지 마라!"
- □ "방 좀 정리해라!"
- □ "핸드폰 좀 그만 써라!"
- □ "일찍 자고 일찍 일어나라!"
- □ "______________________!"
- □ "TV 좀 그만 봐라!"
- □ "시간을 정하고 공부해라!"
- □ "공부할 땐 음악 끄고 집중해서 해라!"
- □ "이어폰(헤드폰) 그만 빼라!"
- □ "______________________!"

Standard of Life

*말씀탐구

(1) 미래를 준비하는 우리가 오늘 점검하고 변화시켜야 할 것은 무엇일까요?

렘 6:19 "땅이여 들으라 내가 이 백성에게 재앙을 내리리니 이것이 그들의 __생각__ 의 결과라 그들이 내 말을 듣지 아니하며 내 율법을 거절하였음이니라"

* 나 자신이 가진 생각을 점검하고 잘못된 부분을 변화시켜야 합니다!

본문은 유다 백성에게 내리는 선고문의 내용입니다. 그 처벌의 이유는 유다 백성이 '여호와의 말을 듣지 아니하고 그 율법을 거절하였기' 때문입니다. 그들은 자신들을 향해 회개를 촉구하는 하나님의 말씀이 외쳐대고 있다는 사실을 알면서도 우리는 '듣지 않겠노라' 고 과감히 거부해 버렸습니다. 하나님의 말씀을 듣지 않음이 재앙을 불러들인 결과를 초래했는데, 반대로 주의 법을 사랑하는 자에게는 큰 평안이 있고 장애물이 없으리라고 했습니다(시 119:165). 주의 법을 사랑치 않아 장애물을 만나는 것이라고 깨우쳐 주시고 있는 것입니다. 그런데 그러한 그들의 거부는 그들의 생각의 결과라고 말씀하고 있습니다. 생각은 말로, 말은 행동으로, 행동은 습관으로, 습관은 인격으로 나타나게 됩니다. 다시 말해서 고매한 인격, 좋은 습관, 적절한 행동, 바른 말은 생각의 결과라는 것입니다. 그러므로 자신의 생각을 점검하고 돌아보는 일은 무엇보다도 중요하다고 할 수 있습니다. "예루살렘아 네 마음의 악을 씻어 버리라 그리하면 구원을 얻으리라 네 악한 생각이 네 속에 얼마나 오래 머물겠느냐"(렘 4:14).

(2) 미래를 준비하는 우리가 지금 변화시켜 나가야 할 것은 무엇일까요?

렘 22:21 "네가 평안할 때에 내가 네게 말하였으나 네 말이 나는 듣지 아니하리라 하였나니 네가 어려서부터 내 목소리를 청종하지 아니함이 네 습관 이라"

* 나의 잘못된 습관, 나쁜 습관을 변화시켜 나가야 합니다!

어거스틴은 '고백록' 에서 습관의 폭력 앞에 전율합니다. "그러나 나는 다른 사람의 쇠사슬에 의해서가 아니고 바로 나 자신의 의지의 쇠사슬에 의해 묶여 있었습니다. …그렇게 된 것은 내 의지가 왜곡되어 육욕이 생겼고, 육욕을 계속 따름으로써 버릇이 생겼으며, 그 버릇(습관)을 저항하지 못해 필연이 생겼기 때문입니다." 잘못된 습관의 경우 우리의 자유의지가 건전하고 올바른 의지가 아닌, 불건전하고 왜곡된 의지에 스스로 묶여 노예의지로 전락한 결과로써 일어납니다. 이렇게 우리가 왜곡된 의지에 붙들려 꼼짝달싹 못하고 못된 습관을 반복할 때 습관의 폭력에 사로잡힌다고 말합니다. 습관은 제2의 천성이라는 말이 있습니다. 그러므로 습관은 하나의 필연이 되어 우리를 괴롭힙니다. 예수를 믿으면서도 흉한 습관을 끊지 못해 신음하는 이들이 많습니다. 나쁜 습관을 벗고 좋은 습관을 입는 일은 우리 힘으로 되지 않습니다. 우리의 의지가 뒤틀려 나쁜 습관을 낳아 폭력적인 힘을 행사하기에 그 원흉인 의지부터 바로잡아야 합니다. 불순한 의지부터 정화시켜야 한다는 말입니다. 여기에 하나님의 은혜가 필요합니다. 하나님이 도와주셔야 합니다. 성령의 능력에 의지해야 합니다. 하나님의 놀라운 능력으로 나쁜 습관을 청산할 수 있습니다.

본문은 '습관적 불순종에 대해 말하고 있습니다. 불순종이 습관화되었으니 버릇이 되고 말았습니다. "너는 광야에서 네 하나님 여호와를 격노케 하던 일을 잊지 말고 기억하라 네가 애굽 땅에서 나오던 날부터 이곳에 이르기까지 늘 여호와를 거역하였으되"(신 9:7). 여기 "늘"이란 말은 때로 그렇게 함이 아닙니다. 항상 계속적으로 습관화되고 말았다 하였으니 천성화 되었다는 말이기도 합니다. 이 습관을 변화시켜야 합니다. 불순종으로 길이 들어서 그리로 자연스럽게 가게 되었지만, 이 길을 막아 가지 못하게 하고 새 길 곧 순종하는 길을 닦아야 합니다. 한 가지 두 가지 하나님의 말씀에 순종하는 길로 가야 합니다. 하지만 내 결심이나 각오로 안 됩니다. 이조차도 하나님께서 주셔야 합니다. "새 영을 너희 속에 두고 새 마음을 너희에게 주되 너희 육신에 굳은 마음을 제거하고 부드러운 마음을 줄 것이며 또 내 영을 너희 속에 두어 너희로 내 율례를 행하게 하리니 너희가 내 규례를 지켜 행할지라"(겔 36:26-27). 순종하는 것도 내 결심이나 각오로 가능하지 못함을 알았기에 바울은 "내가 나 된 것은 하나님의 은혜로 된 것이니"(고전 15:10)라고 고백합니다. 하나님께 완전히 나의 삶을 맡겨야 하는 것입니다.

Change of Life

*변화시켜야 할 '지금'

앞에서 우리는 우리의 발전을 저해하고 미래의 삶을 준비하는 데 걸림돌이 되는 나쁜 습관을 확인하기 위해 생활 속에서 가장 많이 듣는 말을 확인해 보는 시간을 가졌습니다. 이제는 보다 더 발전된 미래를 준비하는 데 걸림돌이 되는 변화되어야 할 생각과 습관을 생각해 보도록 합니다.

변화 시켜야 할 생각	가져야 할 바른 생각	긍정적인 생각, 적극적인 생각 등
	버려야 할 생각	낙심되는 생각, 경쟁적인 생각 등
변화 시켜야 할 습관	갖고 싶은 좋은 습관	일찍 일어나는 습관, TV를 보지 않는 습관 정리 정돈을 잘하는 습관, 집중해서 책을 읽는 습관 성경 읽는 습관, 기도하는 습관 등
	버리고 싶은 나쁜 습관	늦게 자는 습관, 무절제하게 식사하는 습관 등

『참고』

구세군의 창시자 윌리엄 부스의 인생은 스무 살을 기점으로 완전히 바뀌었습니다. 그가 세계인의 추앙을 받는 것은 젊은 시절 "6대 생활수칙"을 정해 이를 실천했기 때문입니다. 그것은 다음과 같습니다.

① 아침 일찍 일어나 5분씩 기도합니다. 아침기도는 정신을 맑게 합니다.
② 불필요한 잡담을 금합니다. 말이 많은 사람은 적이 많습니다.
③ 겸손한 태도와 열정적인 행동, 진실한 대화의 자세를 갖습니다.
④ 매일 성경을 네 장씩 읽습니다. 성경은 영혼을 살찌우는 자양분입니다.
⑤ 하나님께 나의 인생을 의탁합니다. 의지할 대상이 있는 사람은 매사에 너그럽습니다.
⑥ 이 수칙을 하루에 두 번 이상 큰소리로 외칩니다.

[출처] 기독정보넷 - http://www.cjob.co.kr/sermons-1907.html

Decision of Life

오늘 나의 생각과 습관은 미래의 나를 결정합니다. 스티븐 코비 박사는 《성공하는 사람들의 7가지 습관》에서 "생각을 심으면 행동을 거두고, 행동을 심으면, 습관을 거두고, 습관을 심으면 성품을 거두고, 성품을 심으면 운명을 거둔다"고 했습니다. 지금의 생각이 미래를 결정한다는 말입니다. 지금의 습관이 운명을 만든다는 것입니다. 《작심삼일씨 습관 바꾸다》란 일본 책의 저자는 "아침에 일어나서 밤에 잠자리에 들 때까지 인간의 행동은 80%의 습관과 20%의 새로운 행동으로 이뤄진다"고 말합니다. 인생에서 차지하는 습관의 위력을 강조하면서 "나쁜 습관은 없앨 것이 아니라 좋은 습관으로 대체하라"고 권합니다. 작심삼일이라도 일곱 번만 결심하면 누구나 성품과 운명을 바꿀 평생의 좋은 습관을 길들일 수 있다고 하면서.

찬란한 꿈같은 미래를 꿈꾸기는 쉽지만 오늘 나의 생각과 습관을 바로 잡기로 결단하고 노력하는 사람은 많지 않습니다. 자! 하나님 중심의 생각과 경건하고 좋은 습관을 훈련하는 오늘을 사는 우리가 되기로 합시다!

제 12과

내가 꿈꾸어야 할 미래

학습 목표 | 그리스도 예수 안에서 꿈꾸어야 할 미래에 대해 이해한다.

중심 진리 | 예수 그리스도의 구속을 받은 그리스도인이 꿈꾸어야 할 미래는 내가 받은 구원의 복이 나를 통해 흘러가도록 통로의 역할을 감당하는 모습이어야 한다.

본문 말씀 | 창세기 12:2-3

본과를 소개합니다

이번 과는 청소년들로 하여금 예수 그리스도의 구속을 받은 그리스도인으로서 어떠한 인생관을 가지고 어떠한 미래를 꿈꾸어야 하는지에 대해 생각해 보도록 하는 데 목적이 있습니다. 그리스도인의 인생관은 세상과는 달라야 하며, 그래야 정상이라 할 수 있습니다. 인생관이 다르면 전혀 다른 인생을 살기 때문입니다. 그리스도인은 사나 죽으나 그리스도를 위해 살고, 다른 사람의 유익을 위해 살며, 맡기신 일을 감당하는 가운데 당하는 고난을 특권으로 여기며 사는 인생관의 소유자들입니다. 우리 청소년들이 이러한 인생관으로 무장하고 꿈꾸어야 할 미래는 무한히 경쟁하면서 자신의 부와 성공을 추구하는 모습이 아닙니다. 그것은 바로 내가 받은 구원의 복이 나를 통해 흘러가도록 통로의 역할을 감당하는 모습입니다. 나로 인해 많은 사람이 복을 받도록 내가 누리는 구원의 복을 흘러가게 하는 복의 통로로서 살아가는 미래를 꿈꾸어야 합니다. 이번 과를 통해 청소년들이 어떤 미래를 꿈꾸어야 할 것인지를 분명히 하는 기회가 되기를 소망합니다. 동시에 그리스도를 위해 또 다른 사람의 유익을 위해 어떤 영역에서 의미 있는 기여를 하면서 복의 통로로서 살아갈 것인지, 그리고 그것을 위해 지금 어떠한 노력을 기울여야 할 것인지에 대해서도 진지하게 고민하는 시간이 되기를 소망해 봅니다.

Story of Life

"시계추처럼 출퇴근을 반복하는 직장 생활을 청산하고, 일주일에 반 이상은 여행도 떠나고 취미 활동도 즐길 줄 아는 삶이라면 얼마나 좋을까요." "지금은 디자이너로 일하지만, 45세가 되면 어르신을 위한 미술 치료를 하고 싶네요. 제가 지닌 재능을 나눌 수 있는 삶이었으면 좋겠습니다." "지금처럼 새벽밥을 겨우 챙겨 먹고 나와 버스 정류장을 향해 뛰지는 않을 거예요. 내 사업을 운영하며 오로지 나를 위해 달리는 삶! 그만큼 여유로운 시간을 만끽하고 싶습니다." "원하는 직장을 다니며 공연 관련 서적을 출간하는 것이 마흔 전에 꿈꾸는 제 모습입니다. 마흔이 넘으면 작은 무대가 딸린 카페를 운영하고 싶어요."

"3남매를 키우며 25년간 틈틈이 기록한 요리법을 책으로 발간하고 싶습니다. '마리아의 키친'이라는 작업실을 열어 재능을 나누며 인생 2막을 시작하고 싶네요." "패션 디자이너의 꿈을 품고 왔지만 현실에서는 도전하지 못했습니다. 디자인 공방을 갖춘 카페를 운영하며 직접 만든 옷도 판매하는 모습! 제가 꿈꾸는 10년 후의 모습입니다." 〈행복이 가득한 집〉, 2012년 2월호 중에서

Tik Talk about Life

＊세 종류의 사람

• 나는 어떤 종류의 사람일까요?

유명한 역사학자 토인비는 사람을 세 종류로 나누었는데 배를 타고 항해하는 것에 비유했습니다. 사람마다 인생관이 다르고 그 인생관에 따라 전혀 다른 인생을 살게 된다는 것을 설명하기 위해 사용한 비유입니다. 즉 각자의 인생관에 따라 사람들은 욕심과 쾌락의 끝에서 허무를 경험하기도 하고, 힘들고 고생스러운 삶을 산 것 같지만 만족과 기쁨을 누리기도 합니다. 어떤 인생관을 갖고 있느냐에 따라 인생의 가치는 달라지는 것입니다. 세 종류의 사람에 대해 이야기를 나누면서 자신에게도 적용해보고 그리스도인이라면 어떤 종류의 사람이 되어야 할지 생각해보는 기회가 되도록 합니다.

세 종류 사람	어떤 인생관을 가진 사람일까요?	나는?
배가 어디로 가는지 전혀 관심이 없는 사람 : 오로지 배 안에서 먹고 마시는 일에만 관심이 있으며, 먹을 것이 많으면 행복해하고 먹을 것이 없으면 불행해 하는 사람	인생에서는 오직 먹고 마시는 일만 중요하다고 생각하는 사람	
주변의 경치를 구경하는 일에만 관심이 많은 사람 : 배가 어디로 가는지를 관심이 없고 날씨가 화창하고 경체가 좋은 곳을 지나가면 즐거워하다가도 경치가 나쁘고 날씨가 궂으면 원망과 불평을 쏟아내는 사람	인생이란 즐기는 것이라고 생각하여 쾌락을 중요하게 여기는 사람	
배가 가는 목적지를 분명하게 기억하고 늘 방향을 점검하는 사람: 목적지에 도달하기 위해 무엇을 해야 할지를 알며 자기가 맡은 일에 최선을 다하는 사람	인생을 자신에게 주어진 목적을 위해 사는 것이라고 생각하는 사람	

*말씀탐구

(1) 그리스도인으로서 우리는 어떤 인생관을 가지고 미래를 꿈꾸어야 할까요?
(김인환, 《예배드리는 자녀가 성공한다》 중에서 '크리스천은 세상과 다르게 사는 것이 정상이다'를 참고했습니다.)

롬 14:8 "우리가 살아도 주를 위하여 살고 죽어도 주를 위하여 죽나니 그러므로 사나 죽으나 우리가 주 의 것이로다."

* 살아도 죽어도 그리스도를 위해서 산다는 인생관을 가지고 우리의 미래를 꿈꾸어야 합니다!

돈, 성공, 명예, 권력을 위해서 사는 것이 아니라 그리스도를 위해 사는 것입니다. 그리스도를 위해 산다는 것은 무엇일까요? 교회에 나와서 예배드리고 기도하고 신나게 찬양하는 것이 그리스도를 위해 사는 모습일까요? 네, 물론 그것도 그리스도를 위해 사는 모습임에 틀림이 없습니다. 하지만 그렇게 예배하고 뛰뛰며 찬양하던 우리들이 나머지 6일간의 생활 속에서는 그리스도를 잊고 사는 경우가 많습니다. 그리스도인임을 나타내지 못하고 살 때가 많습니다. 예배할 때는 그리스도를 위해 모든 것을 다 할 것 같지만 실제생활 속에서는 그리스도를 위해 시간을 내지 않습니다. 우리들은 주일뿐 아니라 매일 주어진 시간 속에서 그리스도를 위해 최선을 다하는 삶을 살아야 합니다. 이 세상이 추구하는 것과 달리, 살든지 죽든지 주님을 위해 살아야 하는 것이 그리스도인인 우리가 가져야 할 인생관입니다.

빌 1:21, 24 "이는 내게 사는 것이 그리스도니 죽는 것도 유익함이라 … 내가 육신으로 있는 것이 너희 를 위하여 더 유익하리라"

* 그리스도인은 다른 사람의 유익을 위해 산다는 인생관을 가지고 미래를 꿈꾸어야 합니다!

그리스도를 위해 죽는 것도 유익하다고 고백할 만큼 그리스도를 위해 헌신되어 있던 바울은(빌 1:21) 이상하게도 사는 것이 더 유익하다는 말을 합니다(빌 1:24). 왜죠? 그리스도를 위해 산다는 것은 다른 사람의 유익을 위해 사는 것이기 때문입니다. 내가 이 땅에

육신으로 머물러 있음으로 해서 다른 이들에게 영생에 이르는 열매를 줄 수 있다면, 마땅히 주께서 머물게 하실 때까지 더 머물러 있어야 하는 것입니다. 순교자 손양원 목사님은 6 · 25때 끝까지 자신의 성도들을 돌보다가 순교하셨습니다. 그때 피신하라고 요청하는 성도들에게 그분은 이렇게 말씀하셨다고 합니다. "순교란 아무렇게나 살다가 단순히 기독교인이란 이름을 가지고 죽는 것이 아닙니다. 예수님을 위해서 일생 동안 눈물과 피를 흘리다가 죽는 자가 참된 순교자입니다." 무슨 말입니까? 죽는 것이 중요한 것이 아니라 어떻게 살다가 죽느냐가 중요하다는 것입니다. 그렇다면 어떻게 살아야 할까요? 인간을 사랑하시고 섬기신 예수님처럼 다른 사람을 섬기며 사랑하면 됩니다. 이기적인 욕망으로 명문대에 들어가는 것이 아니라 다른 사람의 유익이 되고자 성실하게 공부하며 자신에게 주어진 달란트를 사용하는 것입니다.

빌 1:29 "그리스도를 위하여 너희에게 은혜를 주신 것은 다만 그를 믿을 뿐 아니라 또한 그를 위하여 고난 도 받게 하려 하심이라"

* 그리스도인은 고난을 특권으로 여기며 산다는 인생관을 가지고 미래를 꿈꾸어야 합니다!

그리스도인으로 산다는 것은 그리스도가 받은 고난을 자신도 받겠다는 결의입니다. 영광만 받겠다는 것은 그리스도인이 되겠다는 것을 포기하는 것과 같습니다. 그리스도인의 인생관을 가지고 살았던 바울은 이렇게 고백합니다. "그리스도를 위하여 너희에게 은혜를 주신 것은 다만 그를 믿을 뿐 아니라 또한 그를 위하여 고난도 받게 하려 하심이라"(빌 1:29). 하지만 문제는 우리들이 고난을 특권으로 여기지 못하는 데 있습니다. 어떤 사람은 사람들이 부러워할만한 권력과 돈과 모든 것을 가졌던 36살의 아름다운 여인(다이애나 왕세자비)이었지만, 그녀가 죽음으로 남긴 것은 추문과 권력의 정점에서 더 이상 견딜 수 없었던 불행과 허무입니다. 그러나 미모와 전혀 상관이 없는 외모에 튀어나온 광대뼈와 주름진 얼굴을 한 86세의 노파(테레사 수녀)는 언제나 빈곤, 질병, 고통, 신음, 소외 속에 있었습니다. 그녀가 있는 곳은 가난이라는 커다란 장막이었고 질병의 늪이었으며 고통의 한가운데였습니다. 등이 굽고 주름살투성이의 초라한 노인이었던 그녀가 남긴 것은 불과 5루피, 우리나라 돈으로 겨우 125원이었습니다. 그러나 그녀가 죽었을 때 온 인류는 함께 울었습니다. 그리스도를 위해 산다고 하면서도 이기적인 우리에게 이 여인은 도전합니다.

"너희가 여기 내 형제 중에 지극히 작은 자 하나에게 한 것이 곧 내게 한 것이니라"(마 25:40).

그러므로 믿는 우리는 은혜에 따른 소명이 있음을 기억해야 합니다. 하나님께서 은혜 주실 때는 반드시 이루고자 하시는 것이 있는 것입니다. 즉 섬겨야 하는 사명을 주시는 것입니다. 그 사명이 바로 우리 인생의 목표가 됩니다. 그 사명과 주신 목적은 계속해서 발전합니다. 요셉이 보디발의 집에서 종에서 집사로, 그리고 애굽의 총리가 되었던 것처럼 계속해서 진전되는 것입니다. 한편, 이렇게 은혜는 소명을, 소명은 목표를 가져다주는 가운데 우리는 많은 고난을 만나게 됩니다. 마치 헤엄을 쳐서 강을 거슬러 올라가기가 매우 힘들듯이 목표를 따라 살려고 할 때 엄청난 저항을 만나게 된다는 것입니다. 하지만 주님께서는 우리에게 주신 소명을 잘 감당케 하시려고 은혜와 환경, 건강, 자원 등을 다 주십니다. 그러므로 그리스도인으로서 우리에게 주신 소명을 확실히 발견하고 그 소명을 붙들고 고난을 감내하면서 주님만 의지하고 전진해야 합니다.

(2) 그리스도인으로서 우리가 꿈꾸어야 할 미래는 무엇일까요?

창 12:2,3 "내가 너로 큰 민족을 이루고 네게 복을 주어 네 이름을 창대하게 하리니 너는 복 이 될지라 너를 축복하는 자에게는 내가 복을 내리고 너를 저주하는 자에게는 내가 저주하리니 땅의 모든 족속이 너로 말미암아 복 을 얻을 것이라 하신지라"

* 나로 인해 모든 사람들이 복을 받을 것을 꿈꾸어야 합니다!

하나님은 아브라함에게 내가 네게 복을 주리라 너로 복의 근원이 되게 하리라 하신 것처럼 우리를 축복하시려고 부르셨습니다. 하나님이 우리를 구원에로 부르신 목적은 축복입니다. 저주 아래 살던 우리에게 예수 안에서 축복을 경험하고 살게 하시려고 부르신 것입니다. 우리의 부르심의 소망은 축복입니다.

사람들은 인생의 행복과 성공이 자신의 노력이나 행위에 의해서 결정된다고 생각하지만 그렇지 않습니다. 전적으로 하나님께 달려 있습니다. 하나님이 축복하시면 인생은 행복한 삶을 누릴 수 있게 되고 성공적인 삶을 누릴 수 있습니다.

인생의 행복은 전적으로 하나님께 달려 있다는 것, 하나님이 축복을 주셔야 인생이 성공적일 수 있다는 것은 모든 인생이 성공과 행복을 누리기 위해서 늘 붙들어야 할 인생의 비밀입니다. 물론 인생의 행복을 위해서 열심히 일해야 하고, 또 성실한 삶을 통해 일에 있어 성공을 얻을 수 있습니다. 그러나 그것만으로는 충분하지 않습니다. 무엇보다 하나님이 인생을 주관하시고 있다는 것을 알아야 하고 그래서 하나님의 축복이 없이는 아무 것도 얻을 수 없다는 것을 인정해야 합니다. 눈에 보이는 것을 좇아가서는 안 됩니다. 하나님을 바라보아야 합니다. 하나님께 축복을 기대해야 합니다.

그럼 우리에게 주신 복은 무엇입니까? 예수 그리스도 안에서 믿음으로 말미암아 구원 받은 사실, 저주에서 해방되어 영원한 생명과 자유를 얻은 것을 의미합니다. 그런데 우리를 부르셔서 복을 주시고 그 복을 누리게 하시는 이유가 있습니다. 그것은 우리를 복의 통로로 삼기 위함입니다. 단지 우리가 복을 받는 데 그치는 것이 아니라 우리의 인생을 통해 많은 다른 사람들을 축복하시려는 것입니다. 아직도 저주 아래 있는 사람들을 건져 하나님이 주시는 복을 받는 삶으로 들어가게 하는 사명이 우리에게 있는 것입니다. 우리는 단지 복을 받은 자들이 아니라 복의 통로입니다. 우리 인생의 비전, 우리가 꿈꾸어야 할 미래는 바로 내가 받은 구원의 복이 나를 통해 흘러가도록 통로의 역할을 감당하는 모습이어야 합니다.

Change of Life

*예수 그리스도의 구속을 받은 내가 꿈꾸어야 할 미래

복의 통로로서 살아갈 미래의 내 모습을 소개합니다!!!

여러 청소년들이 자신의 꿈과 포부를 밝힌 글이 있습니다. 여러 이유와 동기로, 또 자신의 관심 영역을 따라 자신이 소망하는 미래의 모습을 소개한 글입니다. 또 그 꿈에 근접해가기 위해 자신이 현재 기울이고 있는 노력에 대해서도 진술하고 있습니다. 이제 예수 그리스도의 구속을 받은 그리스도인으로서, 나로 인해 많은 사람이 복을 받도록 내가 누리는 구원의 복을 흘러가게 해야 할 복의 통로로서, 우리 청소년 한 사람 한 사람이 살아갈 미래의 모습을 구체화하는 시간을 갖도록 하겠습니다. 지상에서의 삶의 구체적인 영역에서 과연 나는 어떤 직업 세계에 속하여 그리스도를 위해 또 다른 사람의 유익을 위해 복의 통로로서 살아갈 것인지, 그리고 그것을 위해 어떠한 노력을 기울여야 할 것인지 진지하게 고민하고 확정하는 기회가 되기를 소망합니다.

〈예〉

저는 꼭 이루고 싶은 꿈을 가지고 있습니다. 그 꿈은 생명공학자입니다. 생명공학자라는 꿈을 이루기는 쉽지 않습니다. 그렇기 때문에 저는 국제화 시대에서 성공하기 위해 영어를 열심히 공부하고 있고, 학교 과학 공부뿐 아니라 여러 과학책을 읽고 있습니다. 또 실생활에서 느끼는 궁금증에 대해 생각해 그 답을 찾으면서 여러 가지 생명, 화학, 물리 등에 대한 새로운 사실을 공부하고 있습니다.

저의 꿈은 프로듀서(PD)입니다. 드라마나 다른 TV 프로그램들을 보면서 저건 이렇게 바꾸는 건 어떨까? 생각도 해보고 그 아이디어를 어머니께 말씀드려 봅니다. 10년, 20년 후에 헤드셋을 머리에 끼고 '레디고!' 라고 외치는 장면을 상상하며 꿈을 향해 달려가고 있습니다. 열심히 공부해 신문방송학과에 들어가 실력을 갈고 닦으면 아마 전 M본부에서 이름을 날리고 있겠죠?

저의 꿈은 국사연구직이고, 저는 그 꿈을 이루기 위해 한국사 시험을 준비하면서 한국사와 세계사를 공부하고 있습니다. 그리고 글로만 역사를 배우면 느낄 수 없기 때문에 반크 같은 외교사이트에서 현재를 공부하고, 위안부서명운동, 간도서명운동 등에도 조금씩 참여하고 있습니다..

저의 꿈은 판사입니다. 이 꿈은 제가 어렸을 때부터 간절히 소망하는 꿈입니다. 이 꿈을 이루어 억울한 사람들을 돕고 싶습니다. 그래서 저는 지금 열심히 한자공부를 하고 있습니다. 한자공부는 판사로서는 꼭 해야 할 요소입니다. 또한 글로벌시대에 맞춰 열심히 영어실력을 향상시켜야 된다고 생각하고 실천하고 있습니다.

하나님의 복의 통로인 나 (   )의 꿈은 (   ) 입니다!

그리스도를 위해 또 다른 사람의 유익을 위해 이 꿈을 꾸며 미래를 생각하는 이유는

(   ) 때문입니다.

이 꿈을 실현하기 위해 실천하고 노력할 것은:

(   )

『참고』

하나님은 우리를 관계 맺고 연결되도록 만드셨을 뿐 아니라 세상에 살면서 생산하고, 다른 사람들에게 의미 있는 도움을 주도록 만드셨습니다. 아담과 하와에게 주어진 일 중에는 세상을 정복하고 다스리는 일도 포함되어 있었습니다("하나님이 그들에게 복을 주시며 하나님이 그들에게 이르시되 생육하고 번성하여 땅에 충만하라, 땅을 정복하라, 바다의 물고기와 하늘의 새와 땅에 움직이는 모든 생물을 다스리라 하시니라" 창 1:28). 우리는 어떻게 하면 어떤 영역에서 전문가가 되고, 장인이 되어 일을 잘하고, 우리의 재능과 능력을 가지고 의미 있는 일에 기여할 수 있을까요? 어떤 영역에서 능력을 가져야 합니다. 어릴 때 아이들의 일은 자라는 것입니다. 그러나 어떤 능력을 습득하는 방법을 배우면서 어린 아이는 성인으로 자라납니다. 숙달된 기술은 그것이 가르치는 것이든, 배관이든, 수술이든, 사업이든 사람들에게 기여하게 됩니다. "네가 자기의 일에 능숙한 사람을 보았느냐 이러한 사람은 왕 앞에 설 것이요 천한 자 앞에 서지 아니하리라"(잠 22:29). 우리의 영혼 속에는 재능과 은사로 꽃피우기를 기다리고 있는 특정한 소질이 있습니다. 하나님은 그분의 일을 하셨고, 우리의 일은 우리가 소중하게 생각하는 것, 남보다 뛰어난 것, 하기 좋아하는 것을 찾아내는 것입니다.

–헨리 클라우드 & 존 타운센드, 《아이의 미래를 위대하게 키워라》중에서

Decision of Life

이번 과를 통해 구속 받은 그리스도인으로서 꿈꾸어야 할 미래에 대해 생각해 보았습니다. 우리는 살아도 죽어도 그리스도를 위해서 산다는 인생관을 가지고 우리의 미래를 꿈꾸어야 합니다. 우리는 다른 사람의 유익을 위해 산다는 인생관을 가지고 미래를 꿈꾸어야 합니다. 우리는 소명을 감당하는 가운데 당하는 고난을 특권으로 여기며 산다는 인생관을 가지고 미래를 꿈꾸어야 합니다. 그리고 이러한 인생관을 가지고 우리가 꿈꾸어야 할 미래는 바로 내가 받은 구원의 복이 나를 통해 흘러가도록 통로의 역할을 감당하는 모습이어야 합니다. 예수 그리스도의 구속을 받은 그리스도인으로서, 나로 인해 많은 사람이 복을 받도록 내가 누리는 구원의 복을 흘러가게 해야 할 복의 통로로서 살아가는 미래를 꿈꾸어야 합니다. 이 땅 위에서 살면서 생활의 구체적인 영역에서 과연 나는 어떤 직업 세계에 속하여 그리스도를 위해 또 다른 사람의 유익을 위해 복의 통로로서 살아갈 것인지, 그리고 그것을 위해 지금 어떠한 노력을 기울여야 할 것인지 진지하게 고민하면서 살아가도록 합시다. 우리가 꿈꾸어야 할 미래를 살기 위해!

자료

다음의 내용의 출처는 한국직업능력개발원 커리어넷(http://www.career.go.kr/)입니다. '신 직업 80'에 나온 각각의 직업 정보를 상세히 알아볼 수 있고 진업적성을 검사해볼 수 있어 진로와 직업에 대해 고민하는 학생들에게 도움을 줄 수 있습니다.

〈표 1〉 가장 빠르게 일자리 성장이 예상되는 산업(2008-2018)

		2008	2018	연평균증감률 '08~'18
순위	산업	23,577	25,659	0.8
1위	사업시설 관리 및 조경 서비스업	104	232	8.3
	사회복지 서비스업			
2위	통신업	225	461	7.4
3위	사업지원 서비스업	185	353	6.7
4위	금융 및 보험 관련 서비스업	869	1,528	5.8
5위	건축기술,엔지니어링및기타과학기술	114	194	5.5
6위	서비스업	228	390	5.5
7위	전문서비스업	315	532	5.4
8위	기타 전문, 과학 및 기술 서비스업	109	163	4
9위	보건업	617	916	4
10위	창작, 예술 및 여가관련 서비스업	105	145	3.3
11위	스포츠 및 오락관련 서비스업	313	412	2.8
12위	금융업	372	473	2.4
13위	제1차 금속 제조업	133	168	2.3
14위	기타 운송장비 제조업	222	277	2.3
15위	출판업	157	193	2.1
16위	컴퓨터 프로그래밍,시스템 통합 및 관리업	170	209	2.1
17위	고무제품 및 플라스틱제품 제조업	186	224	1.9
18위	식료품 제조업	368	425	1.5
19위	부동산업	432	501	1.5
20위	전문직별 공사업	1,220	1,404	1.4

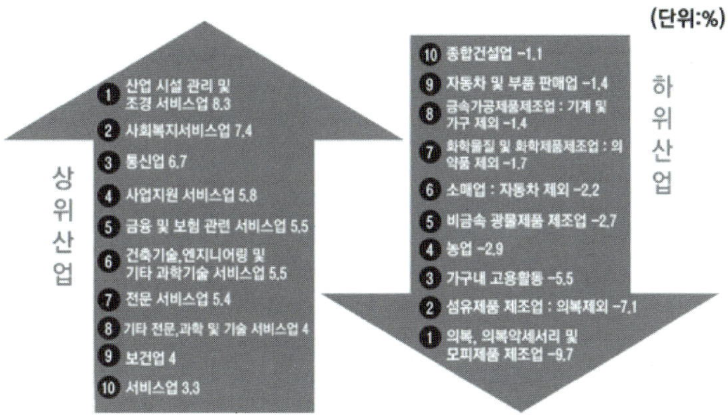

[일자리가 가장 빠르게 증가하는 산업과 가장 빠르게 감소하는 산업]

〈표 2〉 가장 빠르게 일자리 성장이 예상되는 직업(2008-2018)

		2008	2018	연평균증감률 '08~'18
순위	전직업	23,577	25,659	0.8
1위	여행 서비스 관련 종사자	41	71	5.6
2위	컴퓨터 시스템 설계 전문가	20	30	5.3
3위	의료 및 보건 서비스 관련 종사자	44	71	5
4위	법률 전문가	27	44	4.9
5위	사회복지 및 상담 전문가	97	157	4.9
6위	영화, 연극 및 방송관련 기술 종사자	25	40	4.8
7위	회계, 세무 및 감정평가 관련 전문가	31	49	4.7
8위	법률관련 사무원	50	79	4.7
9위	통신 및 방송 장비기사 및 설치 및 수리원	80	124	4.4
10위	금융, 보험 관련 전문가	64	96	4.2
11위	치료사	36	55	4.2
12위	학예사, 사서 및 기록물관리사	18	27	4.2
13위	경비원	248	373	4.2
14위	의료복지 관련 단순 종사자	190	285	4.1
15위	경호원, 청원경찰, 보안 관련 종사자	58	87	4.1
16위	보육교사, 육아도우미 및 생활지도원	250	370	4
17위	간호사 및 치과위생사	182	268	3.9
18위	영화, 연극 및 방송관련 전문가	41	59	3.8
19위	광고, 홍보, 조사, 행사기획 관련 전문가	38	55	3.7
20위	사회서비스관련관리자(교육,법률,보건 등)	31	43	3.4

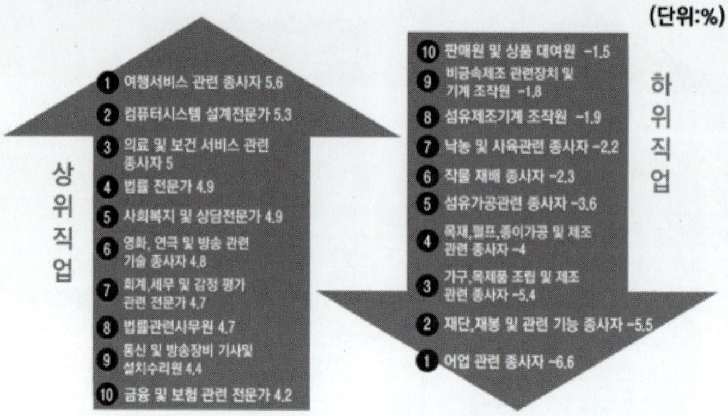

[일자리가 가장 빠르게 증가하는 직업과 가장 빠르게 감소하는 직업]

신 직업 80(http://www.career.go.kr/)

금융 및 경영 관련 전문직

개인자산관리자
브랜드매니저
신용분석가
공정무역전문가
소셜마케팅전문가

기능직

온실가스처리설비설치 및 유지보수원
풍력발전시스템설치원
태양광제품생산작업자

기술직

전자의료기기개발기술자
전기자동차배터리개발자
하이브리드동력시스템기술자
증강현실엔지니어
태양광제품공정엔지니어
태양광시스템설치엔지니어
태양열발전시스템기술자
지열시스템기술자
풍력자원분석평가사
수자원프로젝트매니저
바이오에너지생산시스템 기술자
신재생에너지입지환경분석가
터빈보수 및 수리기술자
풍력발전시스템연구 및 개발자
풍력발전시스템 운영관리자
태양광제품신뢰성평가사
태양광제품품질관리자
해양건축가
항공우주엔지니어

기획 관련 전문직

테마파크 디자이너

매니지먼트 관련직

이미지컨설턴트

법률 및 사회활동 관련직

가상현실법률가
과학수사관
국가사이버안전요원
프로파일러
교통심리전문가
비디오분석관
재난대처전문가
위기관리전문가
펀드레이저(기금모금전문가)
시민단체활동가
지역전문가

보건 의료 관련직

약사
검안사
임상시험코디네이터
의료관광코디네이터
장기이식코디네이터
질병검역관리자
의료통역사
애완동물장의사
핵의학기사

사회 서비스직

다문화가정상담전문가
라이프코치
시니어컨설턴트

IT관련 공학 전문직

공간정보시스템전문가
지능형교통시스템전문가
U-learning 교수설계자
모바일콘텐츠개발자

운동 및 안전 관련직

재활승마운동사
국제긴급구호요원

음악 관련직

폴리아티스트(음향효과맨)

이학 및 공학 전문직

LED제품개발자
해양에너지시스템연구원
바이오에너지연구원
연료전지시스템연구원
생물정보학자
나노제품연구 및 개발자
유전자변형작물 및 가축연구원
정밀농업(Vertical)연구원

일반 서비스직

서비스강사

자연친화 관련직

동물핸들러

환경관련 전문직

기후변화전문가
생태복원기술자
온실가스처리연구원
친환경제품소재개발자
대기환경공학기술자 및 연구원
수자원산업디자이너
지하수리학전문가
폐기물에너지화설비기술자
화석연료청정화설비기술자
탄소배출인증심사원
환경검사원
수질환경공학기술자 및 연구원

청소년 핵심공과

풍습과전통편

예수시대의 숫자들

제 1과

도량형

학습 목표 | 이스라엘의 도량형에 관한 내용을 살펴보고 신앙적인 교훈을 얻을 수 있음을 이해한다.

중심 진리 | 도량형의 내용과 의미

본문 말씀 | 출애굽기 26:30

Memory Verse | 출 26:30

"너는 산에서 보인 양식대로 성막을 세울지니라"

View of Bible

하나님의 놀라운 은혜로 오랫동안 노예생황을 하다 애굽을 탈출한 이스라엘 백성은 광야에서 하나님과 동행하는 놀라운 특궈능ㄹ 누리게 되었습니다. 그 광야의 여정 중에 하나님께서는 성막을 짓도록 명령하셨습니다. 그리고 이 성막은 하나님께서 직접 설계해 주십니다. 그러므로 이스라엘 백성은 성막을 어떻게 지을까 고민할 필요가 없었습니다. 설계해 주신 규격대로 정확하게 만들기만 하면 되었습니다.

Standard of Life

1. 길이

이스라엘 사람들은 인체의 사지를 길이의 척도를 재는 도구로 사용하였습니다. 그 이유는 당시 손으로 하는 수공업이 발달했기 때문입니다. 성경에서 길이나 거리를 재는 일에 많이 사용된 것으로는 규빗(Cubit)이 있습니다. 규빗은 팔꿈치에서 손가락 끝까지를 말하는 것으로 약 45-56cm를 의미합니다. 성막을 만드는 일에 아주 많이 사용되었던 단위입니다(창 6:16; 출 37:1; 렘 52:21).

거리를 재는 방법으로는 경험적인 것이 제시되었습니다. '한 걸음(삼상 20:3)', '하룻길(민 11:31)', '사흘 길(창 30:36)', '칠일 길(창 31:23)' 등이 있습니다.

2. 면적

고대 이스라엘에서는 각 변의 길이를 제시함으로써 면적의 측정을 표현하였습니다. 다시 말해 정사각형 또는 직사각형의 면적은 가로와 세로의 길이를, 원형의 면적은 직경과 둘레의 길이를 표현하였던 것입니다(왕상 6:2; 대하 4:1; 겔 40:47).

농경지의 면적은 한 쌍의 소가 반나절 갈 수 있는 토지의 넓이를 '갈이'라고 하여 토지를 표시하였습니다(삼상 14:14). 다른 한편으론, 레위기 27장 16절 "만일 어떤 사람이 자기 기업된 밭 얼마를 성별하여 여호와께 드리려하면 마지기 수대로 네가 값을 정하되 보리 한 호멜지기에는 은 오십 세겔로 계산할지며"에 보면 파종할 종자의 분량인 '한 호멜지기'를 통해 토지 면적을 구분하기도 하였습니다.

3. 부피의 척도

부피의 척도는 곡물을 담는 말과 되에서 파생되었습니다. 그 단위들을 살펴보면 '호멜', '고르', '에바', '밧', '오멜' 등이 있습니다.

호멜은 나귀 한 마리의 짐이란 의미로 곡식의 부피에 가장 큰 단위라 볼 수 있습니다(레

27:16). 고르는 밀가루, 밀, 보리 등에 대한 단위이며(왕상 5:11), 에바는 고체를 측량하는 가장 흔한 단위를 말하는 것이며, 밧은 물과 포도주 혹은 기름과 같은 액체를 측량하는 단위인데, 1밧의 용적은 22-23리터에 해당한다고 합니다(대하 2:10). 오멜이란 단위는 곡식의 단을 의미하지만 성경에서는 '만나' 의 이야기에서만 사용됩니다(출 16:18). 여기서 1오멜은 에바의 1/10 정도라고 합니다.

4. 무게

작은 물건의 무게는 저울을 사용하여 측량하였습니다. 이 저울은 양쪽에 하나씩 저울판이 달려있었으며 한 쪽에는 추를 또 다른 쪽에는 물건을 올려놓고 저울질하였습니다.

구약 시대에 무게를 측량할 때 사용된 단위로는 '게라', '세겔', '므나', '달란트' 등이 있습니다. 게라는 약 0.5그램입니다(출 30:13). 세겔은 두 가지로 나누어지는데 발굴된 추를 달아보면 보통 세겔은 약 11.5그램이고, 왕실에서 쓴 무거운 세겔은 약 13그램입니다(민 7:13). 마네는 50세겔이고(왕상 10:17), 달란트는 3000세겔로써 약 35킬로그램이라고 합니다(삼하 12:30).

Test of Bible

1. 이스라엘 사람들은 왜 사지를 길이의 척도를 재는 도구로 사용하였습니까?
   당시 손으로 하는 수공업(手工業)이 발달했기 때문

2. 농경 면적을 측량할 때 멍에를 멘 짐승이 얼마간 갈 수 있는 거리로 측량하였습니까?
   하루

3. 부피의 척도를 재는 '호멜'의 의미는 무엇입니까?
   나귀 한 마리의 짐

Tip of Bible

하나님의 설계에 순종하며 지어져 갈 때

하나님께서는 성막을 만드실 때 직접 성막을 설계하셨습니다. 그리고 이스라엘 백성 중에 뛰어난 장인들이 하나님의 설계에 의지하여 정확한 도량을 측량하며 정성껏 만들었던 것입니다. 히브리서 8장 5절을 보면 "그들이 섬기는 것은 하늘에 있는 것의 모형과 그림자라 모세가 장막을 지으려 할 때에 지시하심을 얻음과 같으니 이르시되 삼가 모든 것을 산에서 네게 보이던 본을 따라 지으라 하셨느니라"는 말씀이 있습니다. 이는 에덴이 하나님 나라의 원래 모습이라면 성막은 하늘의 모형이라 말하고 있는 것임을 알 수 있습니다. 에덴에서 아담과 하와는 하나님과 같이 되려고 선과 악을 알게 하는 과실을 먹었고 이 죄는 결국 하나님과 인간의 관계가 단절되는 결과를 가져오게 됩니다. 하지만 하나님께서는 그의 백성을 불러내시고 애굽의 노예 생활에서 구원하시고 율법을 통해 구별된 삶을 살도록 하셨습니다. 하지만 여전히 인간들에게는 죄의 속성이 있었기 때문에 하나님과의 관계를 회복할 수 있도록 성막을 설계하신 것입니다. 이 성막을 통해 하나님의 백성은 정해진 규례대로 제사를 드렸고 하나님은 그 백성을 만나 주셨습니다. 우리도 하나님을 어떻게 믿을까? 어떻게 신앙생활 할까? 고민할 필요가 없습니다. 이미 우리에게 주어진 하나님의 말씀에 믿음으로 순종하면 그것이 한 규빗, 두 규빗 하나님의 성전으로 정확하게 지어져 가면 되는 것입니다. 바로 그 믿음의 성막 안에 하나님은 언제나 우리와 함께하시는 것입니다. "내가 그들 중에 거할 성소를 그들이 나를 위하여 짓되"(출 25:8).

제 2과

시간 계산

학습 목표 | 이스라엘의 시간 계산 방법을 살펴보고 그 속에 담겨진 신앙적 의미를 이해한다.

중심 진리 | 시간 계산 방법과 의미

본문 말씀 | 갈라디아서 4:4-5

Memory Verse | 갈4:4-5

"때가 차매 하나님이 그 아들을 보내사 여자에게서 나게 하시고 율법 아래에 나게 하신 것은 율법 아래에 있는 자들을 속량하시고 우리로 아들의 명분을 얻게 하려 하심이라"

View of Bible

성경에는 '때', 특히 '하나님의 때'라는 말이 적지 않게 등장합니다. 여기서 말하는 '때'란 어떤 시간적 의미를 가지고 있을까요? 중요한 것은 하나님의 시간계획 속에서 구원자 예수님을 이 땅에 보내셨으며, 하나님의 시간계획 속에서 죄 된 자들을 대신하여 죄를 속량하셨고, 나아가 하나님의 아들이 되는 놀라운 계획을 시간 속에서 이루어내고 계신 것입니다. 그리고 그 하나님의 때는 심판의 날로 귀결될 것입니다.

"때가 차매 하나님이 그 아들을 보내사 여자에게서 나게 하시고 율법 아래에 나게 하신 것은 율법 아래에 있는 자들을 속량하시고 우리로 아들의 명분을 얻게 하려 하심이라"(갈 4:4-5).

"나를 저버리고 내 말을 받지 아니하는 자를 심판할 이가 있으니 곧 내가 한 그 말이 마지막 날에 그를 심판하리라"(요 12:48).

Standard of Life

1. 구약의 시간 계산법

히브리인들은 시간을 계산하는 자신들만의 방식을 가지고 있었습니다. 이 '때' 라는 시간을 가장 많이 나타내는 단어들로는 히브리어로 '에트', '제만', '모에드' 등이 있습니다. 여기서 '모에드' 는 '정하다' 라는 어근 의미에서 나온 것으로 초승달과 같은 자연적인 기간들에 대해서 사용되었습니다. 이 단어들은 모두 하나님에 의해 정해진 시간들, 하나님에 의해 주어진 기회들을 말할 때 사용되었습니다.

"여호와께서 너희의 땅에 이른 비, 늦은 비를 적당한 때에 내리시리니 너희가 곡식과 포도주와 기름을 얻을 것이요"(신 11:14).

구약 시대에는 밤 시간을 세 가지로 '초경', '이경', '삼경(새벽)' 으로 나뉩니다. 초경은 초저녁으로 해질 때를 말하는 대 오후 6시에서 10시쯤을 가리킵니다(애 2:19). 이경은 오후 10시에서 오전 2시(삿 7:19), 삼경은 새벽 때를 말하는데 오전 2시부터 해 뜰 때까지를 말합니다(출 14:24). 낮 시간은 '아침', '오정', '서늘할 때', '해질 때' 로 나뉩니다. 아침은 해 뜰 때를 말하며, 오정은 오전 10시부터 오후 3시를 말합니다(창 18:1). 서늘할 때는 오후 3시부터 오후 6시를 말하며(창 3:8), 해질 때는 오후 6시를 뜻합니다(잠 7:9).

2. 신약의 시간 계산법

신약 시대의 유대인들은 낮 시간을 열두 시간으로, 밤 시간은 약 3시간씩 나누어 1경이라 하였고 총 4경으로 나누어 사용하였습니다. 마가복음 15장에 보면 예수님께서 십자가에 못 박히셔서 죽으시는 장면이 나옵니다.

이 때 "때가 제 3시가 되어", "제 9시에 예수께서… 운명하시다"는 시간을 표기합니다. 여기서 로마시간 법으로는 제 3시는 오전 9시이고 제 9시는 오후 3시가 됩니다. 예수님의 제자들은 예수님께서 희생당하신 그 시간 즉, 제 3시와 제 9시를 기도시간으로 정해 매일 같이 기도를 하였습니다. 바로 오순절 날 제 3시쯤 기도하다가 성령의 충만을 받게 됩니다(행 2:1-15). 또한 베드로와 요한은 제 9시에 기도하기 위해 성전에 올라가는 모습을 신약 성서에서 찾아볼 수 있습니다(행 3:1).

3. 카이로스와 크로노스

신약 성서에 보면 '때'를 나타내는 단어가 두 가지 나옵니다. 바로 '카이로스'와 '크로노스'입니다. 크로노스는 우리가 늘 궁금해 하는 "지금 몇 시쯤 되었을까?"의 답을 해주는 초침이 움직이는 일반적인 시간을 의미합니다. 반면 카이로스는 어떠한 사건이 벌어지는 특별한 때를 의미합니다. 모세는 광야에서 40년간 양을 치면서 평범하고 지루한 시간 즉 크로노스를 지냅니다. 하지만 하나님의 산에서 불타는 떨기나무 가운데 하나님을 만나는 특별한 순간을 맞이합니다. 바로 카이로스의 시간을 경험한 것입니다. 신약 성서에서도 우리는 사도 바울이 그리스도인들을 핍박하기 위해 다메섹 도상을 지날 때 경험한 카이로스의 때를 잘 알고 있습니다. 예수님의 부르심을 통해 크로노스의 시간을 보내던 '사울'이 예수님을 전하는 복음 전도자가 되는 카이로스의 놀라운 변화를 말입니다. 그러므로 우리는 크로노스의 시간 즉, 세월을 아껴 하나님을 간절히 구해야 할 것입니다.

"세월을 아끼라 때가 악하니라"(엡 5:16).
"너희는 여호와를 만날 만한 때에 찾으라 가까이 계실 때에 그를 부르라"(사 55:6).

Test of Bible

1. 구약 시대에는 밤 시간을 초경, 이경, 그리고 무엇으로 나뉠까요?
   삼경

2. 신약 시대에 밤 시간을 4경으로 나누었습니다. 1경은 약 몇 시간쯤을 나눈 것일까요?
   약 3시간

3. 하나님의 때를 말할 때 그 시간의 의미를 품고 있는 헬라어 단어는 무엇입니까?
   카이로스

Tip of Bible

세월을 아끼라

성경에는 시간을 강조하는 말이 많이 나옵니다. 특별히 하나님과의 만남의 시간에 관한 이야기들로 가득 차 있습니다. 에덴에서 하나님과의 특별한 교제의 시간을 죄로 인해 잃어버린 이후 성경의 거의 대부분의 사건들은 하나님의 부르심과 그 부르심에 반응하는 사건 즉 카이로스의 시간들로 메워져 있습니다. 아브라함은 하나님의 부르심에 본토 친척 아비 집을 떠나 하나님께서 명하신 땅으로 모험을 떠납니다. 야곱은 장자권을 빼앗기 위해 형 에서와 아버지 이삭을 속이고 도망합니다. 모든 것을 잃고 지쳐 쓰러졌을 때 벧엘에서 하나님을 만나 소명의 사람이 됩니다. 요셉은 모진 고통의 삶 속에서 하나님 앞에서의 삶을 믿음으로 살아내고 애굽의 총리가 되어 자신을 노예로 팔아버린 나쁜 형들을 포함하여 많은 민족을 죽음에서 구원하는 놀라운 축복의 통로로 쓰임 받습니다. 성경은 말합니다. "세월을 아끼라"(엡 5:16)고 말입니다. 그러므로 우리가 세월을 아껴 해야 할 일은 "너희는 여호와를 만날 만한 때에 찾으라 가까이 계실 때에 그를 부르라"(사 55:6)입니다. 그렇습니다. 청년의 때 젊음의 때에 하나님을 만나야 합니다. 그리고 주님이 주시는 비전을 품고 예수 그리스도의 아름다운 덕을 선전하는 축복의 통로가 되어 이 세상을 변혁시켜야 하는 것입니다.
"너는 말씀을 전파하라 때를 얻든지 못 얻든지 항상 힘쓰라"(딤후 4:2 上).

제 3과

화폐

학습 목표 | 성경의 화폐에 관한 내용을 살펴보고 신앙적인 교훈을 얻을 수 있음을 이해한다.

중심 진리 | 화폐의 내용과 의미

본문 말씀 | 마태복음 6:24

Memory Verse | 마 6:24

"한 사람이 두 주인을 섬기지 못할 것이니 혹 이를 미워하고 저를 사랑하거나 혹 이를 중히 여기고 저를 경히 여김이라 너희가 하나님과 재물을 겸하여 섬기지 못하느니라"

View of Bible

예수님께서는 외적으로는 하나님에 대한 믿음이 좋은 것처럼 보이나 실상 그 마음속에는 하나님이 아닌 자신을 더 사랑하는 바리새인들의 이중성을 고발하십니다. 그들은 사람들에게 보이기 위한 위선적인 신앙생활을 했지만 속으로는 하나님이 아닌 돈을 더 많이 사랑하였던 것입니다. 그들은 종교 지도자적 위치에서 많은 사람들을 진리이신 예수님께로 이끌어야 했지만 실상은 이 땅에 오신 하나님의 독생자 예수 그리스도를 알아보지 못할 뿐 아니라 오히려 자신들의 욕심을 채우는데 방해가 되는 존재로 생각하고 그분을 해칠 계획을 세웁니다.

"바리새인들은 돈을 좋아하는 자들이라 이 모든 것을 듣고 비웃거늘"(눅 16:14).

1. 돈의 종류

구약 시대에는 주조된 화폐가 없었습니다. 그러므로 귀금속의 무게를 따라 값을 치렀습니다. 그래서 금 몇 달란트(왕상 9:14) 또는 은 몇 달란트(왕상 16:24) 씩으로 표현한 것입니다. 물론 다른 나라의 화폐가 구약성경에 나오기도 합니다. 그것은 '바사의 다릭' (대상 29:7)과 '헬라의 드라크마' (느 7:71)입니다.

신약 시대에는 주조된 화폐가 일반적으로 사용되었습니다. 하지만 너무 높은 액수는 구약 시대의 무게 단위인 달란트 등이 사용되었습니다. 당시에는 로마제국이 헬레니즘 문화권을 다스리고 있었습니다. 그러므로 헬라 화폐단위인 달란트(마 25:15), 므나(눅 19:13), 세겔(마 17:24), 드라크마(눅 15:8), 렙돈(막 12:42) 그리고 로마의 화폐인 데나리온(마 18:28), 앗사리온(마 10:29), 고드란트(막 12:42) 등 다양하게 통용되었습니다.

2. 돈의 정체

성경에 등장하는 돈 그리고 넓은 의미에서 재물은 선한 것도 악한 것도 아닙니다. 신명기 8장 18절을 보면 "네 하나님 여호와를 기억하라 그가 네게 재물을 얻을 능력을 주셨음이라"는 말씀이 있습니다. 하나님은 인간에게 돈을 얻을 능력을 주십니다. 이런 의미에서 돈의 출처는 실상 하나님이심을 알 수 있습니다. 이런 맥락에서 볼 때 돈은 선한 것입니다. 왜냐하면 하나님께로부터 주어졌기 때문입니다. 하지만 신약에 오면 돈에 대한 시각이 조금 변하는 것을 볼 수 있습니다. 예수님은 어리석은 부자의 비유(눅 12:19)에서 물질적으로 부유하지만 하나님과의 관계에서는 가난한 자의 어리석음을 잘 보여줍니다. 예수님의 제자 중 하나인 가룟 유다는 돈을 받고 스승이며 자신을 그토록 사랑하셨던 예수님을 팝니다. 이런 측면에서 보면 "돈을 사랑함이 일만 악의 뿌리가 된다"(딤전 6:10)는 말씀이 옳아 보입니다. 그렇습니다. 결국 돈의 선, 악을 구별하는 것은 돈에 대한 우리의 마음, 우리의 태도에 달려 있는 것입니다.

3. 돈에 대한 태도

오늘날 많은 사람들이 돈이 많으면 행복할 것이라 생각합니다. 하지만 오히려 돈이 많은 사람들은 그 돈 때문에 더 많이 근심하며 산다고 합니다. 누가복음 12장을 보면 재산 분배문제로 형제끼리 서로 다투는 장면이 나옵니다. 예수님께서는 그 모습을 통해서 탐심을 물리치라고 교훈을 주십니다. 생명이 그 소유의 많음에 있는 것이 아닌 까닭입니다.
또한 돈이 물질이 우리 인생들에게 소망을 주지 않습니다. 디모데전서 6장에 보면 "네가 이 세대에서 부한 자들을 명하여 마음을 높이지 말고 정함이 없는 재물에 소망을 두지 말고 오직 우리에게 모든 것을 후히 주사 누리게 하시는 하나님께 두며 선을 행하고 선한 사업을 많이 하고 나누어 주기를 좋아하며 너그러운 자가 되게 하라 이것이 장래에 자기를 위하여 좋은 터를 쌓아 참된 생명을 취하는 것이니라"(딤전 6:17-19)고 했습니다.

그러므로 돈에 대한 바른 태도는 내가 가진 돈, 앞으로 가지게 될 모든 돈의 소유주를 '나' 에서 '주님' 의 것으로 바꾸는 것입니다. 원래 모든 것의 주인이신 하나님께 다시 돌려 드리는 것입니다. 그럼 '나' 는 무엇이 되는 걸까요? 바로 주님의 돈을 위탁받아 관리하는 관리자가 되는 것입니다. 관리하는 자는 결코 돈에 대한 탐심, 집착을 버려야 하는 것입니다.

Test of Bible

1. 구약 시대에는 무엇을 가지고 값을 치렀습니까?
   귀금속의 무게에 따라

2. 돈의 선, 악을 구별하는 것은 무엇입니까?
   돈에 대한 인간의 마음, 돈에 대한 태도

3. 돈의 주인이 하나님이라면 우리는 무엇입니까?
   관리자

Tip of Bible

돈을 의지할 때 생기는 문제점

돈에 대한 욕심은 또 다른 돈 욕심을 갖게 만듭니다. 전도서 5장 10절을 보면 "은을 사랑하는 자는 은으로 만족하지 못하고 풍요를 사랑하는 자는 소득으로 만족하지 아니하나니 이것도 헛되도다"라고 경고하고 있습니다. 이러한 욕심은 결국 마음의 평안을 빼앗아 갈 뿐 아니라 마음속에 많은 근심을 심어줍니다. 이러한 근심은 결국 심신을 다치게 함으로 병약한 몸과 마음이 되고 마는 것입니다. 누구도 돈을 영원히 소유할 수는 없는 것입니다. "그가 모태에서 벌거벗고 나왔은즉 그가 나온 대로 돌아가고 수고하여 얻은 것을 아무것도 자기 손에 가지고 가지 못하리니"(전 5:15).

이런 말이 있습니다.
돈이 있으면 침대는 살 수 있지만 잠은 살 수 없습니다.
돈이 있으면 책은 살 수 있지만 두뇌는 살 수 없습니다.
돈이 있으면 음식은 살 수 있지만 입맛은 살 수 없습니다.
돈이 있으면 장식품은 살 수 있지만 미는 살 수 없습니다.
돈이 있으면 약은 살 수 있지만 건강은 살 수 없습니다.
돈이 있으면 사치스러운 생활은 살 수 있지만 교양은 살 수 없습니다.
돈이 있으면 유흥은 살 수 있지만 행복은 살 수 없습니다.
돈이 있으면 십자가는 살 수 있지만 구세주는 불가능합니다.
돈이 있으면 종교의 사원은 지을 수 있지만 하늘나라는 불가능합니다.

생각보다 돈으로 할 수 없는 일이 너무도 많이 있습니다. 그러므로 돈이 아닌 오직 주님만을 의지하는 믿음의 삶을 살아야 할 것입니다.

제 4과

달력과 절기

학습 목표 | 성경의 절기와 달력에 관한 내용을 살펴보고 신앙적인 교훈을 얻을 수 있음을 이해한다.

중심 진리 | 달력과 절기의 의미

본문 말씀 | 창세기 1:14

Memory Verse | 창 1:14

"하나님이 이르시되 하늘의 궁창에 광명체들이 있어 낮과 밤을 나뉘게 하고 그것들로 징조와 계절과 날과 해를 이루게 하라"

View of Bible

일반적으로 달력은 계절의 변화와 일정한 주기를 따라 기후를 기록하고 보존하여 농사의 기초와 일상생활의 편리를 위한 목적으로 사용됩니다. 그러나 성경에서의 달력은 이와는 다른 의미를 가집니다. 달력은 하나님의 천지 만물의 창조역사와 인류구원을 위한 구속을 기념하며, 하나님을 믿음으로 잘 섬기기 위한 경건 생활의 목적으로 사용됩니다.

1. 달력

구약 성서의 달력은 새해 첫 달은 '니산'(에 3:7)으로 시작됩니다. 이는 현재의 3-4월을 의미합니다. 그 다음으로 '이야르'로 4-5월, '시완'(에 8:9)으로 5-6월, '탐무스'는 6-7월, '압'은 7-8월, '엘룰'(느 6:15)로 8-9월, '디슈리'는 9-10월, '마르케스반'은 10-11월, '기슬르'(느 1:1)는 11-12월, '데벳'(에 2:16)은 12-1월, '스밧'(슥 1:7)은 1-2월, 끝으로 열두 번째 달은 '아달'로써 2-3월을 의미합니다.

신약성경의 달력은 간혹 이방인 통치자들을 언급함으로써 계산되었습니다. 예를 들어 누가복음 3장 1절을 보면 침례(세례) 요한이 사역을 시작한 연대가 디베료 황제가 통치한 지 열다섯 해로 표시됩니다. 그러나 대부분의 경우 신약성경의 기자들은 당시 유대인의 달력에 따라 시기를 나타냅니다.

시편 기자는 말합니다. "우리에게 우리 날 계수함을 가르치사 지혜로운 마음을 얻게 하소서"(시 90:12).

2. 구약에서의 절기

구약에 언급된 절기는 첫째로 무교절이나 유월절이 있습니다. 이는 애굽으로부터의 역사적 구원을 기념하기 위해서 제정되었습니다. 이는 이스라엘의 3대 절기 중 하나이며, 첫 달 14일에 지켜졌습니다. 두 번째 칠칠절은 맥추절이나 초실절로 불리기도 합니다. 후에 이는 유월절을 시작하는 안식일로부터 50일째 되는 날에 기념이 되어 '오순절'이라 알려졌습니다. 이 날은 성회로 모여서 희생 제사를 드렸습니다. 세 번째로 장막절이나 초막절 그리고 수장절로 불리기도 합니다. 이 절기는 7일 동안 계속되는데, 사람들은 나뭇가지로 만들어진 초막에 거하였습니다(레 23:39-43).
네 번째로 안식일입니다. 이 날은 신성한 모임의 날로 인식되었으며, 모든 노동이 중단됩니다. 다섯 번째는 나팔절입니다. 이는 '나팔을 불어 기념할 날'이라 불리었습니다. 여섯 번째 속죄일입니다. 스스로 괴롭히고 죄에 대한 속죄의 성회로 모이는 날입니다. 일

년에 단 한 번만 지켜집니다. 일곱 번째로 부림절입니다. 부림절은 에스더 9장에 잘 나타나 있습니다. 이는 아하수에로 왕 시대에 간신 하만의 음모로부터 구원받은 것을 기념하기 위하여 모르드개가 제정합니다. 이날은 기쁜 날입니다.

3. 신약 시대 이후의 절기

신약 시대 이후 구약의 절기보다는 예수님의 사역과 관련되어 교회가 절기를 제정하고 이를 전통적으로 지켜오고 있습니다. 우리가 너무나 잘 알고 있는 '성탄절'은 예수님의 탄생을 기념하여 지키는 절기입니다. 이 날은 하나님께서 육신을 입고 우리 가운데 오신 '성육신'의 사건을 축하하며 예배하는 날입니다. 두 번째로는 강림절이 있습니다. 대강절이라고도 부르는데, 예수님께서 이 세상에 오실 것을 기다린다는 의미로 성탄절로부터 거슬러 올라가 4주간을 절기로 기념합니다.

사순절은 예수님의 고난과 죽음을 묵상하는 절기로, 부활절 전 주일을 제외한 40일 동안의 기간을 말합니다. 사순절기의 마지막 주간을 고난주간으로 특별히 지킵니다. 예수님께서 십자가에 못 박혀 돌아가시기까지 1주일로, 이 기간 동안은 십자가를 지신 예수님을 생각하며 금식하거나 기호 식품과 오락을 절제하며 예수님의 고난에 관한 성경을 깊이 묵상하며 참회의 시간을 보냅니다. 고난주간이 끝나는 날이 부활절로 기독교의 가장 큰 절기라고 할 수 있습니다. 춘분이 지난 보름 이후 첫 주일을 부활절로 지키고 있습니다. 예수님께서 약속하셨던 성령이 임하신 날을 기념하는 성령강림일, 한 해의 수확을 하나님께 감사의 예배로 드리는 추수감사절기 등이 있습니다.

Test of Bible

1. 구약성서의 달력은 새해 첫 달을 무엇이라고 합니까?

   나산월

2. 구약에 언급된 절기로 유월절이 있습니다. 유월절은 무엇을 기념하는 절기입니까?

   애굽으로 부터의 구원을 기념

3. 예수님께서 약속하셨던 성령이 임하신 날을 기념하여 지키는 날을 무엇이라 합니까?

   성령강림일

Tip of Bible

하나님의 성실하심의 일을 기념하고 배우라!

사도 바울은 갈라디아서에서 다음과 같이 말합니다. "그러나 너희가 그 때에는 하나님을 알지 못하여 본질상 하나님이 아닌 자들에게 종 노릇 하였더니 이제는 너희가 하나님을 알 뿐 아니라 더욱이 하나님이 아신 바 되었거늘 어찌하여 다시 약하고 천박한 초등학문으로 돌아가서 다시 그들에게 종 노릇 하려 하느냐 너희가 날과 달과 절기와 해를 삼가 지키니 내가 너희를 위하여 수고한 것이 헛될까 두려워하노라"(갈 4:8-11). 이는 구약의 절기가 오실 예수 그리스도의 구원 사역을 증거하는 상징으로 보았던 것입니다. 그렇습니다. 유대인의 달력과 절기는 하나님께서 행하신 놀라운 일들을 담고 있습니다(창 1:14). 특별히 하나님의 구원의 역사를 상징하고 있는 것입니다. 우리가 매일 매일 하나님의 사역에 참여하는 믿음의 백성이 된다면 하루 하루가 성탄절이며 부활절이며 또한 성령강림절일 것입니다. 절기의 의미를 깊이 묵상하고 그 절기에 담겨 있는 하나님의 뜻을 분별하며 우리 몸을 거룩한 산 제사로 드려야 할 것입니다. "그러므로 형제들아 내가 하나님의 모든 자비하심으로 너희를 권하노니 너희 몸을 하나님이 기뻐하시는 거룩한 산 제물로 드리라 이는 너희가 드릴 영적 예배니라 너희는 이 세대를 본받지 말고 오직 마음을 새롭게 함으로 변화를 받아 하나님의 선하시고 기뻐하시고 온전하신 뜻이 무엇인지 분별하도록 하라"(롬 12:1-2).

6권
틴틴파워 In Jesus 인 지저스

청소년 핵심공과 지도자 가이드북

2012년 11월 23일 | 제1판 1쇄 발행

펴낸이 | 안병창
펴낸곳 | 요단출판사

주 소 | 158-053 서울특별시 양천구 목3동 605-4
편 집 | (02) 2643-7390
영 업 | (02) 2643-7290~1
등 록 | 1973.8.23. 제13-10호

저 자 | 요단 틴틴파워 인 지저스 핵심공과 집필 위원회(김종호 신주미 박행님)
기 획 | 김용성 이상훈
편 집 | 박성희
디자인 | 디자인생기
제 작 | 박태훈 권아름
영 업 | 김창윤 정준용 이영은 심현진

요단 인터넷서점 www.jordanbook.com
이 교재는 개역개정판 성경을 사용하였음.